イラストで見る 全単元・全時間の授業のすべて 体育

小学校5年

藤﨑 敬・奈尾力 編著

東洋館出版社

はじめに

●体育の学習を楽しく、子供が達成感のもてる授業にする

体育の授業研究会の指導案の「児童の実態」を見ると、クラスの多くの子供が体育を「好き」と答えているが、高学年になるにしたがい、体育が「嫌い」と答える子供が増える。この原因は学習する運動内容の技能の上でのつまずきや、子供同士の人間関係によるものではないかと思われる。このような現状を改善するために、授業において子供一人一人が能力に応じた課題をもって学び、「できた」という達成感をもつことが大切である。また、学習がより楽しくなるために協力し合えるペアやトリオ、チーム等、学ぶ組織を生かして、認め合い・励まし合い・協力し学び合う授業にしたい。

●学習指導要領の解説に示されている目標・内容

今回の改訂において、体育科の目標・学年の目標・内容は「知識及び技能」「思考力、判断力、表現力等」「学びに向かう力、人間性等」の資質・能力で示されている。「学びに向かう力、人間性等」の解説の内容では、今までの「態度」と同じように示されている。目標・内容・例示から、子供自身が学習課題をもてる授業となるよう、本書では具体的に書かれている。

●年間計画から単元の展開までを具体化

本書の年間指導計画は各学校に活用しやすいように示しているが、単元計画では学校・子供の実態に応じ、時数の増減に対応できるように考えた。例えば、第一段落で時数を増減したり、第二段落で増減してもよく、何よりも子供の学習課題が解決しやすいように二段階で示し、子供が学びの過程で課題を解決できるようにした。

●主体的・対話的で深い学びの実現に向けて

これからの時代に求められる資質・能力を身に付け、生涯にわたって能動的に学び続けることができるようにするため、主体的・対話的で深い学びの実現に向けた授業改善が求められている。そこで、授業改善に役立つ具体策や事例を示し、主体的・対話的で深い学びの学習が展開することに役立つようにした。

●子供への配慮「運動の苦手な子供」「意欲的でない子供」への対応

解説では知識及び技能に「運動の苦手な子供」、学びに向かう力、人間性等に「意欲的でない子供」の配慮が示されている。配慮を要する子供に教師が寄り添うヒントを提供した。その積み重ねが豊かなスポーツライフにつながることを期待した。

●体育指導の情報源としての活用を期待して

週案の記入例、本時の目標やポイント、展開例、評価の具体化など指示上で欠かせない内容が、見やすく、簡潔に示してある。指導する子供の実態に合わせてご活用いただき、子供が進んで学び、子供が学習を通して自信をもち、子供一人一人が自己肯定感のもてる授業となることを願っている。

令和２年２月　　藤﨑　敬

本書活用のポイント

各単元のはじめに新学習指導要領に基づく指導・学習の見通しを示し、それ以降の頁は、１時間毎の授業の展開、学習活動の進め方、指導上の留意点がひと目で分かるように構成している。

体つくり運動

1 体ほぐしの運動、体の動きを高める運動

（4 時間） 体ほぐしの運動 2 時間
体の動きを高める運動 2 時間

単元の目標

○知識及び運動
・運動の楽しさや喜びを味わい、その行い方を理解するとともに、体を動かすことの心地よさを味わったり、体の動きを高めたりすることができる。
○思考力、判断力、表現力等
・自己の体の状態や体力に応じて、運動の行い方を工夫するとともに、自己や仲間の考えたことを他者に伝えることができる。
○学びに向かう力、人間性等
・運動に積極的に取り組み、約束を守り助け合って運動をしたり、仲間の考えや取組を認めたり、場や用具の安全に気を配ったりすることができる。

【単元計画】

1時	2時	3時	4時
[第1段階：体ほぐしの運動] 運動の行い方を理解するとともに、手軽な運動を行い、体を動かす楽しさや快さを味わう。		[第2段階：体の動きを高める運動] 体力の必要性や体の動きを高めるための運動の行い方を理解する。	
体ほぐし運動を通して、心と体の関係に気付く。	仲間と関わり合い、仲間のよさを認め合うとともに、仲間と関わり合うことの楽しさや大切さを体験する。	体の動きを高める運動の必要性や行い方、学び方を理解する。	運動の行い方を工夫したり、ポイントを見付けたりする。
1　体ほぐしの運動に取り組もう POINT：個人⇒2人組⇒3人組⇒グループ⇒全体の流れで運動を行う。活動的な運動、静的な運動を組み合わせて行う。 [主な学習活動] ○集合・あいさつ ①今の心と体の状態を確かめる ○準備運動 ○体ほぐしの運動 ・やや活動的な運動、静的な運動、活動的な運動を行う ○整理運動 ○まとめ ①授業のはじめと、終わりの心や体の状態を比べる ②学習カードを記入し、学習を振り返る	2　仲間と関わり合おう POINT：2人組⇒3人組⇒グループ⇒全体の流れで運動を行う。活動的な運動、静的な運動を組み合わせて行う。 [主な学習活動] ○集合・あいさつ ①今の心と体の状態を確かめる ○準備運動 ○体ほぐしの運動 ・やや活動的な運動、静的な運動、活動的な運動を行う ○整理運動 ○まとめ ①授業のはじめと、終わりの心や体の状態を比べる ②学習カードを記入し、学習を振り返る	3　体の動きを高める運動に取り組もう POINT：体の動きを高める運動の必要性や運動の行い方を理解させる。 [主な学習活動] ○集合・あいさつ ○体の動きを高める運動の必要性を知る ○準備運動 ○体の柔らかさを高める運動 ○巧みな動きを高める運動①② ○整理運動 ○まとめ ①学習カードを記入し、学習を振り返る ②見付けたポイントを共有する	4　運動の行い方を工夫しよう POINT：運動の工夫の視点を提示する。 [主な学習活動] ○集合・あいさつ ○体の動きを高める運動の必要性を知る ○準備運動 ○体の柔らかさを高める運動 ○巧みな動きを高める運動①② ○整理運動 ○まとめ ①学習カードを記入し、学習を振り返る ②見付けたポイントや工夫したことを共有する

授業改善のポイント

主体的・対話的で深い学びの実践に向けて

【体ほぐしの運動】

体を動かすことの心地よさを味わうことを通して、自分だけではなく、仲間の心と体の状態に気付かせる。また、気付いたことを仲間と伝え合い、心と体の関係について交流させる。

仲間と関わり合いながら運動を行う中で、自他の心と体に違いがあることや、仲間のよさを認め合うとともに、仲間と関わり合うことの楽しさや大切さを体験させる。2時間目は、仲間との関わりをもたせることができるよう、自分たちで運動を選ばせる。

【体の動きを高める運動】

体の動きを高める運動は、自己の学習課題を踏まえて直接的に体力を高めていく運動である。しかし、個々で運動しているだけでは単にトレーニングになってしまう恐れがあるため、運動の楽しさを味わわせ、仲間と見付けたポイントを伝え合ったり、運動の補助をしたり、仲間と一緒に運動したりする中で体の動きを高めていく。単元のはじめはグループで同じ運動に取り組み、対話させながら学習を進める。単元後半は、自己の学習課題に取り組んでいく。

子供への配慮の例

①運動が苦手な子供

体の各部位を曲げ伸ばしたり、それらの姿勢を維持したりすることが苦手な子供には、息を吐きながら脱力し、ゆっくりと体の伸展ができるような言葉掛けを行う。

長なわを跳ぶことが苦手な子供には、口伴奏などでリズムをとったり、ゆっくりとしたなわの動きに合わせて跳べるようにしたりするなどの配慮をする。

ボール操作が苦手な子供には、扱いやすいボールの大きさに変えたり、易しい動きから徐々に動きを高めていく。

②意欲的でない子供

易しい運動や、体の動きの高まりが実感しやすい運動を取り入れ達成感を味わわせる。また、ポイントを発見しやすかったり、工夫しやすかったりする運動も効果的である。

自己の学習課題を見付けることに意欲的に取り組めない子供には、仲間の動きを見させたり、真似させたりしながら、自己の学習課題を見付けていけるようにする。

学習課題の解決の仕方が分からない子供には、仲間からの助言を受けたり、同じような学習課題をもつ仲間と一緒に運動させたりする。

1 体ほぐしの運動、体の動きを高める運動
018

単元計画
019

1 体ほぐしの運動、体の動きを高める運動
2 短距離走・リレー
3 表現・フォークダンス
4 ゴール型（ハンドボール）
5 心の健康
6 クロール・平泳ぎ、安全確保につながる運動

単元・指導時間

年間計画をベースに、単元の領域・単元・指導時間が示されている。

単元の目標

単元の目標は学習指導要領に基づき、単元に合った「知識及び技能」「思考力、判断力、表現力等」「学びに向かう力、人間性等」の内容で示している。

単元の計画

単元の指導時間・段階・段階の内容・具体的な学習内容や活動が書いてある。また、この単元の学習過程も示しているものであり、子供の学びの過程との関連もあるようにした。

子供への配慮の例

①運動が苦手な子供

子供の個々の運動経験や技能の程度に応じた、指導を工夫する手立て等が示されている。運動学習の場合、子供一人一人の能力に応じた内容で取り組むことが、運動嫌いにならないと考えた。その子供に応じた取組の具体的な例等が紹介されている。

②意欲的でない子供

運動を楽しむ経験が足りなかったり、運動での失敗を恐れての積極的な行動をとれない等、運動を楽しく行うことや友達と一体感がもてる経験ができるような工夫例が紹介されている。

主体的・対話的で深い学びの実現に向けて

主体的な学びとは運動学習や保健学習で興味・関心を高め、学習課題の解決に自ら粘り強く取り組む、また、学習を振り返り課題の修正や新しい課題に取り組む学習とする。運動学習では、自己の能力に適した学習課題をもち、達成感がもてる学習の仕方のヒントが書かれている。対話的な学びでは、子供同士や他の資料からの情報で対話し、思考を深め、判断したことを、伝えることができる例などが書かれている。

本時案

タイトルと授業の実施時間

子供が目指す方向とタイトルを示している。単元の時数が分母、その何時間目を示すのが分子になっている。

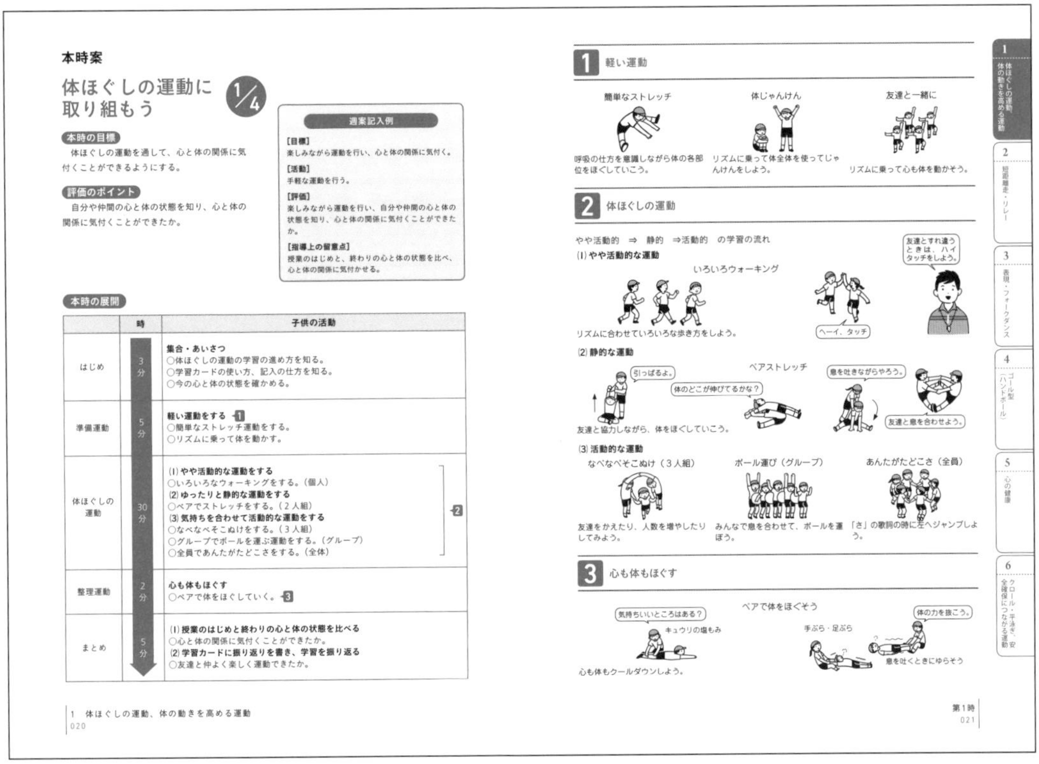

本時案

体ほぐしの運動に取り組もう 1/4

本時の目標

体ほぐしの運動を通して、心と体の関係に気付くことができるようにする。

評価のポイント

自分や仲間の心と体の状態を知り、心と体の関係に気付くことができたか。

週案記入例

[目標]
楽しみながら運動を行い、心と体の関係に気付く。

[活動]
手軽な運動を行う。

[評価]
楽しみながら運動を行い、自分や仲間の心と体の状態を知り、心と体の関係に気付くことができたか。

[指導上の留意点]
授業のはじめと、終わりの心と体の状態を比べ、心と体の関係に気付かせる。

本時の展開

	時	子供の活動
はじめ	3分	**集合・あいさつ** ○体ほぐしの運動の学習の進め方を知る。 ○学習カードの使い方、記入の仕方を知る。 ○今の心と体の状態を確かめる。
準備運動	5分	**軽い運動をする** 1 ○簡単なストレッチ運動をする。 ○リズムに乗って体を動かす。
体ほぐしの運動	30分	**(1) やや活動的な運動をする** ○いろいろなウォーキングをする。（個人） **(2) ゆったりと静的な運動をする** ○ペアでストレッチをする。（2人組） **(3) 気持ちを合わせて活動的な運動をする** ○なべなべそこぬけをする。（3人組） ○グループでボールを運ぶ運動をする。（グループ） ○全員であんたがたどこさをする。（全体） 2
整理運動	2分	**心も体もほぐす** ○ペアで体をほぐしていく。 3
まとめ	5分	**(1) 授業のはじめと終わりの心と体の状態を比べる** ○心と体の関係に気付くことができたか。 **(2) 学習カードに振り返りを書き、学習を振り返る** ○友達と仲よく楽しく運動できたか。

1　体ほぐしの運動、体の動きを高める運動
020

1 軽い運動

簡単なストレッチ
呼吸の仕方を意識しながら体の各部位をほぐしていこう。

体じゃんけん
リズムに乗って体全体を使ってじゃんけんをしよう。

友達と一緒に
リズムに乗って心も体を動かそう。

2 体ほぐしの運動

やや活動的　⇒　静的　⇒活動的　の学習の流れ

(1) やや活動的な運動

いろいろウォーキング
リズムに合わせていろいろな歩き方をしよう。

友達とすれ違うときは、ハイタッチをしよう。
ヘーイ、タッチ

(2) 静的な運動

ペアストレッチ
友達と協力しながら、体をほぐしていこう。

引っぱるよ。
体のどこが伸びてるかな？
息を吐きながらやろう。
友達と息を合わせよう。

(3) 活動的な運動

なべなべそこぬけ（3人組）
友達をかえたり、人数を増やしたりしてみよう。

ボール運び（グループ）
みんなで息を合わせて、ボールを運ぼう。

あんたがたどこさ（全員）
「さ」の歌詞の時に左へジャンプしよう。

3 心も体もほぐす

ペアで体をほぐそう

気持ちいいところはある？
キュウリの塩もみ
手ぶら・足ぶら
体の力を抜こう。
息を吐くときにゆらそう

心も体もクールダウンしよう。

1 体ほぐしの運動、体の動きを高める運動
2 短距離走・リレー
3 表現・フォークダンス
4 ゴール型（ハンドボール）
5 心の健康
6 クロール・平泳ぎ、安全確保につながる運動

第1時
021

本時の目標・評価のポイント

本時の目標は単元の目標・内容からその時間内で、どの子供にも共通して学ぶ内容を示している。また、評価のポイントは、その授業で「本時の目標」を達成するための評価の視点が示されている。

週案記入例

実際の授業の展開をイメージして、その授業のねらいや学習活動・指導上の留意点などが書かれているが、週案簿のスペース等もあるので、この欄を参考にする場合は、授業の展開を想定し、安全への配慮等を記載してほしい。

本時の展開

授業の流れに沿って、本時の展開が、具体的に示されているので、本書を活用するとき具体的な授業のイメージができると考えている。

これを参考に子供の主体的・対話的な学びとなる展開となるようにしてほしい。

展開に関わる資料・イラスト等の解説

参考となるイラストは、コピーして子供に提供してもよく、資料によっては拡大したりして添付したり、情報ツール（タブレット等）と併用することで、対話的な学びに役立てることができる。DVD には単元で使用する学習カード等も収録されている。

評価

評価の観点は3つで「知識・技能」は基本的な動きや技能が身に付いているか、「思考・判断・表現」は課題解決の工夫を他者に伝えることができるか。「主体的に学習に取り組む態度」は進んで学習に取り組んでいるかを把握する視点を示している。単元を通してこれらの観点を評価し、子供のよい点や可能性、進歩の状況等を評価できるようにしている。

イラストで見る全単元・全時間の授業のすべて

小学校体育 5年

もくじ

1

第 5 学年における
指導のポイント

学習過程を明確に設定し、「子供の実態」「子供の学び」を踏まえた単元づくりを！

1 内容について

第５学年の内容は、以下のように構成されている。

A 体つくり運動：「体ほぐしの運動」「体の動きを高める運動」
B 器械運動：「マット運動」「鉄棒運動」「跳び箱運動」
C 陸上運動：「短距離走・リレー」「ハードル走」「走り幅跳び」「走り高跳び」
D 水泳運動：「クロール」「平泳ぎ」「安全確保につながる運動」
E ボール運動：「ゴール型」「ネット型」「ベースボール型」
F 表現運動：「表現」「フォークダンス」
G 保健：「心の健康」「けがの防止」（第６学年は「病気の予防」）

2 単元づくり

第５学年からの授業においては、更に興味や関心を高め積極的・意欲的に課題解決に取り組めるような単元づくりを工夫することが求められる。具体的には、単元の導入時に学習の見通しをもたせ、子供一人一人に自己の能力・体力の状況や学習に対する興味・関心の状況を客観的に把握させる。そして、学習課題が自己の能力に適しているか、課題解決に向けて取り組んでいるか等を評価して修正できるようにするとともに、子供が自己の学習を振り返りつつ、仲間と共に考えたり話し合ったりする中で思考を深め、よりよく学習課題を解決し、次の学びにつながるようにする。

また、年間計画、単元計画等の作成時には、次の点に留意することが大切である。

○「体つくりの運動」（体の動きを高める運動）では、特に子供の発達の段階を考慮して、体の柔らかさ及び巧みな動きを高めるための運動に重点を置いて指導する。また、体ほぐしの運動では、G保健「心の健康」と相互の関係を図って指導する。
○「器械運動」では、「基本的な技ができるようにする」という中学年段階から、「それぞれの技を安定して行う」「発展した技」に取り組む段階へと高まりのある授業を展開することが求められる。
○「陸上運動」では、子供の実態に応じて、投の運動を加えて指導することができる。
○「水泳運動」のクロールと平泳ぎについては、水中からのスタートを指導する。また、学校の実態に応じて背泳ぎを加えて指導することができる。
○「ボール運動」では、バスケットボール及びサッカー、ソフトバレーボール、ソフトボールを主として取り扱うが、これらに替えてハンドボール、タグラグビー、フラッグフットボールなど型に応じてその他のボール運動を指導することもできる。なお、学校の実態に応じてベースボール型は取り扱わないことができる。
○「表現運動」では、学校や地域の実態に応じてリズムダンスを加えて指導することができる。
○「保健」は、第５学年での心の健康、けがの防止を指導する。（病気の予防は第６学年で指導）

体育科で目指す資質・能力を
子供たちに育てる授業を目指して！

1 資質・能力の捉え方

体育科では、生涯にわたって心身の健康を保持増進し豊かなスポーツライフを実現するための資質・能力を育成することが求められている。資質・能力については、次の３つが示されている。

①知識及び技能（体つくり運動系は「知識及び運動」）
②思考力、判断力、表現力等
③学びに向かう力、人間性等

これらは、「何を学ぶか」「何ができるように学ぶか」「どのように学ぶか」の学習を積み重ねることによって育成されていく。そのためには、主体的・対話的で深い学びの視点から授業を工夫・改善していくことが求められる。

・運動への関心や自ら運動する意欲。仲間と仲よく運動すること。
・各種の運動の楽しさや喜びを味わえるように自ら考えたり、工夫したりする力
・運動の技能

等の資質・能力を発達の段階、能力や適性等に応じてバランスよく育むことも重要である。

2 授業づくりのポイント

①各種の運動の特性に触れ、楽しさや喜びを味わえるようにする

各種の運動は、達成型や競争型などの特性をもっている。子供は、学習することを通して運動には特性に応じた楽しみ方があることを実感し理解することで、その後に出会う運動に対しても、その楽しみ方の知識を活用して、見通しをもって運動に取り組んだり、より深く楽しさを追求したりすることができるようになる。

②励まし合いや教え合い、学び合いの活動を活発にする

単元全体を通して、意図的・計画的に見合いや励まし合い・教え合い活動が積極的で活発に行われるような場面を設ける工夫をする。また、これらの活動や教師の言葉かけによって、子供が「誰も認めてくれない」「どうせやってもできない」といった消極的・否定的な自己評価に陥らないように留意することが大切である。

③「運動が好き」「運動は大切だ」という実感を味わわせ、次学年の学習へつながるようにする

学習の振り返りの時間等で、仲間と協力して仲良く運動ができた楽しさを子供の発言から引き出したり、場や用具等の安全に留意している姿を価値付けたりすることによって、子供が「体育って楽しいな」「体育は大切だな」と実感できるようになる。こうした積み重ねが次時の学習や次学年の学習につながり、生涯にわたって豊かなスポーツライフを実現する資質・能力を育成することにつながる。

単元を見通して、主体的・対話的で深い学びの視点から授業を改善する！

学習指導要領の改訂で主体的・対話的で深い学びの実現に向けた授業改善が示された。体育科における主体的な学びは、発達の段階に応じた内容から子供たちが自己に適した学習課題をもち、学習過程を通して解決していくことである。対話的な学びは学習する仲間と協力し合って課題解決のための学び合いをすることであり、その結果が深い学びとなり豊かなスポーツライフへとつながる活動と考える。

1 第５学年における主体的・対話的で深い学び

①主体的な学び

学習課題の解決に向けて自ら粘り強く取り組み、考察するとともに学習を振り返り、学習課題を修正したり新たな学習課題を設定したりすること。

単元を通して、自己やグループの能力に適した学習課題を見付け、解決に向かって学習に取り組み、その状況を振り返り、学習課題を修正したり新たな学習課題を見付けたりすることができるようにする。この一連の課題解決的な学習の中で、教師の適切な助言や評価によって子供が進んで学習課題を設定したり修正したりできるようにする。

②対話的な学び

運動や健康についての学習課題の解決に向けて、子供が他者との対話を通して自己の思考を広げたり深めたりすること。課題解決的な学習の過程で、その解決のための方法や活動を工夫するとともに、自己や仲間の考えたことを他者に伝える力を養うことができるようにする。この場合の他者とは、共に学ぶ仲間だけでなく、教師・保護者等も含めた総称であり、他者からの意見をもとにして、自己の考えを修正したり新たな発見につなげたりすることができるようにする。

③深い学び

主体的・対話的な学びの過程を通して、自己の運動や健康についての学習課題を見付け、解決に向けて試行錯誤を重ねながら、思考を深め、よりよく解決すること。

学習課題の設定⇒学習課題の解決⇒自己評価という一連の学習を通して試行錯誤を重ねることが学びの深まりにつながる。この過程で、教師による積極的な言葉かけや子供の更なる学習意欲の向上につながるような評価が求められる。

上記の学びを進めていく際には、子供同士が課題解決に向けて積極的に話し合ったり、自己評価に活用できる学習資料（ノート、カード等）を準備したりすることが必要である。また、ICT 機器を活用して子供がお互い技や考え等を見合ったり伝え合ったりして関心・意欲を高めるのに効果的である。

そして、これら３つの学びの過程をそれぞれ独立して取り上げるのではなく、相互に関連を図りながら学習が展開されることにより、「知識及び技能」「思考力、判断力、表現力等」「学びに向かう力、人間性等」を育成していくことが求められる。

2 ICTを活用した体育授業の在り方

体育授業においては、子供はもちろんのこと、指導する教員も運動についての能力は個人差が大きく、得意・不得意分野がある。「よい示範」「仲間の運動」を繰り返し見たり、ゆっくり見たりすることで理解を深められ、活用による効果が期待できる。

運動分野の得意な教師による示範を動画で撮影し共有したり、タブレット端末でスロー再生アプリを使い大型モニターで説明したりすることも効果的である。教師自身の能力に関係なく、同レベルの指導を全学年全学級でできることもICT活用で期待できる。また、子供同士が互いに教え合い、学び合う協働学習の充実や授業づくりの効率化も期待できる。

学習指導要領では、教科指導におけるICT活用について次の3点に分けて示している。

①学習指導の準備と評価のための教師によるICT活用
②授業での教師によるICT活用
③児童生徒によるICT活用

《ICT機器の例：「タブレット端末」「コンピュータ」特徴》

①タブレット端末
・機能性にすぐれ、持ち運びが容易
・写真撮影、提示ができる。ビデオ撮影、視聴ができる。
・画面と同じものを大画面に表示できる。
・自分の動きをすぐに確認できる（遅延再生機能）。
・スローモーション再生機能で動きの流れを1つずつ確認できる。
・技のポイントとなる部分に焦点を当てて撮影することができる。

②コンピュータ
・タブレット端末と同様の機能を使用することができる。
・大型画面にすると、複数人で見合ったり、教え合ったりできる。

子供たち一人一人に適切な支援を行い、「楽しい」体育を実現する！

体育をよい授業にするためには、日常の学級経営における工夫が必要である。本音で関わることができる、教え合い・励まし合い・認め合いが多く見られる、学習の規律が徹底している等、いわゆる多くの肯定的な言動によって「雰囲気のいい学級」づくりを常に心がけておくことが大切である。

高学年を指導する教師は、子供が身に付けている技能や興味・関心には個人差があることを認識するとともに、中学校での学習に向けて各種の運動の特性に応じた基本的な技能や健康で安全な生活を営むための技能を身に付けさせることが求められる。その際、運動を苦手と感じている子供でも易しく安心して学習に取り組めるなどの活動が展開されるようにすることが求められる。また、運動に意欲的でない子供の思いや願いに寄り添い、どのような手立てを講じればより意欲的になれるのかなど、指導方法の検討を含めた授業改善に粘り強く取り組むことが大切である。

1 運動が苦手な子供の指導

①易しい運動に取り組むことから始め、徐々に動きの難しいものに挑戦できるようにする。
②少しずつでもできたことを認めて称賛する。
③運動に取り組む際に、自己のペースでできるようにしたり得意なやり方でできるようにしたりするなど、無理のないようにさせる。
④特に器械運動では、器械・器具にぶつかって痛みを感じることで苦手になる子供が多く見られるので、器械・器具の下にマットを敷いたり、補助者を付けたりして安心して取り組める場を設定する。

2 運動に意欲的でない子供の指導

①仲間のやり方を見て真似をしながら運動したり、仲間に気付いたことを言ってもらったりしながら取り組めるようにする。
②自身の伸びや仲間との関わりの成果を仲間同士で積極的に認める場を設定したり、仲間と一緒に達成する課題を設定したりする。
③特にボール運動では、仲間と助け合ったり協力したりできない子供が見られるので、役割を果たしたことや最後まで全力でプレーしたこと、味方を励ます言葉がけがあったことなどの取組を、授業のまとめで取り上げて称賛したり、子供が相互に称え合ったりする場面を設定する。

第５学年における年間指導計画

月	時	領域・内容	時間
4月（7時間）	1	**体つくり運動**	4時間
	2	○体ほぐしの運動	
	3	○体の動きを高める運動	
	4		
	5	**陸上運動**	5時間
	6	○短距離走・リレー	
	7		
5月（8時間）	8		
	9		
	10	**表現運動**	6時間
	11	○フォークダンス	
	12	○表現	
	13		
	14		
	15		
6月（11時間）	16	**ボール運動**	6時間
	17	○ゴール型（ハンドボール）	
	18		
	19		
	20		
	21		
	22	**保健**	4時間
	23	○心の健康	
	24		
	25		
	26	**水泳運動**	7時間
7月（6時間）	27	○クロール	
	28	○平泳ぎ	
	29	○安全確保につながる運動	
	30		
	31		
	32		
9月（8時間）	33	**陸上運動**	6時間
	34	○ハードル走	
	35		
	36		
	37		
	38		
	39	**器械運動**	6時間
	40	○鉄棒運動	
10月（11時間）	41		
	42		
	43		
	44		
	45	**陸上運動**	6時間
	46	○走り幅跳び	
	47		
	48		
	49		
	50		
	51	**器械運動**	6時間
11月（10時間）	52	○マット運動	
	53		
	54		
	55		
	56		

月	時	領域・内容	時間
	57	**ボール運動**	10時間
	58	○ゴール型（サッカー）	
	59		
	60		
	61		
12月（7時間）	62		
	63		
	64		
	65		
	66		
	67	**保健**	4時間
	68	○けがの防止	
1月（7時間）	69		
	70		
	71	**体つくり運動**	4時間
	72	○体の動きを高める運動	
	73		
	74		
	75	**器械運動**	6時間
2月（9時間）	76	○跳び箱運動	
	77		
	78		
	79		
	80		
	81	**ボール運動**	10時間
	82	○ベースボール型（ティーボール）	
	83		
	84		
3月（6時間）	85		
	86		
	87		
	88		
	89		
	90		

2

イラストで見る
全単元・全時間の授業のすべて
小学校体育 5 年

体つくり運動

1 体ほぐしの運動、体の動きを高める運動

(4時間) 体ほぐしの運動2時間
体の動きを高める運動2時間

【単元計画】

1時	2時
[第1段階：体ほぐしの運動] 運動の行い方を理解するとともに、手軽な運動を行い、体を動かす楽しさや快さを味わう。	
体ほぐし運動を通して、心と体の関係に気付く。	仲間と関わり合い、仲間のよさを認め合うとともに、仲間と関わり合うことの楽しさや大切さを体験する。
1　体ほぐしの運動に取り組もう POINT：個人⇒2人組⇒3人組⇒グループ⇒全体の流れで運動を行う。活動的な運動、静的な運動を組み合わせて行う。 [主な学習活動] ○集合・あいさつ ①今の心と体の状態を確かめる ○準備運動 ○体ほぐしの運動 ・やや活動的な運動、静的な運動、活動的な運動を行う ○整理運動 ○まとめ ①授業のはじめと、終わりの心や体の状態を比べる ②学習カードを記入し、学習を振り返る	2　仲間と関わり合おう POINT：2人組⇒3人組⇒グループ⇒全体の流れで運動を行う。活動的な運動、静的な運動を組み合わせて行う。 [主な学習活動] ○集合・あいさつ ①今の心と体の状態を確かめる ○準備運動 ○体ほぐしの運動 ・やや活動的な運動、静的な運動、活動的な運動を行う ○整理運動 ○まとめ ①授業のはじめと、終わりの心や体の状態を比べる ②学習カードを記入し、学習を振り返る

授業改善のポイント

主体的・対話的で深い学びの実践に向けて

【体ほぐしの運動】

体を動かすことの心地よさを味わうことを通して、自分だけではなく、仲間の心と体の状態に気付かせる。また、気付いたことを仲間と伝え合い、心と体の関係について交流させる。

仲間と関わり合いながら運動を行う中で、自他の心と体に違いがあることや、仲間のよさを認め合うとともに、仲間と関わり合うことの楽しさや大切さを体験させる。2時間目は、仲間との関わりをもたせることができるよう、自分たちで運動を選ばせる。

【体の動きを高める運動】

体の動きを高める運動は、自己の学習課題を踏まえて直接的に体力を高めていく運動である。しかし、個々で運動しているだけでは単にトレーニングになってしまう恐れがあるため、運動の楽しさを味わわせ、仲間と見付けたポイントを伝え合ったり、運動の補助をしたり、仲間と一緒に運動したりする中で体の動きを高めていく。単元のはじめはグループで同じ運動に取り組み、対話させながら学習を進める。単元後半は、自己の学習課題に取り組んでいく。

単元の目標

○知識及び運動

・運動の楽しさや喜びを味わい、その行い方を理解するとともに、体を動かすことの心地よさを味わったり、体の動きを高めたりすることができる。

○思考力、判断力、表現力等

・自己の体の状態や体力に応じて、運動の行い方を工夫するとともに、自己や仲間の考えたことを他者に伝えることができる。

○学びに向かう力、人間性等

・運動に積極的に取り組み、約束を守り助け合って運動をしたり、仲間の考えや取組を認めたり、場や用具の安全に気を配ったりすることができる。

3時	4時
[第2段階：体の動きを高める運動] **体力の必要性や体の動きを高めるための運動の行い方を理解する。**	
体の動きを高める運動の必要性や行い方、学び方を理解する。	運動の行い方を工夫したり、ポイントを見付けたりする。
3　体の動きを高める運動に取り組もう POINT：体の動きを高める運動の必要性や運動の行い方を理解させる。 **[主な学習活動]** ○集合・あいさつ ○体の動きを高める運動の必要性を知る ○準備運動 ○体の柔らかさを高める運動 ○巧みな動きを高める運動①② ○整理運動 ○まとめ ①学習カードを記入し、学習を振り返る ②見付けたポイントを共有する	**4　運動の行い方を工夫しよう** POINT：運動の工夫の視点を提示する。 **[主な学習活動]** ○集合・あいさつ ○体の動きを高める運動の必要性を知る ○準備運動 ○体の柔らかさを高める運動 ○巧みな動きを高める運動①② ○整理運動 ○まとめ ①学習カードを記入し、学習を振り返る ②見付けたポイントや工夫したことを共有する

子供への配慮の例

①運動が苦手な子供

体の各部位を曲げ伸ばしたり、それらの姿勢を維持したりすることが苦手な子供には、息を吐きながら脱力し、ゆっくりと体の伸展ができるような言葉掛けを行う。

長なわを跳ぶことが苦手な子供には、口伴奏などでリズムをとったり、ゆっくりとしたなわの動きに合わせて跳べるようにしたりするなどの配慮をする。

ボール操作が苦手な子供には、扱いやすいボールの大きさに変えたり、易しい動きから徐々に動きを高めていく。

②意欲的でない子供

易しい運動や、体の動きの高まりが実感しやすい運動を取り入れ達成感を味わわせる。また、ポイントを発見しやすかったり、工夫しやすかったりする運動も効果的である。

自己の学習課題を見付けることに意欲的に取り組めない子供には、仲間の動きを見させたり、真似させたりしながら、自己の学習課題を見付けていけるようにする。

学習課題の解決の仕方が分からない子供には、仲間からの助言を受けたり、同じような学習課題をもつ仲間と一緒に運動させたりする。

本時案

体ほぐしの運動に取り組もう 1/4

本時の目標

体ほぐしの運動を通して、心と体の関係に気付くことができるようにする。

評価のポイント

自分や仲間の心と体の状態を知り、心と体の関係に気付くことができたか。

週案記入例

[目標]
楽しみながら運動を行い、心と体の関係に気付く。

[活動]
手軽な運動を行う。

[評価]
楽しみながら運動を行い、自分や仲間の心と体の状態を知り、心と体の関係に気付くことができたか。

[指導上の留意点]
授業のはじめと、終わりの心と体の状態を比べ、心と体の関係に気付かせる。

本時の展開

	時	子供の活動
はじめ	3分	**集合・あいさつ** ○体ほぐしの運動の学習の進め方を知る。 ○学習カードの使い方、記入の仕方を知る。 ○今の心と体の状態を確かめる。
準備運動	5分	**軽い運動をする** 1 ○簡単なストレッチ運動をする。 ○リズムに乗って体を動かす。
体ほぐしの運動	30分	**(1) やや活動的な運動をする** ○いろいろなウォーキングをする。（個人） **(2) ゆったりと静的な運動をする** ○ペアでストレッチをする。（２人組） **(3) 気持ちを合わせて活動的な運動をする** ○なべなべそこぬけをする。（３人組） ○グループでボールを運ぶ運動をする。（グループ） ○全員であんたがたどこさをする。（全体） 2
整理運動	2分	**心も体もほぐす** ○ペアで体をほぐしていく。 3
まとめ	5分	**(1) 授業のはじめと終わりの心と体の状態を比べる** ○心と体の関係に気付くことができたか。 **(2) 学習カードに振り返りを書き、学習を振り返る** ○友達と仲よく楽しく運動できたか。

1 軽い運動

簡単なストレッチ

呼吸の仕方を意識しながら体の各部位をほぐしていこう。

体じゃんけん

リズムに乗って体全体を使ってじゃんけんをしよう。

友達と一緒に

リズムに乗って心も体を動かそう。

2 体ほぐしの運動

やや活動的　⇒　静的　⇒活動的　の学習の流れ

(1) やや活動的な運動

いろいろウォーキング

リズムに合わせていろいろな歩き方をしよう。

友達とすれ違うときは、ハイタッチをしよう。
へーイ、タッチ

(2) 静的な運動

ペアストレッチ

引っぱるよ。

体のどこが伸びてるかな？

息を吐きながらやろう。
友達と息を合わせよう。

友達と協力しながら、体をほぐしていこう。

(3) 活動的な運動

なべなべそこぬけ（３人組）

友達をかえたり、人数を増やしたりしてみよう。

ボール運び（グループ）

みんなで息を合わせて、ボールを運ぼう。

あんたがたどこさ（全員）

「さ」の歌詞の時に左へジャンプしよう。

3 心も体もほぐす

ペアで体をほぐそう

心も体もクールダウンしよう。

手ぶら・足ぶら
体の力を抜こう。
息を吐くときにゆらそう

本時案

仲間と関わり合おう

2/4

本時の目標

仲間と関わり合い、仲間のよさを認め合うとともに、仲間と関わり合うことの楽しさや大切さを体験できるようにする。

評価のポイント

仲間のよさを認め合うとともに、仲間と関わり合うことの楽しさや大切さを味わうことができたか。

週案記入例

[目標]
仲間と関わり合うことの楽しさや大切さを味わう。

[活動]
仲間と関わり合える手軽な運動を行う。

[評価]
仲間と関わり合うことの楽しさや大切さを味わうことができたか。

[指導上の留意点]
仲間と関わり合う手軽な運動を多く取り入れ、仲間と関わり合うことのできる運動を選ばせる。

本時の展開

	時	子供の活動
はじめ	3分	**集合・あいさつ** ○本時の学習課題を確認する。 ○仲間との関わり合いについて、前時の活動を振り返る。 ○今の心と体の状態を確かめる。
準備運動	5分	**軽い運動をする** ○簡単なストレッチ運動をする。 ○リズムに乗って体を動かす。
体ほぐしの運動	32分	**(1) やや活動的な運動をする** ○膝タッチフェンシングをする。（2人組） 1 **(2) ゆったりと静的な運動をする** ○ペアでストレッチをする。（2人組） 2 **(3) 仲間と関わり合える活動的な運動をする** ○3人組でできる運動を選ぶ。（3人組） ○グループでできる運動を選ぶ。（グループ） 3 ○全員でできる運動を選ぶ。（全体）
整理運動	2分	**心も体もほぐす** ○全員で体をほぐしていく。 4
まとめ	3分	**(1) 授業のはじめと終わりの心と体の状態を比べる** ○心と体の関係に気付くことができたか。 **(2) 学習カードに振り返りを書き、学習を振り返る** ○友達と仲よく運動できたか。

1 やや活動的な運動

膝タッチフェンシング

相手の膝を何回触れるかな。

相手を変えてやってみましょう。

2 静的な運動

ペアストレッチ

少しずつ、体を

体をリラックスさせよう。

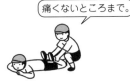

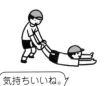

呼吸を止めずに息を
はきながらやろう。

痛くないところまで。

気持ちいいね。

3 活動的な運動

【３人組】

フープ

友達運び

人間ふりこ

【グループ】

移動キャッチ

風船バレー

平均台並べ替え

何人乗れるかな

【全員】

ヒューマンチェア

大なわ跳び

4 心も体もほぐす

全員で体をほぐそう

楽しかったね！
たくさん運動できて
心もすっきり！

音楽に合わせて、心も体もリラックス

本時案

体の動きを高める運動に取り組もう 3/4

本時の目標

体の動きを高める運動に取り組み、体の動きを高める必要性や行い方、学び方を理解できるようにする。

評価のポイント

体の動きを高める運動の必要性や行い方、学び方を理解することができたか。

週案記入例

[目標]
体の動きを高める運動の必要性や運動の行い方、学び方を理解する。

[活動]
体の柔らかさを高める運動や巧みな動きを高める運動に取り組む。

[評価]
各種の運動に取り組むとともに、体の動きを高める運動の必要性や行い方、学び方を理解することができたか。

[指導上の留意点]
各種の運動で、もとになる動きを設定し、ポイントを発見できるようにする。

本時の展開

	時	子供の活動
はじめ	10分	**集合・あいさつ** ○体の動きを高める運動の進め方を知る。 ○学習カードの使い方、記入の仕方を知る。 ○体の動きを高める運動の必要性や学び方を理解する。 1
準備運動	3分	**軽い運動をする** ○主運動で使う部位をほぐす。
体の動きを高める運動	25分	**(1) 体の柔らかさを高める運動をする** ○徒手での運動をする。 2 **(2) 巧みな動き①を高める運動をする** ○長なわに取り組む。 3 もとになる動き（8の字跳び）に取り組み、ポイントを共有する。 **(3) 巧みな動き②を高める運動をする** ○ボールキャッチに取り組む。 3 もとになる動き（投げ上げキャッチ）に取り組み、ポイントを共有する。
整理運動	2分	**心も体もほぐす** ○主運動で使った部位をほぐす。
まとめ	5分	**学習カードに振り返りを書き、学習を振り返る** ○体の動きを高める運動の必要性や行い方、学び方について再確認する。 ○体の動きの高まりについて確認する。

1 体の動きを高める運動の必要性及び学び方

体力の必要性

体の動きが高まる ⇒ **体力**が高まる

⇩

体力が高まるとどうなるの？
◇病気にかかりづらくなる。
◇健康で、長生きできる。
◇姿勢や体格がよくなる。
◇いろいろな運動ができるようになる。

運動するときに必要な体力
【体の柔らかさ】
・柔軟性
【巧みな動き】
・行動を調整する力
　タイミング　バランス　リズミカル　力の調整
【力強い動き】
・行動を起こす力
【動きを持続する能力】
・運動を続ける力

体の動きを高める運動の学び方

理解する	取り組む	工夫する	ふり返る
・体力の必要性を理解する。 ・運動の行い方を理解する。	・運動に取り組む。 ・ポイントを共有する。 ・自己の課題を知る。	・運動を工夫する。 ・見付けたポイントを共有する。	・学習を振り返る。 ・次時のめあてをもつ。

2 体の柔らかさを高める運動

徒手での運動

1人で

友達と

音楽に合わせて、心も体もリラックス

3 巧みな動き『長なわ』『ボールキャッチ』

長なわ

【もとの動き】
◇8の字跳びをする

ボールキャッチ

【もとの動き】
◇投げ上げたボールをキャッチする

本時案

運動の行い方を工夫しよう 4/4

本時の目標

運動の行い方を工夫したり、ポイントを見付けたりする。

評価のポイント

自分の体力に応じて、運動の行い方を工夫することはできたか。

週案記入例

[目標]
自己の体力に応じて、運動の行い方を工夫し、ポイントを見付ける。

[活動]
体の柔らかさを高める運動や巧みな動きを高める運動に取り組む。

[評価]
各種の運動に取り組むとともに、自己の体力に応じて、運動を工夫することができたか。

[指導上の留意点]
：工夫の視点を提示するとともに、自分の体力に合った運動の工夫をさせていく。

本時の展開

	時	子供の活動
はじめ	5分	**集合・あいさつ** ○本時の学習課題を確認する。 ○前時の活動を振り返るとともに、工夫の視点を提示する。 工夫の視点〔姿勢・移動・人数・用具・リズム〕
準備運動	3分	**軽い運動をする** ○主運動で使う部位をほぐす。
体の動きを高める運動	30分	**(1) 体の柔らかさを高める運動をする** ○用具を用いた運動をする。 1 **(2) 巧みな動き①を高める運動をする** ○長なわの工夫した動きに取り組む。 2 工夫させたい視点を提示する。〔姿勢・移動・人数〕 **(3) 巧みな動き②を高める運動をする** ○ボールを使った運動の工夫した動きに取り組む。 3 工夫させたい視点を提示する。〔姿勢・移動・人数〕
整理運動	2分	**心も体もほぐす** ○主運動で使った部位をほぐす。
まとめ	5分	**学習カードに振り返りを書き、学習を振り返る** ○工夫した動きや見付けたポイントを共有する。 ○体の動きの高まりについて確認する。

1 体の柔らかさを高める運動

用具を用いた運動

呼吸は止めずに、ゆっくりと吐きながらやろう。

2 巧みな動き『長なわ』

長なわの工夫した動き

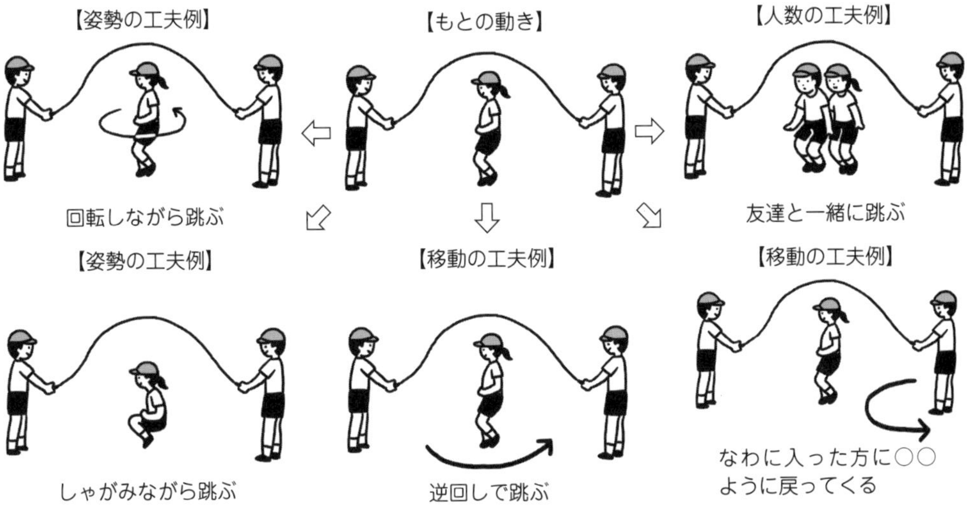

3 巧みな動き『ボールキャッチ』

ボールキャッチの工夫した動き

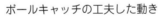

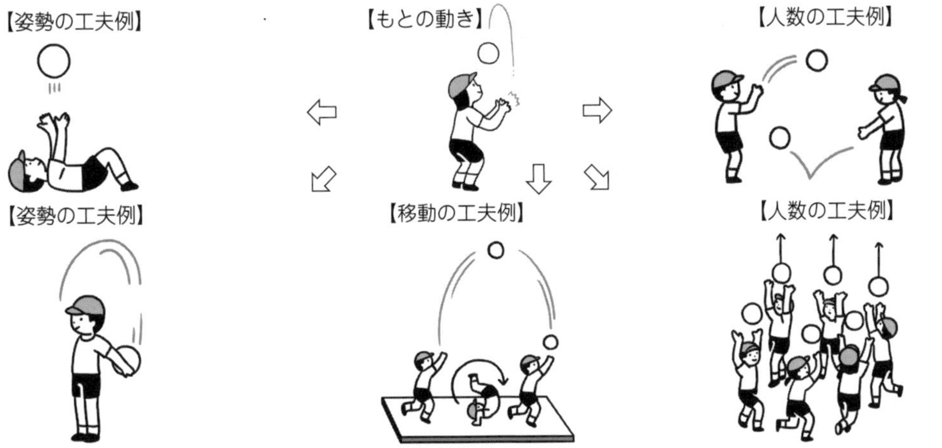

DVD 収録資料

「体ほぐしの運動」「体の動きを高める運動」学習カード&資料

使用時 **第1～4時**

本カードは、体ほぐしの運動2時間と体の動きを高める運動2時間の4時間で使用する。学習の中で習得した知識や、思考・判断・表現したことを見取っていく。
体ほぐしの運動では、心と体の関係や仲間との関わりについて記録させていく。体の動きを高める運動では、運動のポイントや運動の工夫について記録させていく。

収録資料活用のポイント

①使い方

学習カードは、1時間で1枚使用する。子供一人一人に本カードを配布し、板目や色画用紙に綴じていく。体ほぐしの運動では、授業のはじめに自分の心や体の状態を記録させる。体ほぐしの運動及び体の動きを高める運動ともに、授業の終わりに学習の振り返りとして活用する。

②留意点

体ほぐしの運動及び体の動きを高める運動共に、習得した知識を記録できるようにしている。体ほぐしの運動の第1時、体の動きを高める運動の第1時は、知的理解を必要とする内容がやや多くなっているため、学習の振り返りでカードを書く時間を十分に確保できるようにする。体の動きを高める運動においては、カードに記録された運動のポイントは掲示資料等に活用させていく。

学習カード 5-1-1(1～2時)

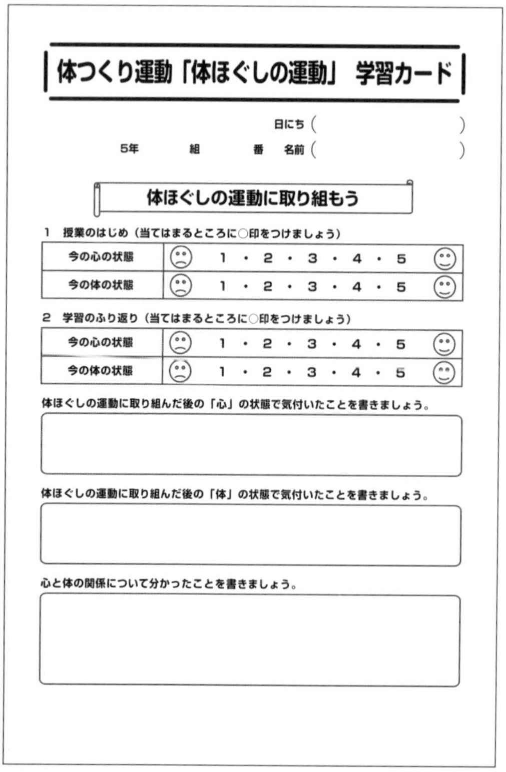

体つくり運動「体ほぐしの運動」 学習カード

日にち（　　　　　　）
5年　　組　　番　名前（　　　　　　）

体ほぐしの運動に取り組もう

1　授業のはじめ（当てはまるところに○印をつけましょう）

今の心の状態	1・2・3・4・5
今の体の状態	1・2・3・4・5

2　学習のふり返り（当てはまるところに○印をつけましょう）

今の心の状態	1・2・3・4・5
今の体の状態	1・2・3・4・5

体ほぐしの運動に取り組んだ後の「心」の状態で気付いたことを書きましょう。

体ほぐしの運動に取り組んだ後の「体」の状態で気付いたことを書きましょう。

心と体の関係について分かったことを書きましょう。

学習カード 5-1-2(3～4時)

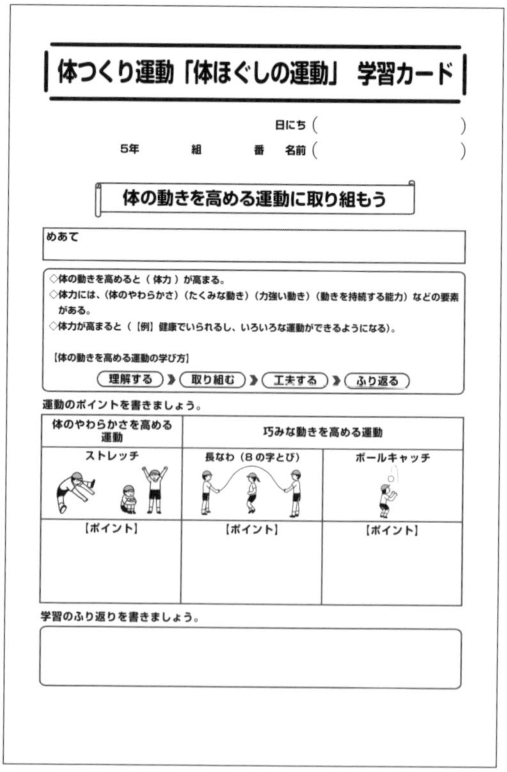

体つくり運動「体ほぐしの運動」 学習カード

日にち（　　　　　　）
5年　　組　　番　名前（　　　　　　）

体の動きを高める運動に取り組もう

めあて

◇体の動きを高めると（ 体力 ）が高まる。
◇体力には、（体のやわらかさ）（たくみな動き）（力強い動き）（動きを持続する能力）などの要素がある。
◇体力が高まると（【例】健康でいられるし、いろいろな運動ができるようになる）。

【体の動きを高める運動の学び方】
理解する》取り組む》工夫する》ふり返る

運動のポイントを書きましょう。

体のやわらかさを高める運動	巧みな動きを高める運動	
ストレッチ	長なわ（8の字とび）	ボールキャッチ
【ポイント】	【ポイント】	【ポイント】

学習のふり返りを書きましょう。

運動のポイントを見付けたり、運動を工夫したりしよう！

日にち（　　　　　　　　　　　　）

5年　　　組　　　番　名前（　　　　　　　　　　　　）

◇見付けたポイントを書き加えたり、工夫した動きを記録したりしよう。

巧みな動きを高める運動 長なわ

工夫をしやすい視点

（姿勢）・（方向）・用具・（人数）・リズム

運動のポイント

◇なわが目の前を通り過ぎたときになわに入る。

◇

◇

◇工夫した動きや見付けたポイント

工夫の視点（　姿勢　）

◇片足でとび続ける。

工夫の視点（　　　　）

◇

工夫の視点（　　　　）

◇

巧みな動きを高める運動 ボールキャッチ

工夫をしやすい視点

（姿勢）・（方向）・用具・（人数）・リズム

運動のポイント

◇真上に投げてキャッチする。

◇

◇

◇工夫した動きや見付けたポイント

工夫の視点（　姿勢　）

◇ボールを投げた後に、手をたたいてからキャッチする。

工夫の視点（　　　　）

◇

工夫の視点（　　　　）

◇

陸上運動

2 短距離走・リレー

(5時間)

【単元計画】

1時	2時	
[第1段階：知る] 運動の行い方を理解するとともに、技能のポイントをつかみ、短距離走・リレーの楽しさを味わう。		
最後まで全力で走り切る。	自分と相手の走力に応じたスタートマークを見付ける。	減速の少ないバトンの受け渡しをする。
1　最後まで全力で走り切ろう POINT：はじめの記録を測り、自分の走りの学習課題をもたせる。全力で走ったことを称賛し、価値付ける。 **[主な学習活動]** ○集合・あいさつ ○学習の目的、進め方を知る ○準備運動をする ○5秒間走を行う ○リレー、はじめの記録（1回目）をとる ○技能ポイントと練習方法を知る ○整理運動 ○まとめ ①課題に対する振り返りを行い、次時への走りの課題をもつ ②次時の学習内容を知る	**2　スタートマークを見付けよう** POINT：活動時間を十分に与え、タイミングをとるための工夫を発見できるようにする。 **[主な学習活動]** ○集合・あいさつ ○学習課題の確認、前時の振り返り ○準備運動をする ○5秒間走を行う ○技能ポイントと練習方法を知る ○リレー（2回目）の記録をとる ○整理運動 ○まとめ ①課題に対する振り返りを行い、次時への走りの課題をもつ ②次時の学習内容を知る	**3　減速の少ないバトンの受け渡しをしよう** POINT：活動時間を十分に与え、減速の少ないバトンの受渡しのポイントを発見できるようにする。 **[主な学習活動]** ○集合・あいさつ ○学習課題の確認、前時の振り返り ○準備運動をする ○5秒間走を行う ○技能ポイントと練習方法を知る ○リレー（3回目）の記録をとる ○整理運動 ○まとめ ①課題に対する振り返りを行い、次時への走りの課題をもつ ②次時の学習内容を知る

授業改善のポイント

主体的・対話的で深い学びの実践に向けて

運動の楽しさや喜びを味わい、自己の記録の伸びや目標とする記録の到達を目指す。試行錯誤を繰り返しながら、動きを身に付けていくことができるように学習課題解決に取り組む。

単元を通して、基本的な技能を習得し、自己（チーム）の伸びを実感させながら自己の能力に適した学習を進めていく。

毎時間、記録を取り、掲示等で残しておくことで、子供は自己（チーム）の記録を越えようと意欲的に運動する。

また、競走（争）の場面を多く取り入れることで、「なぜうまくいったのか」、「何を解決していけばよいのか」を考えるきっかけができる。

兄弟チームを作り、お互いの練習やリレーを見合い、良かった点や改善点を伝え合いながら運動に取り組んでいく。学び合ったことを他者に伝えることで、より深い学びが期待できる。そのための手立てとして、一単位時間内での場の設定、練習方法の工夫、学び合いの工夫、学習カードの工夫等が考えられる。

単元の目標

○知識及び技能

・行い方を理解するとともに、自己（チーム）の記録の伸びや目標とする記録の達成を目指したりしながら、一定の距離を全力で走ったり、滑らかなバトンの受け渡しをしたりすることができる。

○思考力、判断力、表現力等

・自己の能力に適した課題の解決の仕方、競走や記録への挑戦の仕方を工夫するとともに、自己や仲間の考えたことを他者に伝えることができる。

○学びに向かう力、人間性等

・運動に積極的に取り組み、約束を守り助け合って運動をしたり、勝敗を受け入れたり、仲間の考えや取組を認めたり、場や用具の安全に気を配ったりすることができる。

3・4時	5・6時
[第２段階：高める] **競争や記録への挑戦の仕方を工夫し、運動を楽しむ。**	
個人やチームの学習課題の達成に向けて協力し、お互いに学び合う。	楽しみながら、自己（チーム）の記録の伸びや目標とする記録の達成を目指す。
4　個人やチームの学習課題を達成しよう POINT：動きの変化や伸びを見付けたり、考えたことを伝えたりすることが、記録の向上につながるということを実感できるようにする。 **[主な学習活動]** ○集合・あいさつ ○学習課題の確認、前時の振り返り ○準備運動をする ○５秒間走を行う ○課題に応じた練習の場を選び、工夫して取り組む ○リレー（４回目）の記録をとる ○整理運動 ○まとめ ①課題に対する振り返りを行い、次時への走りの課題をもつ ②次時の学習内容を知る	**5　短距離走・リレーを楽しもう！５年○組リレー大会！** POINT：個々やチームのよさを知らせ、言葉かけや動きを称賛する。 **[主な学習活動]** ○集合・あいさつ ○学習課題の確認、前時の振り返り ○準備運動をする ○５秒間走を行う ○課題に応じた練習の場を選び、工夫して取り組む ○リレー（最後）の記録をとる ○整理運動 ○まとめ ①単元の学習の成果を発表し合う ・記録の伸びを認め、称賛する ・仲間の動きのよさなどを伝える

子供への配慮の例

①運動が苦手な子供

短距離走で、素早いスタートが苦手な子供には、構えた際に前に置いた足に重心をかけ、低い姿勢で構えるといったポイントを示すなどの配慮をする。

リレーで、減速せずにバトンの受け渡しをすることが苦手な子供には、「ハイ」の声をしっかり掛けたり、バトンを受ける手の位置や高さを確かめたり、仲間同士でスタートマークの位置を確かめたりするなどの配慮をする。

②意欲的でない子供

チーム内で一人一人の走る距離を変えたり、勝敗を競うのではなく目標記録を課題としたリレーを行ったりするなどの配慮をする。

リレーの作戦について考える場面で、自己の意見を伝えられず、仲間と関わることができない子供には、話し合いや振り返りの際に、学習カードを用いて仲間同士で学習課題を出し合ったり、学習の成果を確認したりする場面を設定するなどの配慮をする。

本時案

最後まで全力で走り切ろう

1/5

本時の目標

学習の進め方や練習の仕方、レースの実施方法やルールを知ることができるようにする。

はじめの記録を測り、自分の走りの学習課題をもつことができるようにする。

評価のポイント

短距離走・リレーの学習内容や今の自分の走力を知り、それを高めていくための学習の進め方を理解できたか。

週案記入例

[目標]
最後まで全力で走り切る。

[活動]
リレーを行い、初めの記録を測る。

[評価]
短距離走・リレーの学習内容が分かり、走りの学習課題をもてたか。

[指導上の留意点]
決められた距離を力いっぱい走り切れるよう、全力で走ったことを称賛し、価値付ける。

本時の展開

	時	子供の活動
はじめ	5分	**集合・あいさつ** ○本時の学習課題を確認する。 ○短距離走・リレーの学習の目的、進め方を知る。 1
準備運動	5分	**軽い運動をする** 2 ○軽く走り、体をあたため心肺機能を高める。 ○体の各部位を意識させ、ていねいに行うようにする。 ○すばやいスタートについて知る。
短距離走	5分	**5秒間走をする** ○5秒間走のルールを知る。 ○自己の能力に適した場所からスタートする。
リレー	10分	**リレーをする** 3 ○セパレートリレーのルールを知る 。 ○はじめの記録を計測する。 ○ルール、計測の仕方について知る。
リレー練習	13分	**技能ポイントと練習方法を知る** 4 (1)減速の少ないバトンの受け渡しにつながる練習に取り組む ○練習方法、この練習の効果を知る。 ○安全面への留意事項を知る。 ○チームごとに取り組む。 ○見付けた技能ポイントを共有し、確認する。
整理運動	2分	**運動で使った部位をゆったりとほぐす** ○運動で使った部位を中心にほぐす。
まとめ	5分	**(1)今日の学習について振り返り、学習カードに記入する** ○学習課題に対する振り返りを行い、次時への走りの学習課題をもつ。 ○次時の学習内容を知る。

1 短距離走・リレーの学習の目的、進め方を知る

・【はじめの記録】（5秒間走、リレー1回目）からの伸びを競うこと。
・【チーム全員の50m走の合計記録】との差を競うこと。（リレー）
・個人の全力の走りが、チームの記録の伸びに関わるということ。
・きょうだいチームを作り、学習の成果や課題を互いに学び合い高めていくこと。

意欲的に運動するために競走（争）することは大切だが、勝敗を競うことだけにこだわらずに、自分たちが設定した目標記録に近づくことを課題として短距離走・リレーを行う。

2 リズムウォーミングアップ

・音楽を流し、リズムに乗って楽しみながら運動し、短距離走に適した姿勢や合理的な体の動かし方の基礎感覚を経験する。

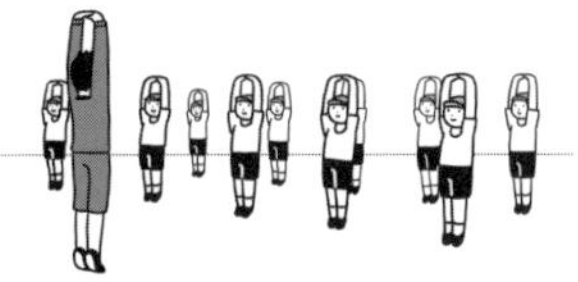

・すばやいスタートについて知る。

どういう姿勢で走れば、すばやいスタートが切れるのかを考えさせる。 ⇨ 真上にジャンプをするときに、グッとひざを曲げる位置がスタートの姿勢として、一番力が入る姿勢。 ⇨ 直立の姿勢から倒れこんで、どちらの足が先に出てくるかで自分の利き足を確認する。スタート時には、利き足は一歩下げ、体を軽く前傾させるようにする。

3 セパレートリレー

○セパレートコースで行う。 ○各走者は色別に分かれたライン（テークオーバーゾーン内）から走る。 ○競走（争）の意識をもたせるために、3チームごとにリレーを行う。 ○一人が走る距離は50mとする。 ○チームの走力が全チーム均等になるようにチーム編成をする。1チームの人数は5、6人程度、男女混合が適当である。 ○レーンの幅は、2レーン分を合体させて1つのレーンとする。前走者がバトンを渡すと同時にスピードを落とさなければならないこともあり、安全に自信をもってバトンの受け渡しができるように配慮する。 ○それぞれの線の前後10mの場所にテークオーバーゾーンのマーカーを置く。

4 減速の少ないバトンの受け渡しにつながる練習①

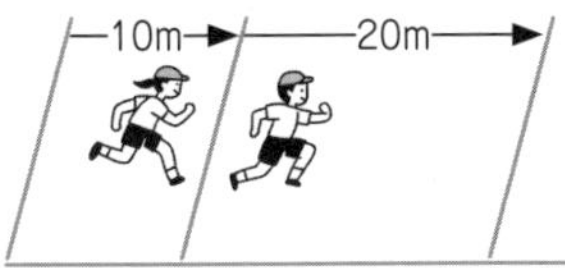

ゴール近くでタッチできるようにスタートを切る。このとき、お互いに全力で走る。

・受け手が最高速度に達しているときにバトンパスができるよう、全力で走りながらバトンを受けることができる「受け手のスタートのベストタイミング」を探す。
※ POINT…「ハイ！」の声をかけること。

本時案

スタートマークを見付けよう

2/5

本時の目標

受け手と渡し手が全力で走りながらバトンの受け渡しができるように、走力に応じたスタートマークを見付けることができるようにする。

評価のポイント

相手とのタイミングを計り、走力に応じたスタートマークを見付けることができたか。

週案記入例

[目標]
自分と相手の走力に応じたスタートマークを見付ける。

[活動]
友達と競い合い確認し合いながら、動きの中で自分に適したスタートマークを見付ける。

[評価]
相手とのタイミングを計り、走力に応じたスタートマークを見付けることができたか。

[指導上の留意点]
スピードに乗ったバトンの受け渡しがどのようなものか経験できるよう、活動時間を十分に与え、タイミングをとるための工夫を発見できるようにする。

本時の展開

	時	子供の活動
はじめ	3分	**集合・あいさつ** ○本時の学習課題を確認する。 ○前時の活動を振り返る。
準備運動	5分	**軽い運動をする** ○軽く走り、体をあたため心肺機能を高める。 ○体の各部位を意識させ、ていねいに行うようにする。
短距離走	5分	**5秒間走をする** 1 ○スタートの姿勢を意識する。 （前に置いた足に重心をかけ、低い姿勢で構える） ○自己の能力に適した場所からスタートする。
リレー練習	15分	**技能ポイントと練習方法を知る** 2 (1) 減速の少ないバトンの受け渡しにつながる練習に取り組む　※スタートマークの位置を探す。 ○練習方法、この練習の効果を知る。 ○安全面への留意事項を知る。 ○チームごとに取り組む。 ○見付けた技能ポイントを共有し、確認する。
リレー	10分	**リレーをする** ○練習の成果を生かして、3チーム対抗リレーをする。 ・きょうだいチームは自分のきょうだいチームを見る。 ○はじめの記録と比べ、伸びを知る。 ○きょうだいチームで、本時の学習の成果や次回への課題を話し合う。
整理運動	2分	**運動で使った部位をゆったりとほぐす** ○運動で使った部位を中心にほぐす。
まとめ	5分	**今日の学習について振り返り、学習カードに記入する** ○学習課題に対する振り返りを行い、次時への走りの学習課題をもつ。 ○次時の学習内容を知る。

1 短距離走（５秒間走）

・スタンディングスタートから、一定の距離を全力で走る力を身に付ける。
・ポイント制を導入し、５回走った合計ポイントを学習カードに毎回記録することで、自分の走力の伸びを実感できるようにする。

スタートの姿勢を意識する。
（前に置いた足に重心をかけ、低い姿勢で構える）

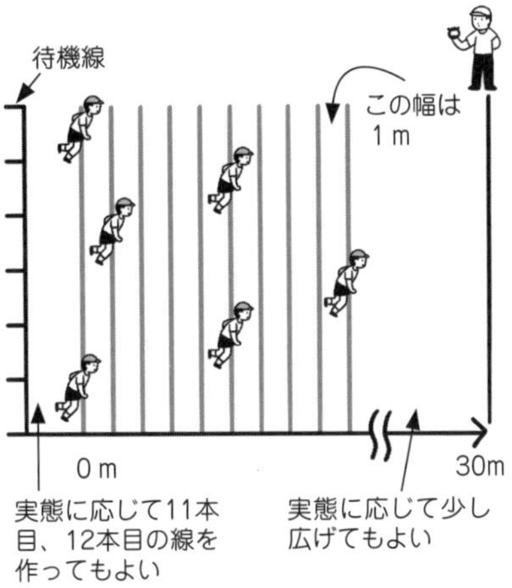

待機線
この幅は
１ｍ
０ｍ
30m
実態に応じて11本目、12本目の線を作ってもよい
実態に応じて少し広げてもよい

2 減速の少ないバトンの受け渡しにつながる練習②

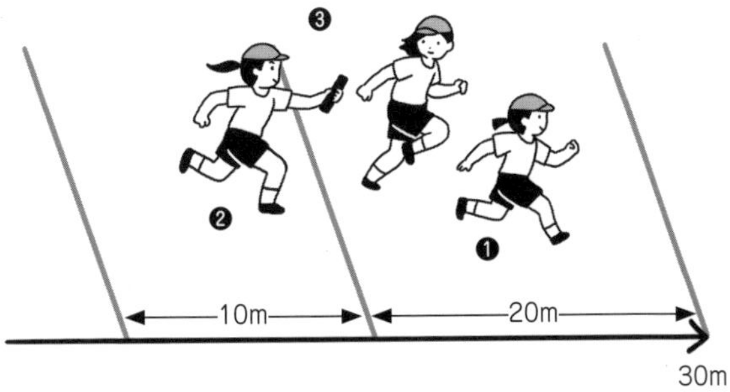

並走する❶に負けないよう、全力で走りながらバトンパスをするとともに、減速の少ないバトンパスができているかを周囲の目によって確かめる。

ねらい	バトンパスのときにスピードが落ちないようにする。
行い方	○❶と❷はスタートラインに立ち、合図で全力で走り出す。 ❷は途中❸にバトンパスをする。❶は最後まで１人で走る。 ❶に勝つためにはバトンの受け渡しをスムーズにできなければならない。 ○他のチームと２対２で勝負することもできる。
ポイント	○勝ち負けにこだわらず、バトンの受け渡しのスピードが落ちなかったかを見る。

本時案

減速の少ないバトンの受け渡しをしよう 3/5

本時の目標

テークオーバーゾーン内で、減速の少ないバトンの受け渡しをできるようにする。

評価のポイント

減速の少ないバトンの受け渡しのポイントを見付け、実行することができたか。

週案記入例

[目標]
減速の少ないバトンの受け渡しをする。

[活動]
テークオーバーゾーン内での、減速の少ないバトンの受け渡しに取り組む。

[評価]
減速の少ないバトンの受け渡しの仕方について理解できたか。

[指導上の留意点]
活動時間を十分に与え、減速の少ないバトンの受け渡しのポイントを発見できるようにする。（声かけ、バトンを受ける手の位置や高さ、スタートマークの位置など）

本時の展開

	時	子供の活動
はじめ	3分	**集合・あいさつ** ○本時の学習課題を確認する。 ○前時の活動を振り返る。
準備運動	5分	**軽い運動をする** ○軽く走り、体をあたため心肺機能を高める。 ○体の各部位を意識させ、ていねいに行うようにする。
短距離走	5分	**5秒間走をする** ○スタートの姿勢を意識する。（足に重心をかけ、低い姿勢で構える） ○自己の能力に適した場所からスタートする。
リレー練習	15分	**技能ポイントと練習方法を知る** 1 (1) 減速の少ないバトンの受け渡しにつながる練習に取り組む ※スタートマークの位置を見付ける。 ○練習方法、この練習の効果を知る。 ○安全面への留意事項を知る。 ○チームごとに取り組む。 ○見付けた技能ポイントを共有し、確認する。
リレー	10分	**リレーをする** 2 ○練習の成果を生かして、3チーム対抗リレーをする。 ・きょうだいチームは自分のきょうだいチームを見る。 ○はじめの記録と比べ、伸びを知る。 ※場合によってはリレーを2回走ることも可能。きょうだいチームで、本時の学習の成果や次回への課題を話し合う。
整理運動	2分	**運動で使った部位をゆったりとほぐす** ○運動で使った部位を中心にほぐす。
まとめ	5分	**今日の学習について振り返り、学習カードに記入する** ○学習課題に対する振り返りを行い、次時への走りの学習課題をもつ。 ○次時の学習内容を知る。

1 減速の少ないバトンの受け渡しにつながる練習③

○バトンの受け渡し

・前走者は声をかけて、次走者の手のひらに押し付けるようにする。（声かけ）
・バトンをもらったら素早く右手から左手に持ちかえる。（バトンを受ける手の位置や高さ）
・徐々にスピードを落とさずにできるようにする。（スタートマークの位置）

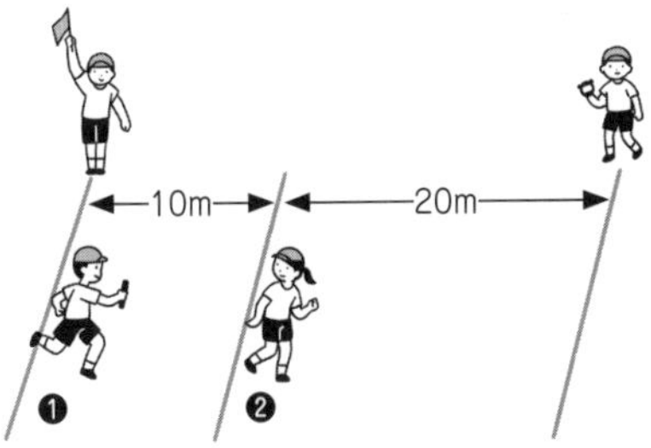

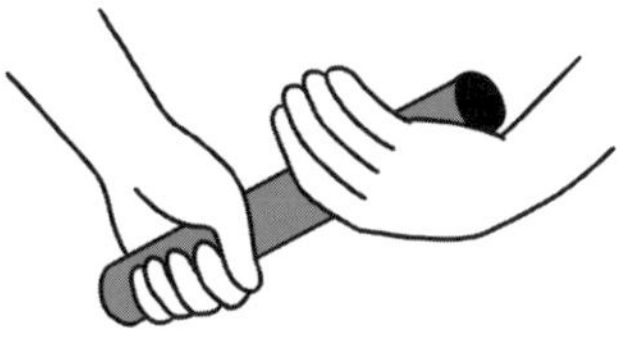
バトン受け渡しの拡大図

ねらい	スピードを落とさずに、バトンパスができるようにする。
行い方	○❶はテークオーバーゾーンの10m手前からスタートする。 ○❷はテークオーバーゾーン内でバトンを受け取り、テークオーバーゾーンを走り切る。 ○30mのタイムを測定する。
ポイント	○30mをいかに速く走り切ることができるかを重視。 ○❶は全力で走り出し、❷にバトンを渡す。 ○❷もスタートマークをしっかり見て、全力でスタートし、バトンをしっかりもらう！ ○後はテークオーバーゾーンを思い切り走り抜ける！

2 学び合いの工夫

・「技能についてのアドバイス」や「ほめる言葉」「はげます言葉」等の言葉集を作り、掲示することで、肯定的で前向きな言葉かけ、技能の伸びに繋がるような言葉かけを増やし、児童同士が積極的に関わることができるような環境を整える（毎時間、少しずつ集めていく）。

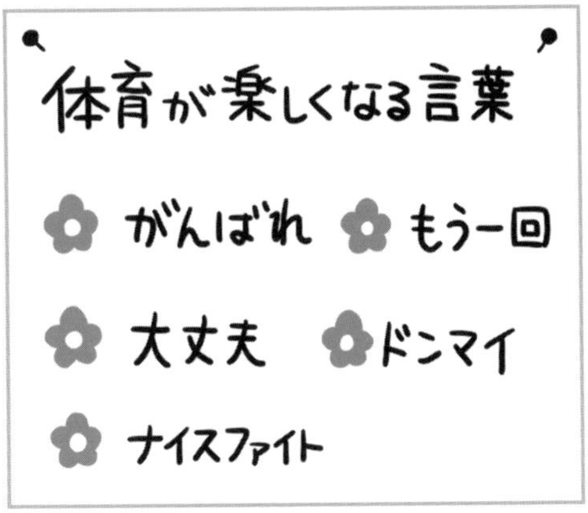

技能についてのアドバイス集（例）

<バトンを受ける>
○渡し手の合図があったら、手を上に向けて大きく開いて出す。また、手はなるべく動かさない。
○手のひらにバトンが押し込まれたら、しっかりとつかみ取る。

<バトンを渡す>
○バトンを渡すことができる距離になったら大きな声で「ハイ！！」と言う。
○受け手の手のひらにバトンを押し込む。
○渡し手は受け手が完全につかみ取るまで、バトンをしっかり握っている。
○バトンの受け渡しが終わるまで減速しない。

本時案

個人やチームの学習課題を達成しよう

4/5

本時の目標

自分のチームやきょうだいチームと学び合いながら練習に取り組み、自己（チーム）の記録の伸びや目標とする記録の達成を目指すことができる。

評価のポイント

個人やチームの学習課題の達成に向けて協力し、学び合うことができたか。

週案記入例

[目標]
個人やチームの学習課題の達成に向けて協力し、お互いに学び合う。

[活動]
短距離走やリレーのタイムを計ったり、運動したりする。

[評価]
個人やチームの学習課題の達成のために、協力して動くことができたか。

[指導上の留意点]
必要な技能ポイントを知り、自己や仲間の動きの変化や伸びを見付けたり、考えたりしたことを伝えることが、記録の向上につながるということを実感できるようにする。

本時の展開

	時	子供の活動
はじめ	3分	**集合・あいさつ** ○本時の学習課題を確認する。 ○前時の活動を振り返る。 ○各チームの練習計画を確認する。
準備運動	5分	**軽い運動をする** ○軽く走り、体をあたため心肺機能を高める。 ○体の各部位を意識させ、ていねいに行うようにする。
短距離走	5分	**5秒間走をする** ○最後まで全力で走ることを意識する。（ゴールの先まで走り抜ける。わずかに前傾。肩を下げリラックス） ○自己で決めたスタート位置から競争する。
リレー練習	15分	**自己やチームの課題に応じた練習の方法を選び、工夫して取り組む** (1) 減速の少ないバトンの受け渡しにつながる練習に取り組む ※スタートマークの位置を確認する。 (2) 自己のチームに適した練習方法を選ぶ。◀1 ○安全面への留意事項を知る。 ○チームごとに取り組む。 ○技能ポイントをチームで共有し、確認し合う。
リレー	10分	**リレーをする** ◀2 ○練習の成果を生かして、3チーム対抗リレーをする。 ・きょうだいチームは自分のきょうだいチームを見る。 ○はじめの記録と比べ、伸びを知る。 ※場合によってはリレーを2回走ることも可能。きょうだいチームで、本時の学習の成果や次回への課題を話し合う。
整理運動	2分	**運動で使った部位をゆったりとほぐす** ○運動で使った部位を中心にほぐす。
まとめ	5分	**今日の学習について振り返り、学習カードに記入する** ○学習課題に対する振り返りを行い、次時への走りの学習課題をもつ。 ○次時の学習内容を知る。

1 自己のチームに適した練習方法を選ぶ

・減速の少ないバトンの受け渡しにつながる練習
（❶、❷、❸の中から選び、課題の解決に向けて取り組む）

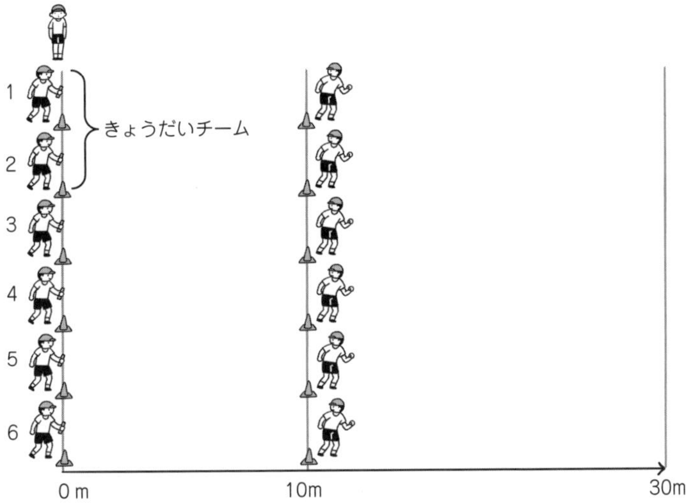

トラックの真ん中に、この場をつくり、各チームごとに取り組む。きょうだいチームは１、２のように横に配置し、お互いに見合えるようにし、学び合いを促す。前向きな言葉もどんどん出させるとよい

2 学び合いの工夫

・自分の動きをチームの仲間に見てもらうことで、改善点が見付かったり、他の人の走りを自分が見ることでいろいろな気付きが生まれたりする。
・きょうだいチームを設定することで、リレー練習やリレーをお互いに見合うことができる。また、よかった点や改善点をアドバイスできるようになる。
・必要な技能ポイントを理解した上で、互いに見合い、教え合うことが、記録の向上につながっていく。

【リレー後の学び合いの様子】
・リレーが終わったら、きょうだいチーム同士が集まって、話し合い、アドバイスをしながら、チームカードを書く。
・先に走ったチームが、後に走ったチームに「よかったところ」や「もっと改善するとよいところ」を伝える。

○話し合い・アドバイスのやり方
①言うチームは全員立つ。
②言う順番はゼッケンの番号順。
③言った人から座る。
④必ず一人一言、言う。
＊きょうだいチームのリレーを見ながら、伝えることを考えておくとよい。

本時案

短距離走・リレーを楽しもう！5年○組リレー大会！ 5/5

本時の目標

自分のチームやきょうだいチームと学び合いながら練習に取り組み、自己（チーム）の記録の伸びや目標とする記録の達成を目指すことができるようにする。

評価のポイント

楽しみながら、自己の記録の伸びや目標記録の達成を目指し、全力で走り切ることができたか。

週案記入例

[目標]
楽しみながら、自己（チーム）の記録の伸びや目標とする記録の達成を目指す。

[活動]
短距離走やリレーのタイムを計ったり、運動したりする。

[評価]
個人やチームの伸びを知り、記録に挑戦することができたか。

[指導上の留意点]
個々やチームのよさを知らせ、言葉かけや動きを称賛する。

本時の展開

	時	子供の活動
はじめ	3分	**集合・あいさつ** ○本時の学習課題を確認する。 ○前時の活動を振り返る。
準備運動	5分	**軽い運動をする** ○軽く走り、体をあたため心肺機能を高める。 ○体の各部位を意識させ、ていねいに行うようにする。
短距離走	5分	**5秒間走をする** ○自己で決めたスタート位置から競争する。 ・動きのポイントを生かし、最高記録を目指す。
リレー練習	7分	**自己やチームの課題に応じた練習の方法を選び、工夫して取り組む** (1) 減速の少ないバトンの受け渡しにつながる練習に取り組む　※走順やスタートマークの位置を確認する。 (2) 自己のチームに適した練習方法を選ぶ。 1 ○安全面への留意事項を知る。　○チームごとに取り組む。
リレー	18分	**リレーをする** 2 ○練習の成果を生かして、3チーム対抗リレーをする。 ※可能ならば、全チームで対抗リレーをしてもよい。 ※場合によってはリレーを2回走ることも可能。はじめの記録と比べ、伸びを知る。
整理運動	2分	**運動で使った部位をゆったりとほぐす** ○運動で使った部位を中心にほぐす。
まとめ	5分	**(1) 今日の学習について振り返り、学習カードに記入する** ○学習課題に対する振り返りを行い、本単元の学習の成果を発表し合う。 ○自分やチームの伸びや練習の工夫したところを認め、称賛し合う。 ○単元を通しての仲間（各チーム）のよさを伝え合い、価値付ける。

1 自己のチームに適した練習方法を選ぶ

・減速の少ないバトンの受渡しにつながる練習
（❶、❷、❸以外にも、直線やコーナーを使った練習も認め、自己のチームに適した課題の解決に向けて取り組む）

2 リレー

・「走って、記録を計る」だけで終わることのないように、きょうだいチーム同士での振り返りを毎回行う。お互いに気付いたこと、よかったこと、課題として残ったことなどを伝え合うことで、学びは深まっていく。
・単元の最後の授業で、全チームで対抗リレーを行うと盛り上がる。※時間配分は考えないといけない。

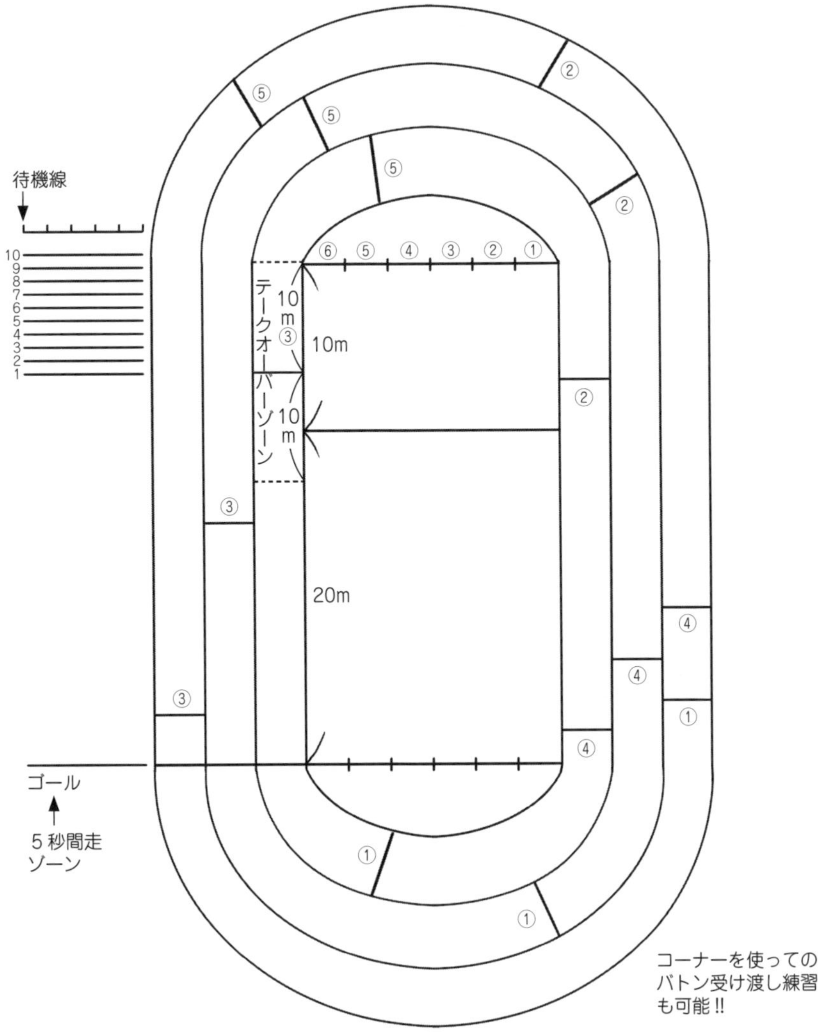

1人が走る距離は50m程度

DVD
収録資料

「短距離走・リレー」学習カード＆資料

使用時 **第1～5時**

本カードは第1時から第5時まで、単元全体を通して使用する。短距離走・リレーの学習の中で身に付けた技能や思考・判断・表現したことを見取っていく。競走（争）させることは楽しく、大切なことだが勝敗を競うことだけにこだわらず、自己（チーム）の記録の伸びや目標とする記録に近づくことを課題として楽しく学習できるよう配慮したい。

収録資料活用のポイント

①使い方

学習カード内容は、第1時～3時までと第4時～5時までを分けて使用する。子供一人一人に本カードを配布し、色画用紙に綴じていく。カードの裏面には、バトンの受け渡しのポイントをプリントしておく。授業のはじめに本時の学習課題、チームの学習課題、自分の学習課題を確認し、授業のおわりに学習の振り返りとして活用する。

②留意点

学習カードは、自己の学習課題をもって取り組み、振り返りを行うために使用する。個人カードとチームカードを作成する。個人カードは、自分自身の記録の伸びを感じられるように、5秒間走の点数を記入できるようにしてある。チームカードでは、必要と思う練習方法・工夫をチームで考え選ぶこと、よかったところやもっと改善するとよいところを記入できるようにした。学習カードに書かれた動きのポイント等は、提示資料等に活用していきたい。

学習課題に対する振り返りでは、「今日は○○だったから、次は（次も）□□しよう！」の型で記入させることで、子供の次への課題やその解決方法が見えてくる。

学習カード 5-2-1（1～3時）

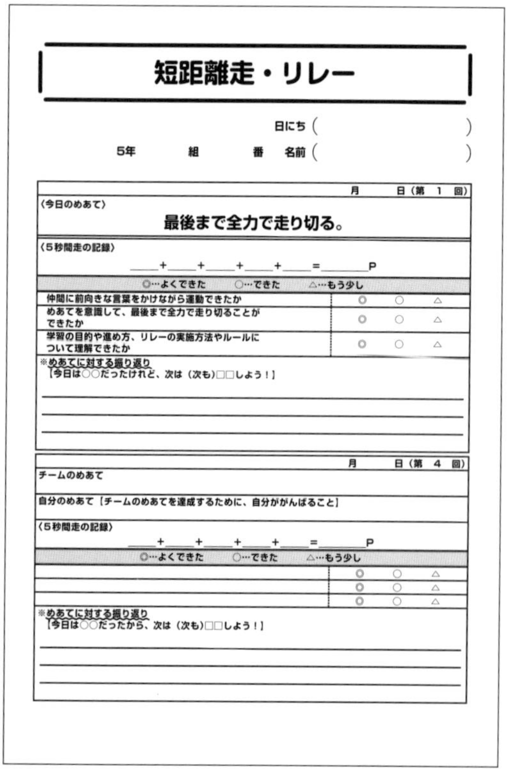

短距離走・リレー

日にち（　　　　）
5年　　組　　番　名前（　　　　）

月　　日（第 1 回）
〈今日のめあて〉
最後まで全力で走り切る。
〈5秒間走の記録〉
____+____+____+____+____=______P
◎…よくできた　○…できた　△…もう少し

仲間に前向きな言葉をかけながら運動できたか	◎	○	△
めあてを意識して、最後まで全力で走り切ることができたか	◎	○	△
学習の目的や進め方、リレーの実施方法やルールについて理解できたか	◎	○	△

※めあてに対する振り返り
【今日は○○だったけれど、次は（次も）□□しよう！】

月　　日（第 4 回）
チームのめあて
自分のめあて【チームのめあてを達成するために、自分ががんばること】
〈5秒間走の記録〉
____+____+____+____+____=______P
◎…よくできた　○…できた　△…もう少し

	◎	○	△
	◎	○	△
	◎	○	△

※めあてに対する振り返り
【今日は○○だったから、次は（次も）□□しよう！】

学習カード 5-2-2（4～5時）

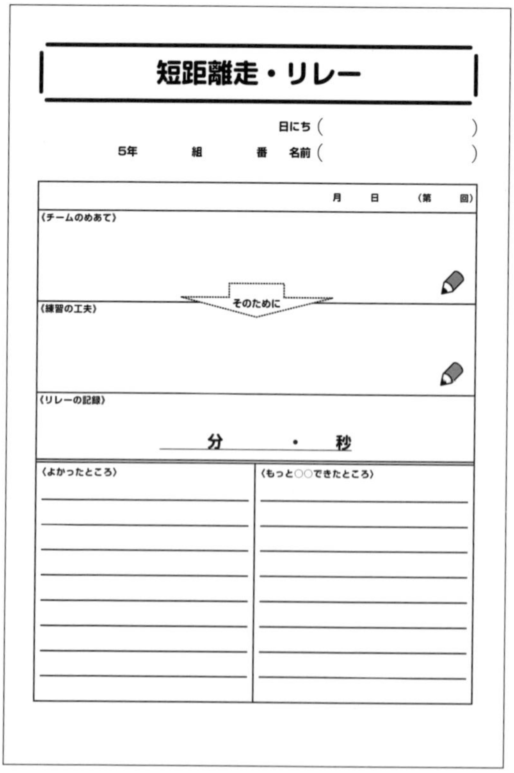

短距離走・リレー

日にち（　　　　）
5年　　組　　番　名前（　　　　）

月　　日　（第　　回）
〈チームのめあて〉
そのために
〈練習の工夫〉
〈リレーの記録〉
____分____・____秒
〈よかったところ〉　〈もっと○○できたところ〉

短距離走・リレー

日にち（　　　　　　　　　　　）

5年　　組　　番　名まえ（　　　　　　　　　　　）

バトンの受け手のポイント

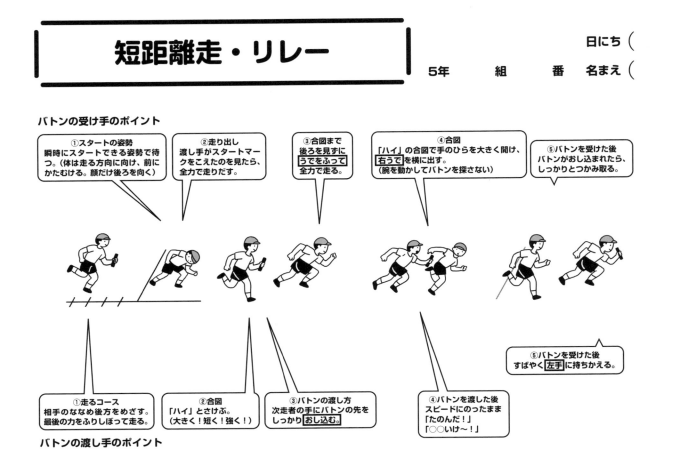

①スタートの姿勢
瞬時にスタートできる姿勢で待つ。（体は走る方向に向け、前にかたむける。顔だけ後ろを向く）

②走り出し
渡し手がスタートマークをこえたのを見たら、全力で走りだす。

③合図まで
後ろを見ずにうでをふって全力で走る。

④合図
「ハイ」の合図で手のひらを大きく開け、右うでを横に出す。
（腕を動かしてバトンを探さない）

⑤バトンを受けた後
バトンがおし込まれたら、しっかりとつかみ取る。

⑤バトンを受けた後
すばやく左手に持ちかえる。

①走るコース
相手のななめ後方をめざす。
最後の力をふりしぼって走る。

②合図
「ハイ」とさけぶ。
（大きく！短く！強く！）

③バトンの渡し方
次走者の手にバトンの先をしっかりおし込む。

④バトンを渡した後
スピードにのったまま
「たのんだ！」
「○○いけ～！」

バトンの渡し手のポイント

表現運動

3 表現・フォークダンス

6時間

【単元計画】

1・2時	3・4時
[第1段階] フォークダンスを踊る	
フォークダンスの行い方を理解するとともに、音楽に合わせてみんなで楽しく踊って交流する。	「激しく○○する」いろいろなイメージを、ひと流れの動きで即興的に踊る。
1・2　コロブチカを楽しく踊ろう①② POINT：コロブチカの踊りの特徴を捉え、大まかな踊りを身に付けて踊りを楽しむことができるようにする。 [主な学習活動] ○集合・あいさつ ○準備運動 ○踊り方を知る ○曲の感じに合わせて踊る ○整理運動 ○まとめ	**3・4　「激しく○○する」をしよう** POINT：「激しく○○する」いろいろなイメージを即興的に踊り、変化や起伏のあるひと流れの動きの楽しさを味わえるようにする。 [主な学習活動] ○集合・あいさつ ○準備運動 ○「激しく○○する」をグループでひと流れの動きで即興的に踊る ○整理運動 ○まとめ

授業改善のポイント

主体的・対話的で深い学びの実践に向けて

フォークダンスや「激しく○○する」という題材からイメージをひろげ、踊る楽しさを十分に味わうことができるようにする。

表現運動に取り組んでいく中で、「もっとこうしたい」という自己の能力に適した学習課題をもち、その課題解決に向けて主体的な学びにつながるようにするため、解決方法や動きのポイントを分かりやすく提示していく。よりよい動きにするために、友達と一緒に動いたり、見合ったりする学習が重要である。子供の動きや気付きから、イメージの広がりや動きの工夫のポイントを全体で共有し、見合うときの観点とすることで、子供同士の対話がより具体的になり、課題解決につなげる。また、タブレットなどの ICT を活用し、自分たちの動きを客観的に見て新たな学習課題を見付けるために活用することを促していく。

活動の終わりや授業のまとめで、「次はどうしたいか」という問いかけをし、新たな学習課題について考え、課題解決へとつなげていく。

単元の目標

○**知識及び技能**
・表現運動の行い方を理解し、いろいろな題材や踊り方の特徴を捉え、表したい感じを表現したり踊りで交流したりすることができる。
○**思考力、判断力、表現力等**
・自己やグループの課題の解決に向けて、練習や発表・交流の仕方を工夫し、自己や仲間の考えたことを他者に伝えることができる。
○**学びに向かう力、人間性等**
・運動に積極的に取り組み、互いのよさを認め合い助け合って踊ったり、場の安全に気を配ったりすることができる。

5時	6時
［第2段階］ **「激しく○○する」を思うままに表現する**	
グループでひとまとまりの動きにして踊る。	グループで考えた「激しく○○する」のひとまとまりの動きを発表し合う。
5 「激しく○○する」をひとまとまりの動きにしよう POINT：表したいイメージが強調されるように、ひとまとまりの動きにして踊ることができるようにする。 **［主な学習活動］** ○集合・あいさつ ○準備運動 ○題材を決めて、「はじめ－なか－おわり」を工夫する ○整理運動 ○まとめ	**6 「激しく○○する」を発表しよう** POINT：今まで学習したことを生かして、ひと流れの動きにまとめることを意識できるようにする。 **［主な学習活動］** ○集合・あいさつ ○準備運動 ○発表し合い、互いによい動きを見付ける ○整理運動 ○まとめ

子供への配慮の例

①運動が苦手な子供

踊ることが苦手な子供には、既習した簡単な踊りを授業の導入で行うなどの配慮をする。

ひと流れの動きにすることが苦手な子供には、表したい感じやイメージから捉えた変化とメリハリのある動きを、教師や仲間のリードでいくつか一緒に踊ってみるなどの配慮をする。

簡単なひとまとまりの動きにすることが難しい子供には、一番表したいイメージを明確にし、ふさわしい構成になっているか教師や他のグループに見てもらうなどの配慮をする。

②意欲的でない子供

授業の導入で、中学年のリズムダンスで学習したへそ（体幹部）を中心に軽快なリズムに乗って踊る活動を取り入れ、心と体をほぐすことができるようにする。

また、取り上げる題材を、クラス共通の題材だけでなく、個人やグループの関心や能力の違いに応じて選ぶようにする。

フォークダンスにおいては、映像を見せて興味・関心をもてるようにしたり、踊りに必要な簡単な小道具や衣装を着けて踊りの雰囲気を高めたりするなどの配慮をする。

本時案

コロブチカを楽しく踊ろう①

1/6

本時の目標

コロブチカの由来や特徴を知り、音楽に合わせて簡単な動きやステップで踊ることができるようにする。

評価のポイント

踊りの特徴を捉え、リズムにのって踊ることができたか。

週案記入例

[目標]
音楽に合わせて楽しくコロブチカを踊る。

[活動]
由来や踊り方を知り、踊り方を身に付ける。

[評価]
リズムにのって楽しく踊ることができたか。

[指導上の留意点]
大まかに踊れるようになったら、通して踊れるようにする。

本時の展開

	時	子供の活動
はじめ	5分	**集合・あいさつ** ○今日の学習内容を知る。 ○コロブチカの由来について知り、感じたことを話し合う。 1 ○フォークダンスの学習の進め方を知る。
準備運動	5分	**心と体をほぐす** ○円形になって簡単な動きで踊る。 ○体育館を自由に走ったり止まったりする。
フォークダンス	30分	**踊り方を知る** 2 ①両手をつないだステップ（ランニング・ショティッシュ） ②ホップ・トー・タッチ ③スリー・ステップ・ターン　※パートナーチェンジ ④バランスと回転 　曲に合わせて踊る ○曲に合わせて、ひととおり踊る。 ○リズムにのって踊れるよう練習する。
整理運動	2分	**体をほぐす** ○主に使った部分を動かし、全身をほぐす。
まとめ	3分	**グループごとに学習を振り返り、発表し合う** ○大まかな踊り方を身に付けることができたか。 ○相手の動きに合わせて、楽しく踊ることができたか。 ○本時の学習を振り返り、次時の学習課題を学習カードに記入する。

1 コロブチカの由来

コロブチカとは、広いロシアを旅して歩く「行商人の荷」という意味。木綿、絹、ラシャ、レースなどの商品を入れた「行李」という箱を背負って旅をする行商人の粘り強い性格を讃えたロシアの民謡である。第一次世界大戦後、移民や船員によってアメリカに紹介され、日本にも伝わった。

2 ステップと踊り方

○隊形はダブルサークル（二重円）
○男子が円の内側、女子が外側。パートナーは向かい合って両手をつなぐ。
○踊り方
　①両手をつないだステップ
　　（ランニング・ショティッシュ）（12呼間）
　　ホップ・トー・タッチ（４呼間）
　②スリー・ステップ・ターン　（８呼間）
　③バランスと回転　（８呼間）
　④スリー・ステップ・ターン　※パートナーチェンジ（８呼間）
　⑤バランスと回転　（８呼間）

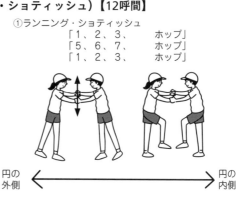

ステップ１　両手をつないだステップ（ランニング・ショティッシュ）【12呼間】

ホップ・トー・タッチ【４呼間】
　①円の外側へ３歩移動し、ホップする。（内側は左足から、外側は右足から）
　②円の内側へ３歩移動し、ホップする。（内側は左足から、外側は右足から）
　③　①を繰り返す。
　・移動するときは、手を左右交互に軽く上下に動かす。
　④ホップしながら、上がっている方の足を前、横の順でトー・タッチする。（内側は左足でホップ、右足でトー・タッチ。外側は右足でホップ、左足でトー・タッチ）最後に足をそろえる。

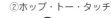

①ランニング・ショティッシュ
「１、２、３、　ホップ」
「５、６、７、　ホップ」
「１、２、３、　ホップ」

②ホップ・トー・タッチ

「５、６、７、８」
（前、横、そろえる）

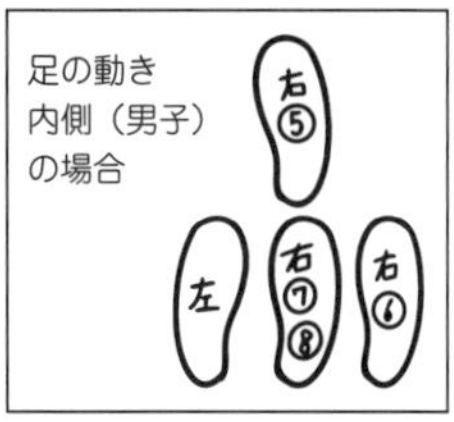

※踊り方は言葉のリズムで指導する。
「前、チョン、後ろ、チョン」「１、２、３、ヘイ」

次ページのステップ２へ続く

本時案

コロブチカを楽しく踊ろう②

2/6

本時の目標

踊りの特徴を捉えて、相手の動きと音楽に合わせて踊ることができるようにする。

評価のポイント

踊りの特徴を捉え、相手の動きと音楽に合わせて踊ることができたか。

週案記入例

[目標]
相手の動きと音楽に合わせて楽しく踊ることができる。

[活動]
コロブチカの踊り方を身に付ける。

[評価]
相手と調子を合わせて楽しく踊ることができたか。

[指導上の留意点]
パートナーチェンジがスムーズにできるように、ペアで動きを確認する時間を確保する。

本時の展開

	時	子供の活動
はじめ	5分	**集合・あいさつ** ○今日の学習内容を知る。 ○コロブチカの由来について知り、感じたことを話し合う。 ○フォークダンスの学習の進め方を知る。
準備運動	5分	**心と体をほぐす** ○円形になって簡単な動きで踊る。 ○体育館を自由に走ったり止まったりする。
フォークダンス	30分	**前時の復習をし、十分でない部分を確認しながら踊る** 1 ①両手をつないだステップ（ランニング・ショティッシュ） ②ホップ・トー・タッチ ③スリー・ステップ・ターン　※パートナーチェンジ ④バランスと回転 曲に合わせて踊る ○曲に合わせてリズムにのって踊る。 ○パートナーチェンジをしながら、相手に合わせて踊る。
整理運動	2分	**体をほぐす** ○主に使った部分を動かし、全身をほぐす。
まとめ	3分	**グループごとに学習を振り返り、発表し合う** ①大まかな踊り方を身に付けることができたか。 ②相手の動きに合わせて、楽しく踊ることができたか。 ○本時の学習を振り返り学習カードに記入する。

1 ステップと踊り方

ステップ２　スリー・ステップ・ターン（８呼間）

①パートナーと手を離し、右足から３歩で一回転する。（右回り）

②パートナーの方を見て、顔の横で拍手１回。

③左足からも同様に行う。（左回り）

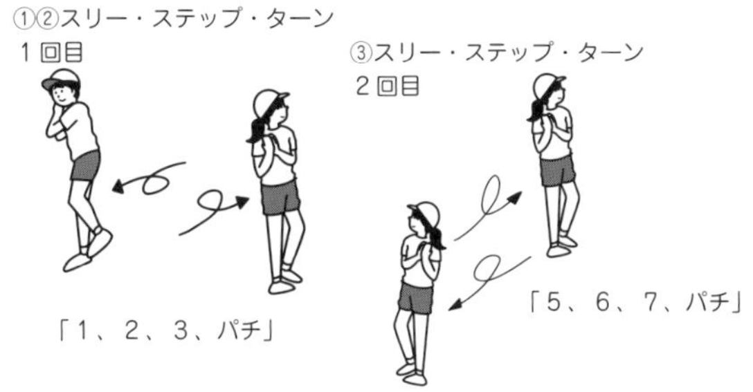

ステップ３　バランスと回転（８呼間）

①パートナーと向き合い、右手をつなぐ。

②右足から前にステップ、左足を右足のそばにタッチ、左足を後ろへステップ、右足を左足のそばにタッチ。（バランス）

③手をつないだまま、女子は男子の右手の下をくぐるようにして内側に移動し、位置を交代する。

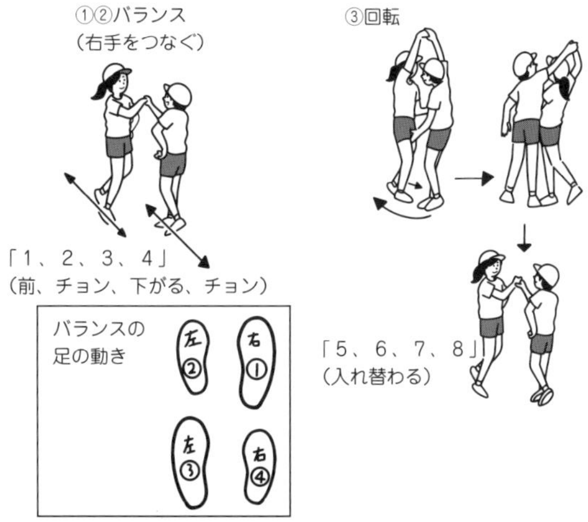

ステップ４　スリー・ステップ・ターンとパートナーチェンジ（８呼間）

①スリー・ステップ・ターン右回りはステップ２と同様。

②スリー・ステップ・ターン左回りのときは、その場で回る。
→パートナーチェンジ

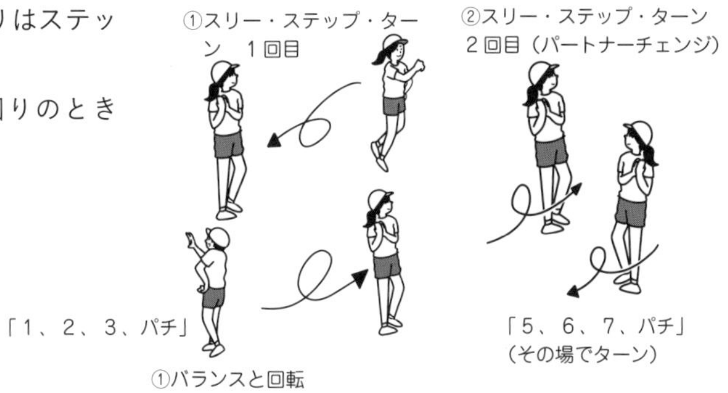

ステップ５　バランスと回転（８呼間）

①新しいパートナーと向き合い、バランスと回転をする。

②ステップ１（P47）にもどる。

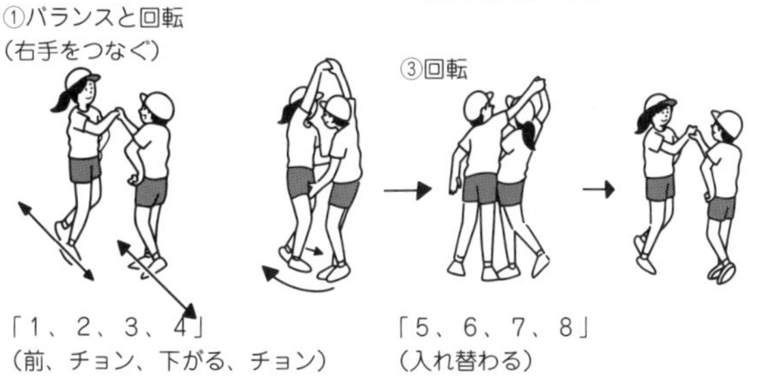

本時案

「激しく○○する」をしよう 3/6

本時の目標

思いついた表現を即興で踊り、「激しく○○する」のイメージをもつことができるようにする。

評価のポイント

イメージを膨らませながら、即興的な表現で踊ることができたか。

週案記入例

[目標]
いろいろな「激しく○○する」動きを即興的な表現で踊ることができる。

[活動]
「激しく○○する」のイメージを膨らませて、グループで即興的に踊る。

[評価]
イメージを膨らませて即興的に踊ることができたか。

[指導上の留意点]
学習の流れを示す。イメージを膨らませる言葉掛けをたくさんする。

本時の展開

	時	子供の活動
はじめ	3分	**集合・あいさつ** ○本時の学習内容を知る。
準備運動	6分	**楽しく体を動かし、心を解放する** 1 ○簡単なリズムダンス ○だるまさんがころんだ
表現運動	30分	**「激しく○○する」をやってみる** 2 ○思いついた表現を即興でやってみる。 ○何を表現したのか、全体で共有する。 ○個人で行った動きをグループで順番に取り組む。 **「激しく○○する」に取り組む** 3 ○「激しく○○する」の特徴的な場面や動きを全体で共有する。 ○グループで1つの題材を選び、ひと流れの動きにする。
整理運動	2分	**体をほぐす** ○手や足などの主に使った部分を動かし、全身をほぐす。
まとめ	4分	**本時の学習を振り返る** ○いろいろな「激しく○○する」の動きで体を動かすことができたか。 ○イメージを膨らませて、そのイメージを動きにできたか。 ○次時の学習に生かしたいことを考えたか。

1 準備運動

授業の導入で心と体をほぐす。リズム太鼓を使うと、児童のリズムや動きを調整することができる。踊る気分を高め、自由に動ける雰囲気づくりを心がける。

今までに取り組んだダンス

運動会でやったダンスを踊ろう！
輪になってやろう！

だるまさんが転んだ
いろいろなポーズや急にストップする楽しさを味わう。
友達と違う動き
（高さを変える）（向きを変える）

エアスポーツ
２人組やグループで、なわ跳びやドッジボールなどの動きをする。本物の道具を使ってスポーツや運動をやっているように動く。

キャッチ！

新聞紙にへんしん
一人が新聞紙を動かし、その動きをまねする。新聞紙をたたんだり、丸めたり、よじったりして、様々な動きが出るようにする。

2 いろいろな「激しく○○する」

思いついた動きをしながら、イメージを膨らませていく。

○どんな動きが考えられるか
- 急に止まる
- 素早く走る
- とび出す
- 大きく動く
- 何度も　・大勢で

○どんな題材があるか
- バーゲンセール
- 火山の噴火　・台風
- 打ち上げ花火　・スポーツ対決！
- うず潮　・滝
- 夕立　・海の嵐

3 「激しく○○する」をひと流れの動きにする

題材から動きの変化や起伏の特徴を捉え、表したいイメージを強調するようにひと流れの動きにする。グループの人数は４～６人程度。

○おおげさに

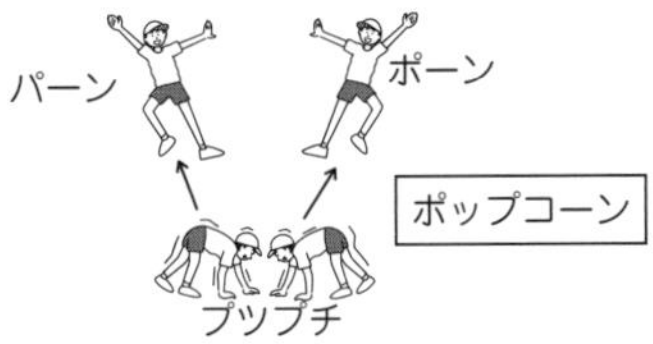

○迫力・緊迫感

○急変する

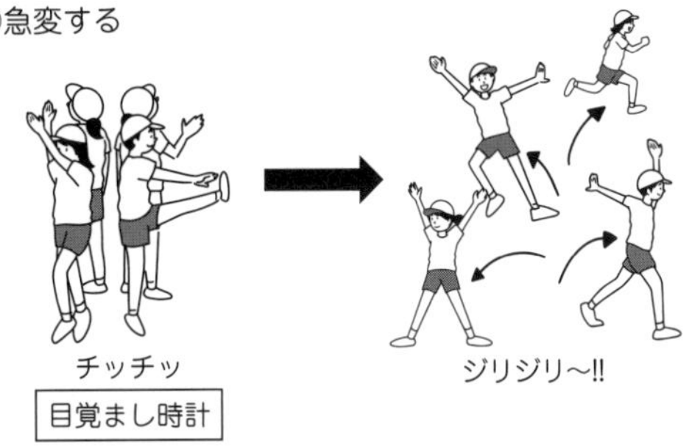

本時案

「激しく○○する」の動きを工夫しよう 4/6

本時の目標

「激しく○○する」の題材でひと流れの動きを工夫して踊ることができるようにする。

評価のポイント

表したいイメージが強調されるように工夫して踊ることができたか。

週案記入例

[目標]
「激しく○○する」をひと流れの動きで即興的に踊ることができる。

[活動]
イメージを強調するための工夫の仕方を理解し、ひと流れの動きに取り入れていく。

[評価]
工夫を取り入れて、ひと流れの動きを高めることができたか。

[指導上の留意点]
工夫の仕方を整理して確認し、児童が動きに取り入れていけるようにする。

本時の展開

	時	子供の活動
はじめ	3分	**集合・あいさつ** ○本時の学習内容を知る。
準備運動	6分	**楽しく体を動かし、心を解放する** ○リズム太鼓に合わせて、ウォーミングアップをする。 ○だるまさんがころんだ ○なりきり新聞紙
表現運動	30分	**前時にやった動きの中から、最も表したい題材を選ぶ** ○グループごとにやりたい題材を選ぶ。 **よい動きにするための４つの工夫を理解する** ◀1 ○４つの工夫の仕方を知る。 （動きの工夫、リズムの工夫、空間の工夫、かかわりの工夫） **工夫を取り入れて、グループでひと流れの動きにする** ◀2 ○ダイナミックでスリリングな動きにする。 ○他のグループと見せ合ったり、タブレットの録画機能を活用したりして、自分たちの動きを確認しながら動きを高めていく。 ○よい点や改善点、次のめあてなどを伝え合う。
整理運動	2分	**体をほぐす** ○手や足などの主に使った部分を動かし、全身をほぐす。
まとめ	4分	**本時の学習を振り返る** ○「激しく○○する」のひと流れの動きを工夫して踊ることができたか。 ○他のグループと見せ合い、互いに動きを高めることができたか。 ○次時の学習に生かしたいことを考えたか。

1　4つの工夫

1　動きの工夫
○大きく、小さく
○高さを変える。
○体のいろいろな部位を使う。
・手、足、頭、肩、胸、腰
・手の先、足の先、頭のてっぺん
・手首、足首、首
○回る、転がる、ねじる、ひねる
○力を入れる、抜く
○激しく、柔らかく

2　リズムの工夫
○速い、ゆっくり、静止
○だんだん速く、だんだんゆっくり
○激しく動いて、急に静止
○スローモーション
○イメージに合わせて、状態や擬態を口伴奏で
○手拍子、足で打つ、足踏みなど体でリズムをつくって
○楽器や音楽を使って

3　空間の工夫
○広がる、集まる
○円形、V字、X字
○直線、斜め
○前後左右
○ジグザグに、放射状に
○群のまま移動して

4　関わりの工夫
○同じ動き、反対の動き
○列になって
○くっついたり、離れたり
○左右に分かれて
○順番に動いて、ずれて動いて
○対立の動き、対応する動き

2　動きを高める

○ペアグループで見合う

パーン
パチパチ
パーン！
打上花火

空間をもっと大きく使うと迫力がでそうだね。
合わせて動いたりずらして動いたりして変化を付けているね。

よいところや気付いたことを伝え合う。

○タブレットで録画する

ここはもっとスローモーションにすると、メリハリがつくね。
□□さんの動き、迫力があったね。

自分たちの動きを確認して、よりよい動きを考える。
※録画を見る時間が長くなりすぎないように、動いて確認することを促す。

本時案

「激しく○○する」をひとまとまりの動きにしよう

5/6

本時の目標

「激しく○○する」の題材で、「はじめ－なか－おわり」のひとまとまりの動きにすることができるようにする。

評価のポイント

「はじめ」「なか」「おわり」のひとまとまりの動きにして表現することができたか。

週案記入例

[目標]
簡単なひとまとまりの動きにして表現することができる。

[活動]
「激しく○○する」をグループで変化と起伏のある「はじめ―なか―おわり」の簡単なひとまとまりの動きにして踊る。

[評価]
イメージを膨らませて「はじめ―なか―おわり」の動きにして表現することができたか。

[指導上の留意点]
表したいイメージを強調するためにはどのような工夫をするとよいか、アイデアをたくさん出して、実際に動いてみることを促す。

本時の展開

	時	子供の活動
はじめ	3分	**集合・あいさつ** ○本時の学習内容を知る。
準備運動	6分	**楽しく体を動かし、心を解放する** ○リズム太鼓に合わせて、ウォーミングアップをする。 ○なりきり新聞紙 ○エアスポーツ
表現運動	30分	**「はじめ－なか－おわり」のひとまとまりの動きにする** 1 ○前時に取り組んだ「なか」の動きが強調されるように「はじめ」と「おわり」を工夫する。 **工夫しながら動きを高めていく** ○前時に確認した工夫の仕方を取り入れて「はじめ－なか－おわり」のひとまとまりの動きにする。 ○他のグループと見せ合い、感じを確かめたりアドバイスをし合ったりする。 ○よい点や改善点、次の学習課題などを伝え合う。
整理運動	2分	**体をほぐす** ○手や足などの主に使った部分を動かし、全身をほぐす。
まとめ	4分	**本時の学習を振り返る** ○「激しく○○する」を「はじめ－なか－おわり」のひとまとまりの動きにして踊ることができたか。 ○「なか」を強調できたか。 ○次時の学習に生かしたいことを考えたか。

1 「なか」の動きを強調するために、「はじめ」と「おわり」を工夫する

一番表したい「なか」の動きを工夫し、さらに「なか」が強調されるように「はじめ」と「おわり」に変化を付けて、簡単なひとまとまりの動きにする。

はじめ	なか（今まで考えた強調したい動き）	おわり

【例１】 火山の噴火

・少しずつ地面が揺れてくる。 ・地下でマグマが動き出す。	・噴火口からマグマが吹き出した。 ・小さい爆発→大きい爆発 ・火山灰が飛び散る。	・溶岩が流れ出し、広がっていく。 ・だんだんと冷え固まっていく。

【例２】 夕立

・辺りが暗くなってきた。 ・遠くで雷が起こり、だんだん近づいてくる。	・稲妻が光る。 ・大粒の雨が降る。 ・鋭い稲妻の光、激しい雨が降り続く。	・少しずつ不規則になる。 ・だんだん遠のいていって静かになっていく。

【例３】 お湯の沸騰

・水が温まり、小さな泡がわき上がる。 ・湯気が出てくる。 ・泡がだんだん大きくなり、いろいろな方向から出る。	・泡が最大になって沸騰した。 ・水蒸気が噴き出す。 ・激しく泡が出る。お湯がこぼれる。	・火が止まる。 ・どんどん冷える。どこまで冷える？

【例４】 逃げろ！追いかけろ！

・ターゲット発見！ ・そうっと近づいて	・見付かった！　逃げろ！ ・もうすぐで捕まる！ ・距離が縮まったり開いたり。 ・疲れてちょっと休む。 ・すれすれで逃げる！	・逃げ切った？　捕まった？ ・結末は？

あ！
そろりそろり

おいついたり
はなれたり

スローモーション！
危機一発！

本時案

「激しく○○する」を発表しよう 6/6

本時の目標

「激しく○○する」の題材で簡単なひとまとまりの動きにして、友達と感じを込めて通して踊ることができるようにする。

評価のポイント

今までの学習を生かして簡単なひとまとまりの動きを工夫して踊ることができたか。

週案記入例

[目標]
グループでイメージを広げて動きを工夫して踊ることができる。

[活動]
グループ同士で動きを見せ合い、動きを高めたり、感じを確かめたりする。

[評価]
学習したことを生かして楽しく踊ることができたか。

[指導上の留意点]
今まで学習したことを生かすことを助言する。感じをこめて踊っている児童やグループを積極的に称賛する。

本時の展開

	時	子供の活動
はじめ	3分	**集合・あいさつ** ○本時の学習内容を知る。
準備運動	6分	**楽しく体を動かし、心を解放する** ○リズム太鼓に合わせて、ウォーミングアップをする。 ○なりきり新聞紙 ○エアスポーツ
表現運動	30分	**グループで選んだ題材で、「はじめ－なか－おわり」のひとまとまりの動きに取り組む** 1 ○前時までに学習した動きや工夫を取り入れる。 ○タブレットを活用する。 **発表し合い、互いによい動きを見付ける** 2 ○タイトルと見所を紹介する。 ○工夫しているところやよい動きなど、感想を伝え合う。
整理運動	2分	**体をほぐす** ○手や足などの主に使った部分を動かし、全身をほぐす。
まとめ	4分	**本時の学習を振り返る** ○イメージを膨らませて動きを工夫して踊ることができたか。 ○感じを込めて通して踊ることができたか。

1 「はじめ－なか－おわり」のひとまとまりの動きに取り組む

グループの動きの中に、「対立」や「対応」の動きを取り入れ、動きを高めていく。

「対立」の動き　　「対応」の動き

小さい―大きい　　固い―柔らかい　　ボーリング 投げる―倒れる　　野球 投げる―打つ

○余分なところはカットし、長く作りすぎないようにする。
○印象的な動きを繰り返すのも効果的である。
○ラストは動きを止めて（5秒くらい）終わる。

2 発表し合い、互いによい動きを見付ける

○グループごとに表したいイメージが伝わりやすいタイトルと見所を考える。
○題材に合った曲を流すと感じが伝わる。
○発表を見合うときの観点

動き	動きの工夫が見られた（大きく、高さ、回る、転がるなど） いろいろな体の部位を使った（手、足、腰、肩、頭など。指先まで）
リズム	リズムの工夫をした（素早く、だんだんなど）
空間	隊形の工夫が見られた 人数を生かして場を効果的に使った
かかわり	友達と合わせて関わって動いた 「対立・対応」などを取り入れて効果的に動いた
態度	楽しく取り組んでいた グループで協力していた

DVD
収録資料

「表現・フォークダンス」学習カード＆資料

使用時 **フォークダンス（1、2時）　表現運動（5、6時）**

本カードは、フォークダンスの1～2時、表現運動の5時と6時に1枚ずつ使用する。児童が楽しく学習に取り組めたか、自分の課題をもち、解決に向けてどのように取り組んだかを振り返ることができるカードである。子供の気付きや工夫したことを記録し、どのように動きを高め、友達と協力できたかを振り返り、次の学習に生かしていけるように助言していく。

収録資料活用のポイント

①使い方

授業のはじめに配布し、厚紙に貼る。表には学習カード、裏には「動きを高める工夫ポイント」の学習資料を貼る。授業の際はグループごとに集めておき、子供がいつでも見られるようにしておく。学習カードは、授業のまとめで本時の学習を振り返りながら記入する。

②留意点

「課題」は、本時の授業の中で一人一人が考えるように言葉掛けし、授業のまとめで学習カードに記入するときに簡単に書きこむようにする。3、4時は、5、6時の学習カードの下段の「ひとまとまりにした動きのイメージ」の部分を、子供の工夫した動きや思いついたイメージなどを記入できるようにするとよい。

学習カード 5-3-1（1～2時）

コロブチカをおどろう！

日にち（　　　　）
5年　　組　　番　名前（　　　　）

	月　日（　）		月　日（　）	
めあて				
ふり返り ◎○△	楽しくおどることができた。		楽しくおどることができた。	
	だいたいのおどり方を身に付けた。		だいたいのおどり方を身に付けた。	
	コロブチカの特ちょうをとらえておどることができた。		コロブチカの特ちょうをとらえておどることができた。	
	協力して練習したり、気持ちを合わせておどったりすることができた。		協力して練習したり、気持ちを合わせておどったりすることができた。	
感想				

コロブチカの特徴
●
●

おどり方　①両手をつないだステップ（ランニング・ショティッシュ）（12呼間）
ホップ・トー・タッチ　（4呼間）
②スリー・ステップ・ターン　（8呼間）
③バランスと回転　（8呼間）
④スリー・ステップ・ターン　※パートナーチェンジ（8呼間）
⑤バランスと回転　（8呼間）

ランニング・ショティッシュ	スリー・ステップ・ターン	バランス	回転

学習カード 5-3-2（5～6時）

「激しく〇〇する」！

日にち（　　　　）
5年　　組　　番　名前（　　　　）

回目	月　日（　）	
めあて	グループで取り組んだ動き	
ふり返り ◎○△	楽しくおどることができた	
	思いついた動きをたくさんおどることができた	
	大げさな動きで、感じをこめておどることができた	
	動きを工夫することができた	
	友達のよい動きをみとめたり協力したりすることができた	
感想		
次の学習では・・・		

◆ひとまとまりの動きのイメージ

はじめ	→ なか	→ おわり

表現運動　動きを高める工夫のポイント

日にち（　　　　　　　　　　　　）

5年　　　組　　　番　名前（　　　　　　　　　　　　）

動きの工夫

○大きく、小さく
○回る、ころがる
○ねじる、ひねる

○力を入れる、ぬく
○はげしく、やわらかく

○体のいろいろな部位を使う。
・手、足、頭、かた、むね、こし
・手の先、足の先、頭のてっぺん
・手首、足首、首

リズムの工夫

○速い、ゆっくり、静止

○だんだん速く、だんだんゆっくり

○はげしく動いて、急に静止
○スローモーション

○口ばんそう
○手びょうし
○足で打つ、足ぶみ

空間の工夫

○広がる－集まる

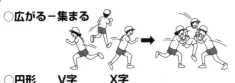

○円形　V字　X字

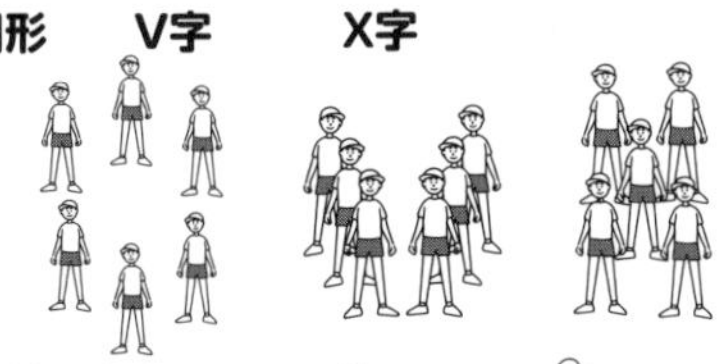

○直線、ななめ
○前後左右
○ジグザグに、
　放しゃ状に、

かかわりの工夫

○そろえて同じ動き
列になって

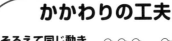

○反対の動き

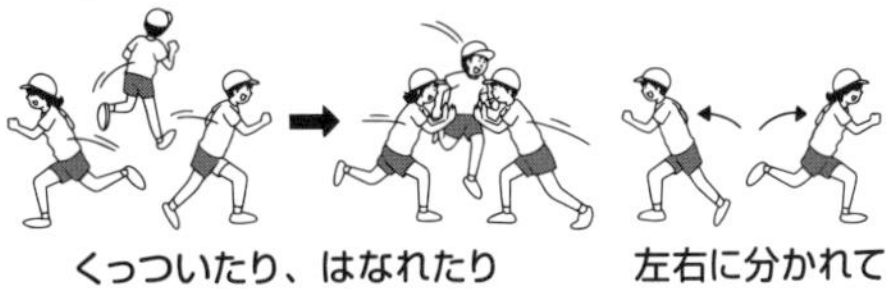

くっついたり、はなれたり
左右に分かれて

○順番に動いて、ずれて動いて
○対立の動き、対応する動き

ボール運動

4 ゴール型（ハンドボール）

6時間

【単元計画】

1時	2時
[第1段階]	
試しのゲームを行い、ハンドボールのルールや行い方を知る。	パスをつなぐためのボールを持たない人の動き方について理解する。
1　ハンドボールをやってみよう POINT：ハンドボールの行い方や用具の準備の仕方、基本のルールなどについて知り、ゲームを楽しむことができる。 **[主な学習活動]** ○ボール慣れの運動 ・対面パス ・パス＆シュート（パスをもらってシュート） ○オリエンテーション ・ゲームのルールや行い方を知る ○試しのゲーム ・4人対4人　4分ハーフ ○まとめ（ルールの確認や修正）	**2　ボールを持たないときの動きについて考えよう** POINT：パスをつなぐためには、ボールを持たない人の「横にづれる動き」によってパスコースが重要であることを知る。 **[主な学習活動]** ○集合・あいさつ 【学習課題】 「パスをつなぐために、ボールを持たない人はどのように動けばいいだろう」 ○ボール慣れの運動 ○ゲーム① ○振り返り ○ゲーム② ○本時のまとめ ・本時の学習を全体で振り返る・学習カードに学習のまとめをする

授業改善のポイント

主体的・対話的で深い学びの実践に向けて

①「手がかり」の共有・動きの「見える化」

仲間と対話しながら深く考えていくことを目指したときに、その「手がかり」となるもの、いわば考えるヒントが欠かせない。そしてそれらが対話をつなぐカギにもなる。例えば第2時では「ボールを持つ人と自分の間に相手チームの人がいないところ」という手がかりを子供たちが発見できるようにしてみよう。それを中盤の振り返りで共有した上で、2回目のゲームではそのように動けている子を見つけさせたり、称賛させたりするとよいだろう。第2段階のシュートチャンス、作戦もまさに考える「手がかり」である。「手がかり」があれば「じゃあどうしたらいいだろう」と考えることができる。そこで出された子供たちの工夫を称賛したり、最後の振り返りで共有したりすることで、それらがまた新たな「手がかり」となり、学びが深まっていく。また、「手がかり」をもとにプレイできているかを振り返るために、学習カードやタブレットを用いてプレイの「見える化」をしておくと、振り返りなどで対話が活発になる。

単元の目標

○知識及び技能

・ハンドボールの行い方を知り、パスをつないで攻めたり守ったりして、ゲームをすることができる。

○思考力、判断力、表現力等

・ルールを工夫したり、自分たちのチームに合った作戦を選んだりすることができる。

・ルールや作戦などについて考えたことを、友達に伝えることができる。

○学びに向かう力、人間性等

・ルールを守り、友達と助け合ってゲームをすることができる。

3・4時	5・6時
[第2段階]	
シュートチャンスを作り出すために、どのように動けばいいかを考えたり、作戦を選んだりする。	チームに合った作戦を選んでゲームをしたり、大会を開いたりする。
3・4　シュートチャンスをつくり出そう①② POINT：「シュートチャンスゾーン」で「ノーマーク」＝「シュートチャンス」をつくり出すためにチームでどう動いたらよいかを考える。 **[主な学習活動]** ○シュートチャンスについて知る 　→チャンスゾーンでノーマーク ○学習課題の確認 「シュートチャンスをつくり出すために、どのように動けばいいだろう」 ○ボール慣れの運動 ○ゲーム① ○振り返り ○ゲーム② ○本時のまとめ ・学習カードに学習のまとめをする ・本時の学習を全体でふりかえる	**5・6　チームで作戦を選んでゲームで試してみよう①②** POINT：「シュートチャンス」をつくり出すために、チームにあった作戦を選んで練習し、ゲームで試してみる。 **[主な学習活動]** ○ボール慣れの運動 ○これまで出された作戦の紹介 ①たてパス速攻　②サイドアタック　③サイドから中央にパス　④中央からサイドにパス ○学習課題の確認 「チームに合った作戦を選んで、シュートチャンスをつくりだそう」 ○ゲーム ○本時のまとめ ・学習カードに学習のまとめをする ・本時の学習を全体で振り返る

子供への配慮の例

①運動が苦手な子供

「ボールを持って5歩までなら走ってよい」「ボールを持ったら走っていいが、タッチされたらパスをしよう」など、ルールを工夫することで「ボールを持って固まってしまう」という状態をなくすことができる。「手がかり」とプレイとをつなげて考えることが難しい場合には、「お手伝い」が有効である。手や肩を持って一緒に動き、「ここがパスをもらいやすい位置だよ」「シュートチャンスはここだよ」と動きで理解を促す。うまくパスをもらえたときには、思いきり称賛してあげる。

②意欲的でない子供

安心してプレイができる学習環境を整えておく必要がある。とりわけ、ボールを捕る・投げる、という個人技能の向上のために、ボール慣れの運動は欠かせないが、「何秒以内に」や「何回出来たらクリア」などという条件をつけて、「ゲーム化」してみるとよいだろう。そうすることで、楽しみながらボールに親しむことができる。また、用具の選択も重要である。恐怖心を抱くような硬さのボールであっては、安心してプレイできない。怖がらずにキャッチできる硬さ、大きさのボールを用意したい。

本時案

ハンドボールをやってみよう 1/6

本時の目標

試しのゲームを行い、ハンドボールのルールや行い方を知ることができるようにする。

評価のポイント

規則やルールを守って、仲間と協力して進んで学習に取り組むことができているか。

週案記入例

[目標]
ハンドボールのルールや行い方を知る。

[活動]
校庭でハンドボールを行う。

[評価]
規則やルールを守って、仲間と協力して進んで学習に取り組むことができている。

[指導上の留意点]
学習の行い方や用具の準備、使用方法などについて指導する。

本時の展開

	時	子供の活動
はじめ	5分	**集合・あいさつ** ○今日の学習内容を知る。 ○ゴールなど用具の準備をする。
準備運動	5分	**ボール慣れの運動をする** 1 ○対面パスをする。 ○パスからのシュートをする。
オリエンテーション	15分	**ハンドボールの行い方を知る** 2 ○審判や得点板などの役割があることを知る。 ○ゲームの始め方や得点の仕方について知る。 ○反則やリスタートの仕方について知る。
試しのゲーム	15分	**試しのゲームを行う** ○４人対４人　６分ハーフでゲームをする。 ○ルールやゲームの行い方を確認しながらゲームをする。
まとめ	5分	(1) **ルールの確認・規則の工夫** 3 ○みんなが楽しく学習するために付け加えたり修正したりしたほうがいいルールや規則について話し合う。 ○楽しかったこと、友達のよかったことを発表し合う。 (2) **今日の学習について振り返り、学習カードに記入する**

1 ボール慣れの運動

「投げる」「捕る」といった基礎的な技能を身に付ける。また、シュートゲームに取り組む。

ボールを投げてみよう

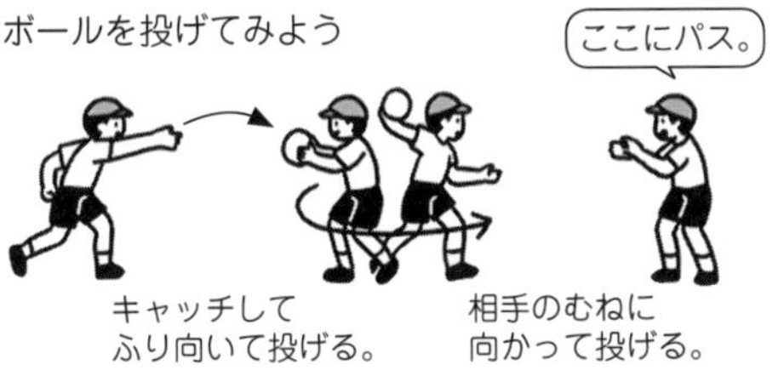
ここにパス。
キャッチして
ふり向いて投げる。
相手のむねに
向かって投げる。

ミニゲーム　シュートゲーム
２対１　パスをキャッチして、
　　　　ふみ出してシュート。

ナイスシュート！
パス。

○相手の胸に向かって投げるようにする。
○両手でキャッチができるようにする。
○投げる手と反対の足を踏み出し、体をひねって投げられるようにする。

2 ゲームの行い方を知る

○チーム分けを行う。
　＊技能差がなるべく均等になるようチーム分けをしておくとよい。
○４人対４人　６分ハーフで行うことを知らせる。
○コートは縦30m、横15mを基準に、子供の実態に応じて調整。
　＊ゲームの時間は学級の人数によって弾力的に運用する。
　＊８人１チームとし、前半チーム・後半チームに分け、お互いのゲームを見合うようにさせてもよい。
○ゲームに出ない子供で「得点板」「審判」「ボールボーイ（ラインを出たボールを拾う）」などの分担をすることを伝える。

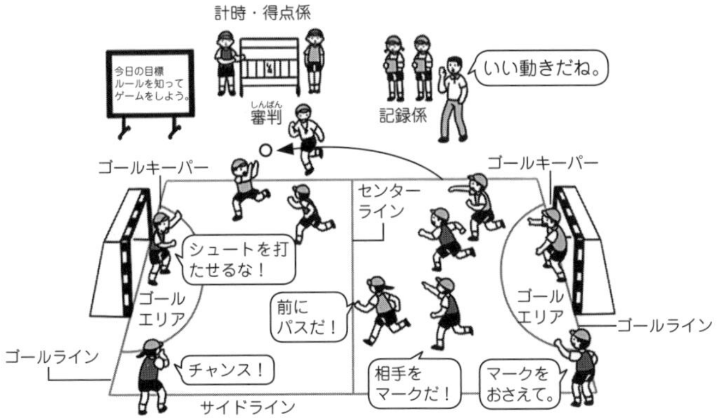
計時・得点係
今日の目標
ルールを知って
ゲームをしよう。
しんぱん
審判
記録係
いい動きだね。
ゴールキーパー
ゴールキーパー
センター
ライン
シュートを打
たせるな！
ゴール
エリア
前に
パスだ！
ゴール
エリア
ゴールライン
ゴールライン
チャンス！
相手を
マークだ！
マークを
おさえて。
サイドライン

3 まとめ

○みんなが楽しめるように付け加えたり、修正したりしたほうがよいルールや規則について、子供たちと考える。
　＊選択肢を用意しておき、子供たちに選択させてもよい。

本時案

ボールを持たないときの動きについて考えよう 2/6

本時の目標

パスをつなぐためのボールを持たない人の動き方について理解できるようにする。

評価のポイント

パスをつなぐためのボールを持たない人の動き方について進んで考えているか。

週案記入例

[目標]
パスをつなぐためのボールを持たない人の動き方について理解できるようにする。

[活動]
校庭でハンドボールを行う。

[評価]
パスをつなぐためのボールを持たない人の動き方について進んで考えている。

[指導上の留意点]
学習の行い方や用具の準備、使用方法などについて指導する。

本時の展開

	時	子供の活動
はじめ	5分	**集合・あいさつ** ○今日の学習内容を知る。 ○ゴールなど用具の準備をする。
準備運動	5分	**ボール慣れの運動をする** 1 ○対面パスをする。 ○パスゲーム2対1をする。 ○パスからのシュートをする。
ゲーム①	15分	**ハンドボールのゲームを行う①** ○前時の学習で確認した、ルールや行い方を守ってゲームができるようにする。
振り返り	2分	**振り返りを行う** 2 ○パスをつなぐために、ボールを持たない人はどのように動けばよいかについて考えを発表する。
ゲーム②	15分	**ハンドボールのゲームを行う②** 3 ○パスコースをつくれるように動き方を工夫しながらゲームに取り組む。
まとめ	3分	**(1) 今日の学習について振り返る** ○パスをつなぐためのボールを持たない人の動き方について確認をし、できていた友達を紹介し合う。 **(2) 今日の学習について振り返り、学習カードに記入する**

1 ボール慣れの運動

パスコースをつくるためのボールを持たない人の動き方、という本時の課題につながる運動に取り組む。

ボールを投げてみよう
キャッチして
ふり向いて投げる。
DF がいるからパスできない！動いて！！
6ｍ
空いているスペース
移動
DF をはさんでいるから動かなくては…！！
ミニゲーム　シュートゲーム
２対１　パスをキャッチして、ふみ出してシュート。
ナイスシュート！
パス。

○パスゲーム２対１では、１人がディフェンス役となってパスをカットしようとする。２人組はパスをカットされないように工夫しながらパスをつなぐ。ただし、ディフェンス役の子供の頭を越えるパスはしないよう指導する。５回～10回続けてパスをつなげたら、役割を交代させるとよい。

2 ゲームの行い方を知る

○「パスをつなげるために、ボールを持たない人はどのように動けばいいだろう」と発問し、子供の考えを発表させる。
○「『ボールを持っている人』と『自分』の間に、相手がいないところにいると、パスがつながりやすい」ということを共有する。
＊うまくできている子供に見本をさせたり（モデル指導）、分かりやすい場面を切り取った絵や写真を見せたりすることで、理解を促すとよい。

例）

3 ハンドボールのゲームを行う②

○振り返りで確認をして「ボールを持たない人の動き方」を意識しながらゲームに取り組ませる。
＊ゲームに出ない子供に、パスコースを作る動きができている子供に着目させたり、タブレットなど ICT 機器で撮影させたりすると、振り返りが活性化する。特に、運動が苦手な子供でもパスコースを作る動きができていることを発見し、称賛できたり、逆にパスコースができているのにパスをしない場面を発見ができたりする。

本時案

シュートチャンスをつくり出そう① 3/6

本時の目標

シュートチャンスとその作り方について理解ができるようにする。

評価のポイント

シュートチャンスとその作り方について進んで考えているか。

週案記入例

[目標]
シュートチャンスとその作り方について理解できるようにする。

[活動]
校庭でハンドボールを行う。

[評価]
シュートチャンスとその作り方について進んで考えている。

[指導上の留意点]
学習の行い方や用具の準備、使用方法などについて指導する。

本時の展開

	時	子供の活動
はじめ	5分	**集合・あいさつ** ○今日の学習内容を知る。 ○ゴールなど用具の準備をする。
準備運動	5分	**ボール慣れの運動をする** 1 ○パスゲーム2対1をする。 ○パス＆シュートをする。
ゲーム①	15分	**ハンドボールのゲームを行う①** ○シュートチャンスは「いつ・どんなとき」なのかについて考えながらゲームに取り組む。
振り返り	2分	**振り返りを行う** 2 ○シュートチャンスは「いつ・どんなとき」なのかについて、自分の考えを発表する。
ゲーム②	15分	**ハンドボールのゲームを行う②** 3 ○シュートチャンスをつくりだすために、仲間とどのようにプレイしたらいいかを考える。
まとめ	3分	**(1) 今日の学習について振り返る** ○シュートチャンスについて確認をし、うまくチャンスをつくりだせた場面や友達を紹介し合う。 **(2) 今日の学習について振り返り、学習カードに記入する**

1 ボール慣れの運動

パスコースをつくるためのボールを持たない人の動き方、という本時の課題につながる運動に取り組む。

DF がいるからパスできない！動いて！！
DF をはさんでいるから動かなくては…！！
6ｍ
空いているスペース
移動

ナイスシュート！
パス。

ゴールのねらいどころ

○パス＆シュートでは、「どこにシュートをすれば入りやすいか」「自分がシュートを打ちやすい位置や角度」に着目させる。

2 シュートチャンスについて考える

○シュートチャンスは「いつ・どのようなとき」なのかについて、ゲームをして気付いたことや考えを発表させる。
○シュートチャンス＝「ゴール近くでノーマーク」ということを共有する。
○シュートチャンスでボールがもらえたら、迷わずシュートするよう指導する。
＊うまくできている子供に見本をさせたり（モデル指導）、分かりやすい場面を切り取った絵や写真を見せたりすることで、理解を促すとよい。

①
②
③
④
⑤
「チャンスゾーン」ここで、ノーマーク（まわりに相手がいない）状態でボールがもらえるとよい

3 ハンドボールのゲームを行う②

○「シュートチャンス」を作りだすために仲間とどのようにプレイしたらいいかを考えながらゲーム②に取り組ませる。
○シュートチャンスが作り出せたら迷わずシュートするよう声掛けをする。ゲームに参加していない子供に「チャンス！」などといった掛け声をかけるよう促す。

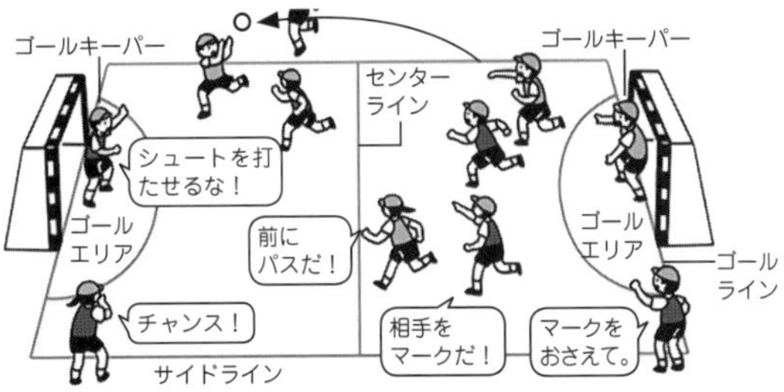
ゴールキーパー
ゴールキーパー
センターライン
シュートを打たせるな！
ゴールエリア
前にパスだ！
ゴールエリア
ゴールライン
チャンス！
相手をマークだ！
マークをおさえて。
サイドライン

本時案

シュートチャンス をつくり出そう② 4/6

本時の目標

シュートチャンスを作り出すために、どのように動けばいいかを考えたり、作戦を選んだりできるようにする。

評価のポイント

シュートチャンスを作り出すためにどのように動けばいいかを考えたり、実際のゲームや振り返りを通して考えたことを伝えたりしているか。

週案記入例

[目標]
シュートチャンスを作り出すために、どのように動けばいいかを考えたり、作戦を選んだりできるようにする。

[活動]
校庭でハンドボールをする。

[評価]
シュートチャンスを作り出すためにどのように動けばいいかについて進んで考えたり伝えたりしていたか。

[指導上の留意点]
安全に運動するためのきまりや約束をしっかりと確認させる。用具の劣化や破損がないか事前に確認する。

本時の展開

	時	子供の活動
はじめ	5分	**集合・あいさつ** ○今日の学習内容を知る。 ○ゴールなどの用具を準備する。
準備運動	5分	**ボール慣れの運動をする** 1 ○サークルゲーム3対2 ○パス＆シュート
ゲーム①	15分	**ハンドボールのゲームを行う①** ○シュートチャンスを作り出すために、チームでどのように動けばいいかを考えながらゲームをする。
振り返り	2分	**振り返りを行う** ○シュートチャンスを作り出す工夫について紹介し合う。 2
ゲーム②	15分	**ハンドボールのゲームを行う②** ○紹介された工夫（＝作戦）を手がかりにゲームをする。 3 ①縦パス作戦 ②サイドアタック
まとめ	3分	**(1) 学習で出た工夫や作戦を整理する** ①縦パス速攻作戦　②サイドアタック作戦 **(2) 今日の学習について振り返り、学習カードに記入する**

1 準備運動

パスコースをつくるためのボールを持たない人の動き方の質が高まるような運動に取り組む。

○サークルゲーム３対２は、サークルの中の味方にパスをして、通ったら１点とする。サークルからサークルへのパスはなし。１分間で何点取れるかを競う。

○パス＆シュートでは、シュートチャンスゾーンのどこからシュートをしたら入りやすいかを考えながら取り組ませる。

2 シュートチャンスをつくる工夫について考える

○シュートチャンスをつくるために、チームでどのような工夫をしているかを発表し合う。＊シュートチャンス＝「チャンスゾーンでノーマーク」

○「チャンスゾーン」に「すばやく」ボールを送り込む、という戦術的な原則を引き出した上で、「縦パス作戦」と「サイドアタック」が紹介されるとよい。紹介されなかったら、教師から紹介してもよい。

○「声を出す」「みんなでパスをまわす」といった意見も肯定的に受け止めつつ、あくまでも「シュートゾーン」に「すばやく」、という戦術的な原則に基づいた工夫を引き出したい。

〈サイド空間へのパス〉

3 紹介された工夫（＝作戦）を手がかりにゲームをする

○「縦パス速攻作戦」「サイドアタック作戦」のどちらかを選んで、ゲームに取り組ませる。

○場合によっては、チームでの練習時間を確保してあげてもよい。

○作戦実行のための役割分担をしているチームがあった場合には、称賛し全体に共有してもよい。

○ゲームに出ない子供にタブレットで撮影させ、作戦の実行を振り返る際に活用させると効果的である。

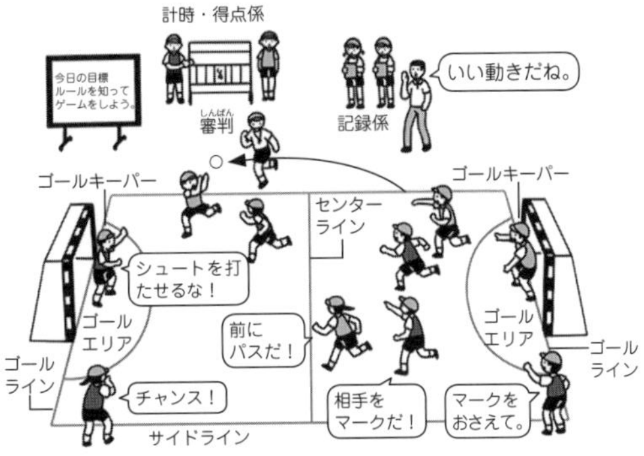

本時案

チームで作戦を選んでゲームで試してみよう①

5/6

本時の目標

シュートチャンスを作り出すために、チームに合った作戦を選んでゲームをしたり、自分たちで振り返りをしたりすることができるようにする。

評価のポイント

シュートチャンスを作り出すためにどのように動けばいいかを考えたり、実際のゲームや振り返りを通して考えたことを伝えたりしているか。

週案記入例

[目標]
シュートチャンスを作り出すために、チームに合った作戦を選んでゲームをしたり、自分たちで振り返りをしたりすることができるようにする。

[活動]
校庭でハンドボールをする。

[評価]
シュートチャンスを作り出すためにどのように動けばいいかについて進んで考えたり伝えたりしていたか。

[指導上の留意点]
安全に運動するためのきまりや約束をしっかりと確認させる。用具の劣化や破損がないか事前に確認する。

本時の展開

	時	子供の活動
はじめ	5分	**集合・あいさつ** ○今日の学習内容を知る。 ○ゴールなどの用具を準備する。
準備運動	5分	**ボール慣れの運動をする** 1 ○サークルゲーム3対2 ○パス＆シュート
ゲーム①	15分	**ハンドボールのゲームを行う①** ○紹介された工夫（＝作戦）を手がかりにゲームをする。 3 ①縦パス作戦 ②サイドアタック
振り返り	2分	**振り返りを行う** ○守りを固められたときにシュートチャンスを作り出す工夫について考える。 2
ゲーム②	15分	**ハンドボールのゲームを行う②** ○紹介された工夫（＝作戦）を手がかりにゲームをする。 3 ①縦パス作戦　②サイドアタック作戦 ③サイドからサイド作戦　④中央からサイド作戦
まとめ	3分	**(1) 学習で出た工夫や作戦を整理する** ①サイドから逆サイド作戦②中央からサイド作戦③バックパス **(2) 今日の学習について振り返り、学習カードに記入する**

1 準備運動

パスコースをつくるためのボールを持たない人の動き方の質が高まるような運動に取り組む

○サークルゲーム3対2は、サークルの中の味方にパスをして、通ったら1点とする。サークルからサークルへのパスはなし。1分間で何点取れるかを競う。
○パス＆シュートでは、シュートチャンスゾーンのどこからシュートをしたら入りやすいかを考えながら取り組ませる。

2 守りを固められたときにシュートチャンスをつくる工夫について考える

○「チャンスゾーン」に「すばやく」ボールを送り込むことができなかったときや、守りを固められてしまったときなどといった「困った場面」を子供たちから引き出しながら、そのような場合にどうやってシュートチャンスをつくるかについて考える。
○「守りがいてシュートが打てない」→「それ以外のスペースは空いている」という原則を手掛かりに、さらに作戦を付け加える。

○サイドから逆サイド作戦

○中央からサイド作戦

○どうしても攻めきれない場合には、「バックパス（後方へボールを戻す）」をして攻めなおすよう指導する。

3 紹介された工夫（＝作戦）を手がかりにゲームをする

○「縦パス作戦」「サイドアタック作戦」「サイドから逆サイド作戦」「中央からサイド作戦」のいずれかを選んだり組み合わせたりして、ゲームに取り組ませる。
○ゲームに出ない子供にタブレットで撮影させ、作戦の実行を振り返る際に活用させると効果的である。

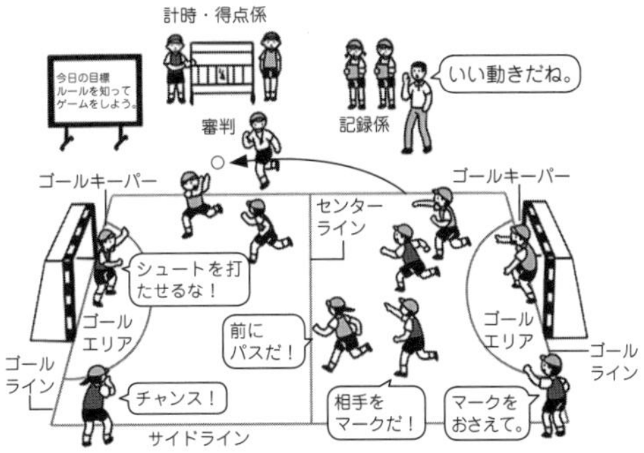

本時案

チームで作戦を選んでゲームで試してみよう②

6/6

本時の目標

ハンドボールの行い方を知り、パスをつないで攻めたり守ったりして、ゲームをすることができるようにする。また、ルールを守り、友達と助け合ってゲームをすることができるようにする。

評価のポイント

ハンドボールの行い方を知り、パスをつないで攻めたり守ったりして、ゲームをすることができているか。ルールを守り、友達と助け合ってゲームをすることができているか。

週案記入例

[目標]
ハンドボールの行い方を知り、パスをつないで攻めたり守ったりして、ゲームをすることができるようにする。ルールを守り、友達と助け合ってゲームをすることができるようにする。

[活動]
校庭でハンドボールをする。

[評価]
ハンドボールの行い方を知り、パスをつないで攻めたり守ったりして、ゲームをすることができている。ルールを守り、友達と助け合ってゲームをすることができている。

[指導上の留意点]
安全に運動するためのきまりや約束をしっかりと確認させる。用具の劣化や破損がないか事前に確認する。

本時の展開

	時	子供の活動
はじめ	5分	**集合・あいさつ** ○今日の学習内容を知る。 ○ゴールなどの用具を準備する。
準備運動 チーム タイム	5分	**チームで準備運動をしたり、練習をしたりする** 1 ○チームで選んだ作戦がゲームでできるように、チームで練習をする。
ゲーム	30分	**ハンドボール大会（リーグ戦）を行う** 2 ○これまで学習してきたことを生かし、ハンドボール大会を開催し、ゲームを楽しむ。 ○ゲームとゲームの合間などに、作戦タイムをとって攻め方の確認をしたり、ゲームの振り返りをしたりする。
まとめ	5分	**(1)今日の学習について振り返り、学習カードに記入する** **(2)ハンドボールの学習を振り返り、自分たちの成長を確かめたり、よかった友達を紹介し合ったりする。**

1　準備運動・チームタイム

これまで学習してきたことを生かし、ゲームに向けた準備運動を行ったり、作戦を立てたりする

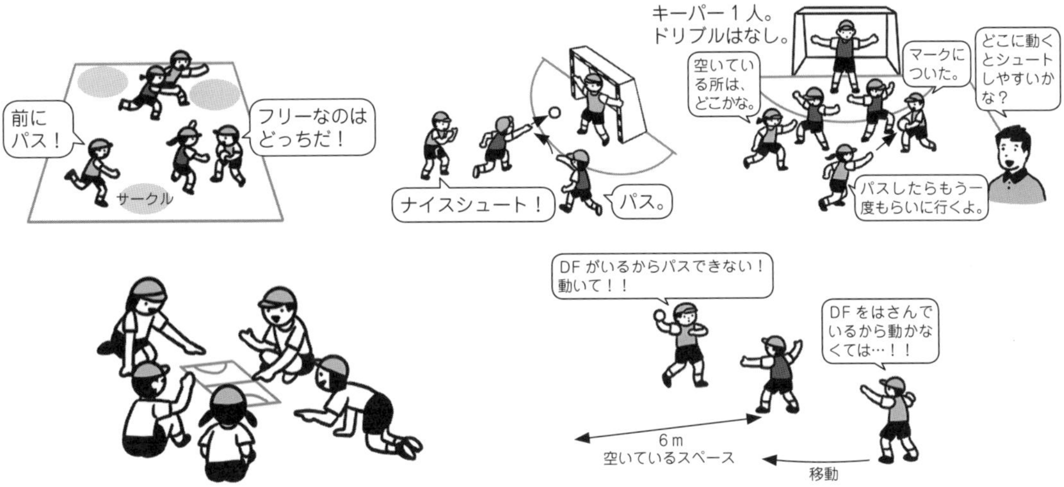

前にパス！
フリーなのはどっちだ！
サークル
ナイスシュート！
パス。
キーパー１人。
ドリブルはなし。
空いている所は、どこかな。
マークについた。
どこに動くとシュートしやすいかな？
パスしたらもう一度もらいに行くよ。
DF がいるからパスできない！動いて！！
DF をはさんでいるから動かなくては…！！
6 m
空いているスペース
移動

○各チームが自由に活動できるように、チーム数分のフィールドを区切り、割り当てるとよい。

2　ハンドボール大会（リーグ戦）を行う

○リーグ戦の対戦表を作っておき、対戦相手と使用コートが分かるようにしておく。
○実行委員会を組織し、子供たちを中心に大会を運営させてもよい。
○ルールを守り、友達と助け合ってゲームをすることができるようにする。また、得点板など、ゲームに必要な役割も、子供たちで行う。
○ゲームに出ない子供にタブレットで撮影させ、作戦の実行を振り返る際に活用させると効果的。

DVD
収録資料

「ハンドボール」学習カード＆資料

使用時 **第４～６時**

本カードは第４時から第６時、つまり単元の第２段階において使用するとよい。「シュートチャンス」とはいつかについて学習した上で、チームでどのようにチャンスをつくり出すか、を考える際に有効となる。また、「か題解決フロー」では、単に課題を出し合うだけではなく、その解決方法までをも考えさせることができる。できるだけ戦術や動き方を対象に振り返りができるように声かけしたい。

収録資料活用のポイント

①使い方

単元第２段階において使用する。子供一人一人に配付してもよい。場合によってはチームで１枚にしてもよい。「作戦シート」はゲームに入る前までに、「か題解決フロー」は授業後の振り返り時に記入させる。

②留意点

ボール運動を行う際に、「空間」をどのように使うか、あるいはつくり出すか、が肝心となる。

「作戦シート」にも、どのように「空間」にボールを送り込むか、そしてシュートチャンスがつくり出せるか、ということが書かれるように声かけしたい。また、「か題解決フロー」には、「がんばる」「声を出す」といった場当たり的なことではなく、学習してきた内容や「手がかり」を踏まえた事柄が書かれるよう指導する。

学習カード 5-4-1（5～6時）

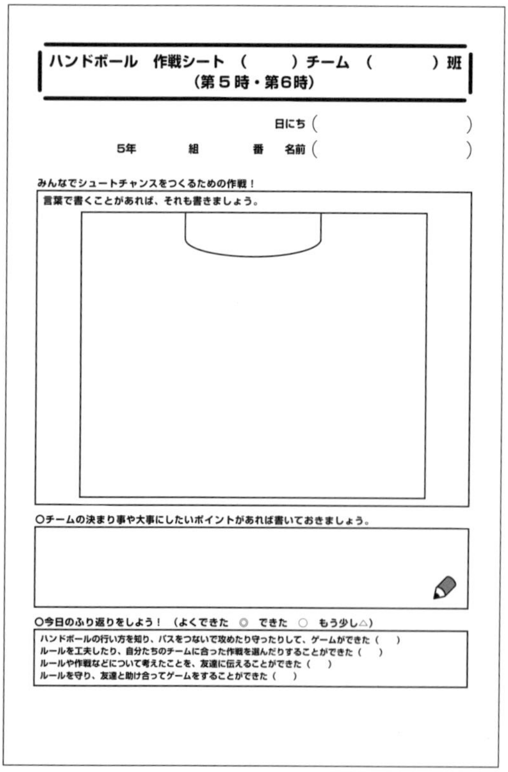
ハンドボール　作戦シート　（　　）チーム　（　　）班
（第５時・第６時）

日にち（　　　　）
5年　　組　　番　名前（　　　　）

みんなでシュートチャンスをつくるための作戦！
言葉で書くことがあれば、それも書きましょう。

○チームの決まり事や大事にしたいポイントがあれば書いておきましょう。

○今日のふり返りをしよう！（よくできた ◎　できた ○　もう少し△）
ハンドボールの行い方を知り、パスをつないで攻めたり守ったりして、ゲームができた（　）
ルールを工夫したり、自分たちのチームに合った作戦を選んだりすることができた（　）
ルールや作戦などについて考えたことを、友達に伝えることができた（　）
ルールを守り、友達と助け合ってゲームをすることができた（　）

学習カード 5-4-2（4～6時）

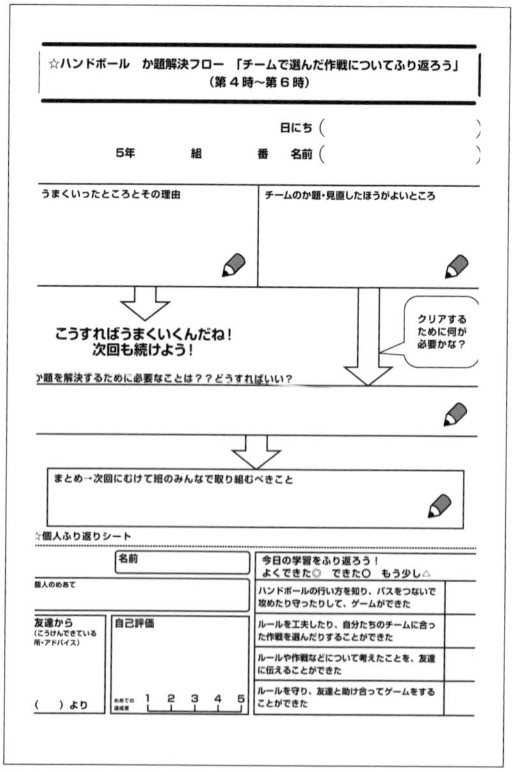
☆ハンドボール　か題解決フロー　「チームで選んだ作戦についてふり返ろう」
（第４時～第６時）

日にち（　　　　）
5年　　組　　番　名前（　　　　）

うまくいったところとその理由	チームのか題・見直したほうがよいところ

か題を解決するために必要なことは？？どうすればいい？

まとめ→次回にむけて班のみんなで取り組むべきこと

☆個人ふり返りシート

名前	今日の学習をふり返ろう！ よくできた◎　できた○　もう少し△
個人のめあて	ハンドボールの行い方を知り、パスをつないで攻めたり守ったりして、ゲームができた
友達から（こうけんできている所・アドバイス）（　）より	ルールを工夫したり、自分たちのチームに合った作戦を選んだりすることができた
自己評価　めあての達成度　1　2　3　4　5	ルールや作戦などについて考えたことを、友達に伝えることができた
	ルールを守り、友達と助け合ってゲームをすることができた

ハンドボール　運動のポイント

日にち（　　　　　　　　　　）

5年　　　組　　　番　名前（　　　　　　　　　　）

○パスのポイントと練習
ボールを投げてみよう

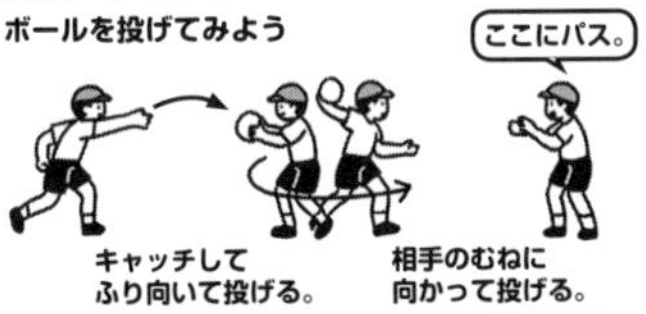
ボールを投げてみよう
ここにパス。
キャッチして
ふり向いて投げる。
相手のむねに
向かって投げる。

投げる腕と反対の脚を踏み出し、体をひねって投げる
相手の胸をめがけて投げる

DF がいるからパスできない！動いて！！
DF をはさんでいるから動かなくては…！！
6ｍ
空いているスペース
移動

パスゲーム 2on1
ボールを持つ人とボールを受ける人の間に守りの人がいない状態＝パスコースをつくる

前に
パス！
フリーなのは
どっちだ！
サークル

サークルゲーム 3on2
サークルの中の味方にパスを通したら 1 点
サークルからサークルへのパスは禁止
パスコースをどんどんつくる

シュートのねらいどころ
ゴールの角をねらってシュートする
特にキーパーの足元は投能力の低い子でもシュートがきまりやすい

○シュートチャンスと作戦

シュートチャンス
ゾーン
①
②
③
④
⑤

「シュートチャンスゾーン」で「ノーマーク」でパスを受けられることを「シュートチャンス」と呼ぶことにする
⇒その状態を作り出すためにどうしたらいいかをかんがえさせる

①居残り縦パス作戦

ウ
イ
ア

③逆サイドパス作戦

②サイド攻撃作戦

〈サイド空間へのパス〉

保健

5 心の健康

4時間

【単元計画】

1時	2時
心はいろいろな生活経験を通して、年齢に伴って発達することを理解する。	心と体には、密接な関係があることを理解する。
1　心って発達するのかな？ POINT：同じ事象に対する、小さいころと5年生のころの対応の仕方を比較し、心の発達を実感できるようにする。 **[主な学習活動]** ○心は発達するのか考える。 ○小さい頃と5年生の頃とを比較し、心について考える。 ○どのようなことを通して心は発達したのか考える。 ○心の発達についてまとめる。	**2　心と体はつながっているのかな？** POINT：日常生活の中の心と体が関係しているような事象を想起させ、心と体が影響し合っていることを実感できるようにする。 **[主な学習活動]** ○心と体のつながりについて体験する。 ○具体的な事例を基に、心と体のつながりについて考える。 ○心と体のつながりについてまとめる。

授業改善のポイント

主体的・対話的で深い学びの実践に向けて

「心の健康」は抽象的な内容であり、児童にとっては実感しにくい単元である。そのため学習課題の設定と、資料の提示がポイントとなる。

1　学習課題の設定

学習内容に対しての子供一人一人のイメージは異なっているため、具体的な事例を話し合い、心についてのイメージが共有できた状態から本時の学習課題を設定する。このようにしていくことで、学習課題が自分のこととなり、自然と「友達と話したい」という対話的な学習が生まれ、自分の考えを深めていく姿が見られるようになる。

2　資料の提示

資料の提示方法には、板書での掲示資料の他に、その場での実験的な方法も有効である。

板書資料では、小さい頃と5年生の頃の比較ができるようにイラスト入りの資料を提示する。このことによって子供は、心の発達の違いをイメージしやすくなる。実験的な方法では、不安や悩みに対処しないことで、心が不健康になることを見える容器（脳）に色水（不安や悩み）を加えていく様子を視覚的に見せることで、対処の重要性に気付くことができるようになる。

単元の目標

◯知識及び技能

・心の発達及び不安や悩みへの対処について理解し、簡単な対処をすることができる。

◯思考力、判断力、表現力等

・心の健康に関わる課題を見付け、解決の方法を考え、適切なものを選び、それらを説明することができる。

◯学びに向かう力、人間性等

・心の健康に関心をもち、積極的に学習に取り組み、友達の考えを認めたり、課題の解決に向けて協力しようとしたりすることができる。

3時	4時
不安や悩みは誰もが経験することであり、心の発達のためには大切であることを理解する。	不安や悩みへの様々な対処法の中から、自分に合った適切な方法を考える。
3　不安や悩みがあるのは、よくないこと？ POINT：不安や悩みは誰もが経験することであることをグラフ等を活用して、視覚的に示す。 **[主な学習活動]** ◯不安や悩みは誰もが経験することを知る。 ◯不安や悩みがあることの是非について考える。 ◯不安や悩みは心の発達のために大切であることを知る。 ◯不安や悩みと心の発達についてまとめる。	**4　不安や悩みがあるとき、どうする？** POINT：不安や悩みへの対処法を実際に体験する中で、自分に合ったものは何か考えられるようにする。 **[主な学習活動]** ◯自分の不安や悩みの対処法について考える。 ◯様々な対処法があることを体験的に知る。 ◯自分に合った対処法はどのようなものか考える。

子供への配慮の例

①知識及び技能が身に付いていない子供

一人一人の経験してきたことが異なるため、子供によっては不安や悩みの学習をしていても深く理解できないこともある。そこで、実際に体験していく中で、体験的に知識を学んでいけるようにする。

例えば、不安や悩みへの対処法では、対処法をただ列挙するのではなく、実際に体験するようにする。１つ１つ体験していく中で、それぞれの対処法を比較することができ、自分に合った対処法の重要性を学ぶことができるようになる。

②意欲的でない子供

意欲的に学習に取り組めない１つとして、内容が理解できないことが考えられる。特に、教師と発言の多い子供だけで授業が進んでいくと、内容を理解できていない子供は意欲をなくしていく。

そこで、子供が理解できるような具体的な事例を多く示す。「自分もそういった体験がある」となると、自分のこととして捉えられるようになり、意欲的に学習に取り組みやすくなっていく。

本時案

心って発達するのかな？

1/4

本時の目標

心は、いろいろな生活経験を通して、年齢に伴って発達することを理解することができるようにする。

評価のポイント

心は、生活経験を通して、年齢に伴って発達することを理解できたか、ワークシートに具体例を示しながら書けているか。

本時の板書のポイント

point 1 最初の発問に対して、子供から出てきたことを「体のこと」「心のこと」に分けて板書することにより、既習事項とこれから学習することとに分ける。

point 2 心は主に「感情」「社会性」「思考力」で成り立っていること、その３つは年齢によってどのように変化するのか、比較して考えられるように、表にしてまとめる。

point 3 心はどのようなことを通して発達したのかについての子供たちの発言を、表の途中に書き込むことで、いろいろな生活経験が大切になることを視覚的に理解できるようにする。

本時の展開 ▷▷▷

1 心は発達するのか考える

「小さい頃と今を比べて変わったことは？」と発問し、黒板に体に関することと心に関することに分けて整理する。体の発達については４年生で学習したことを押さえ、「心は発達するのかな？」と学習課題を設定する。

2 小さい頃と５年生の頃を比較し、心の発達について考える

心は主に「感情」「社会性」「思考力」で成り立っていることを押さえ、それぞれについて小さい頃（４～５歳）と５年生の頃の様子について考えさせる。その際、小さい頃の様子を具体的に示すようにすると、子供は発言をしやすくなる。

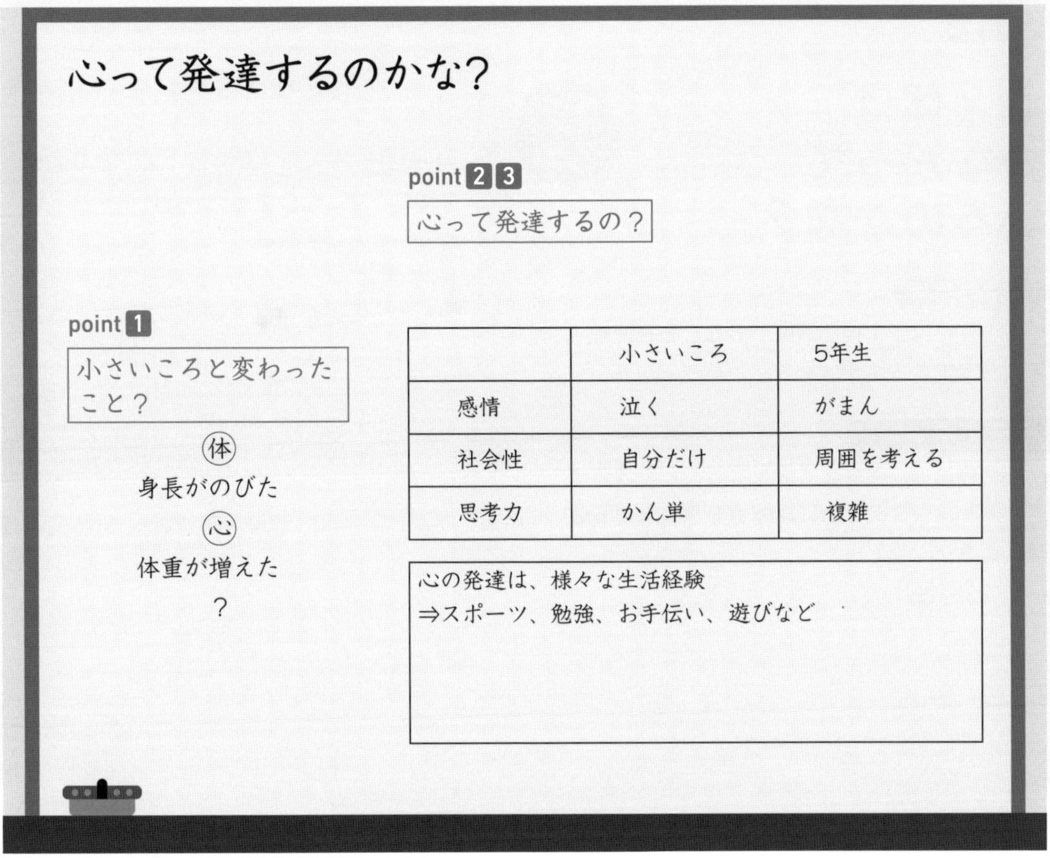

心って発達するのかな?
point 2 3
心って発達するの?
point 1
小さいころと変わったこと?
体
身長がのびた
心
体重が増えた
?
小さいころ
5年生
感情
泣く
がまん
社会性
自分だけ
周囲を考える
思考力
かん単
複雑
心の発達は、様々な生活経験
⇒スポーツ、勉強、お手伝い、遊びなど

3 どのようなことを通して心は発達したのか考える

「どのようなことを通して心は発達したのかな?」と発問し、小さい頃と5年生ではいろいろな生活経験が違うことを考えさせたい。なかなか発言が出てこないときには、学校行事などを例として示し、「他にも心が発達する機会はなかったかな?」と発問する。

4 心の発達についてまとめる

今までの自分の生活を振り返りながら、どのようなことで心が発達してきたかを学習カードに記入するように促す。

週案記入例

[目標]
心は、いろいろな生活経験を通して、年齢に伴って発達することを理解することができるようにする。
[活動]
心の発達について考える。
[評価]
心は生活経験を通して、年齢に伴って発達することを理解できたか。

本時案

心と体はつながっているのかな？

2/4

本時の目標

心と体には、密接な関係があることを理解することができるようにする。

評価のポイント

心と体には、密接な関係があることを理解できたか、ワークシートに具体例を示しながら書けているか。

本時の板書のポイント

point 1 導入の活動を行って、どのような気持ちがしたのかを、心と体に分けて板書するようにする。

point 2 心→体と体→心のどちらから影響しているのか一目で分かるように、心と体を分けて矢印でつないでまとめる。

本時の展開 ▷▷▷

1 心と体のつながりについて体験する

「今から、先生が話したことをそのままノートに書きます。間違えてはいけません」と指示を出し、実際に取り組ませる。「取り組んでどんな気持ちだった？」「そのとき体はどうだった？」と発問し、「心と体はつながっているのかな？」と学習課題を設定する。

2 具体的な事例を基に心と体のつながりについて考える

「心と体がつながっているなと思ったことはないかな？」と発問し、具体的な事例を引き出す。導入の例から、心→体の事例が多く発言されることが考えられる。体→心の事例を教師から例示することで、様々なつながりがあることを捉えられるようにする。

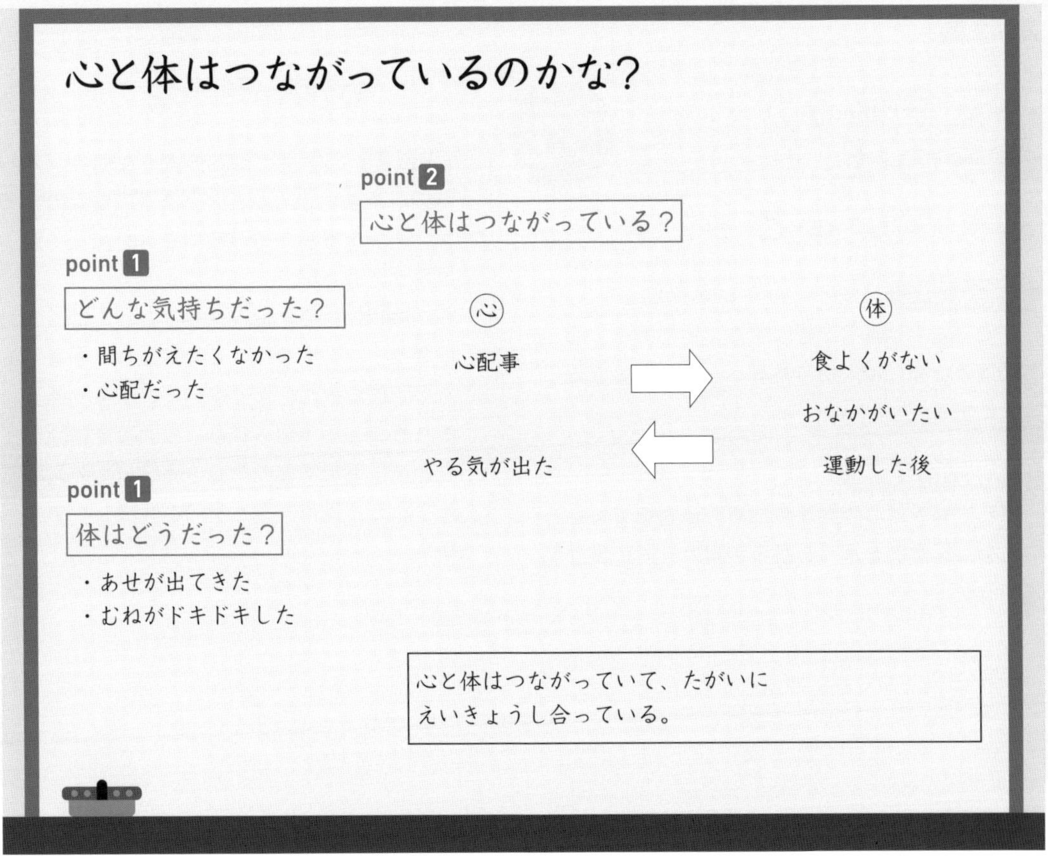

心と体はつながっているのかな？
point 2
心と体はつながっている？
point 1
どんな気持ちだった？
・間ちがえたくなかった
・心配だった
心
体
心配事
食よくがない
おなかがいたい
やる気が出た
運動した後
point 1
体はどうだった？
・あせが出てきた
・むねがドキドキした
心と体はつながっていて、たがいに
えいきょうし合っている。

3 心と体のつながりについてまとめる

「ウキウキしているときに、運動したら体が軽く、気持ちよくなった」などの心→体→心や、「発表のときに、手に汗が出て、焦ってしまい、うまく話すことができなかった」などの体→心→体といった、さらに効果が表れる場合があることを補足する。

4 心と体のつながりについて考えたことをまとめる

学習したことをもとに、心と体のつながりについて考えたことを学習カードにまとめる。

週案記入例

[目標]
心と体には、密接な関係があることを理解することができるようにする。

[活動]
心と体の関係について考える。

[評価]
心と体には、密接な関係があることを理解できたか。

本時案

不安や悩みがあるのは、よくないこと？

3/4

本時の目標

不安や悩みは誰もが経験することであり、心の発達のためには大切であることを理解できるようにする。

評価のポイント

不安や悩みは心の発達のためには大切であることを、具体例を示しながら学習カードに書けているか。

本時の板書のポイント

point 1 小学生にはどのような悩みが多いのか予想させてから、小学生の悩みのアンケートを掲示する。教科書等を使って調べさせてもよい。

point 2 不安や悩みがあることによるよいことと、よくないことを整理して板書する。子供からは、よくないことが多く発言されることが予想される。教師の経験談をもとに、不安や悩みが心の発達のために必要なことを板書すると子供が理解しやすくなる。

本時の展開 ▷▷▷

1 不安や悩みは誰もが経験することを知る

小学生の悩みについてのアンケート結果等を掲示し、様々な悩みがあり、誰もが経験していることを知る。

子供に似たような気持ちになったことがないかを聞くことで自分事として考えやすくなるが、無理に聞き出すことはしない。

2 不安や悩みがあることの是非について考える

不安や悩みがあるときの気持ちを引き出し、できる限り不安や悩みがない状態でいたいという子供の気持ちを受け入れる。その上で、「不安や悩みがあることは、心の発達のためには、よくないことなのかな？」と本時の学習課題を提示し、考えさせる。

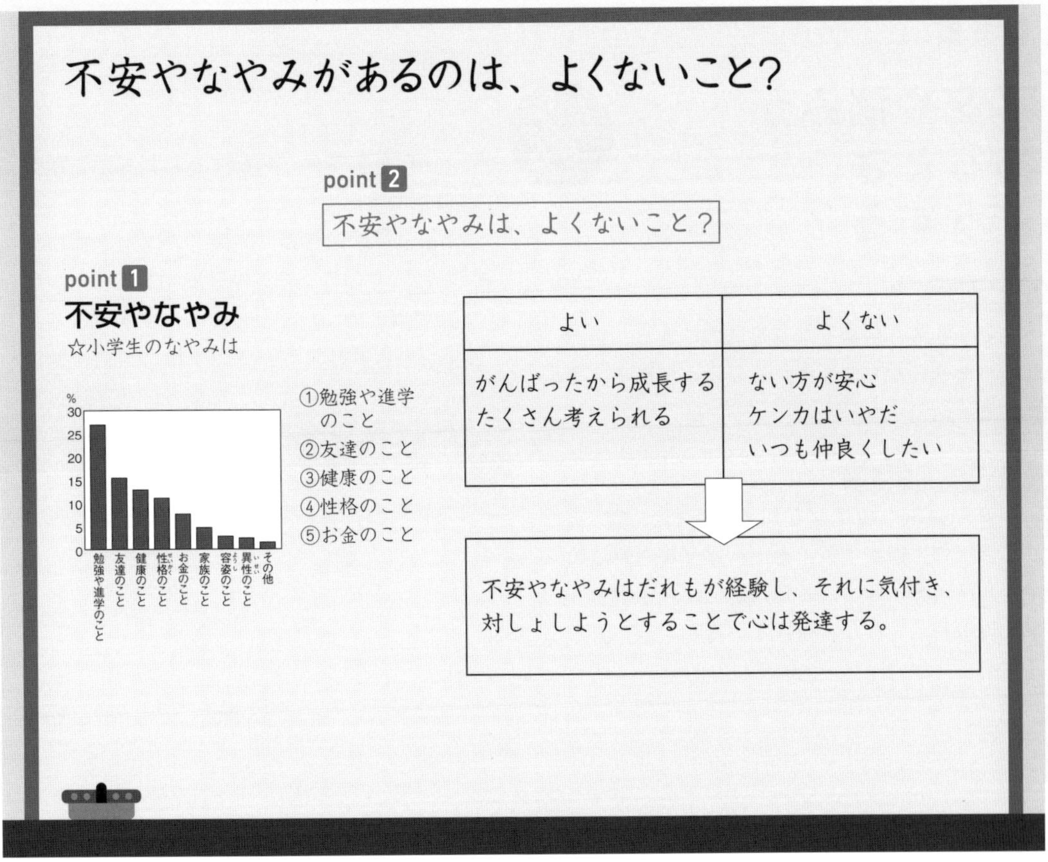

不安やなやみがあるのは、よくないこと？
point 2
不安やなやみは、よくないこと？
point 1
不安やなやみ
☆小学生のなやみは
%
30
25
20
15
10
5
0
勉強や進学のこと
友達のこと
健康のこと
性格のこと
お金のこと
家族のこと
容姿のこと
異性のこと
その他
①勉強や進学のこと
②友達のこと
③健康のこと
④性格のこと
⑤お金のこと
よい
がんばったから成長する
たくさん考えられる
よくない
ない方が安心
ケンカはいやだ
いつも仲良くしたい
不安やなやみはだれもが経験し、それに気付き、対しょしようとすることで心は発達する。

3 不安や悩みは心の発達のために大切であることを知る

子供の不安や悩みがあるという状態に気付くことや不安や悩みに対処するために様々な経験をすることは、心の発達のために大切であることを説明する。その際、教師の経験談（どのような悩みに気付き、どのように対処したのか）を話すと印象に残りやすい。

4 不安や悩みと心の発達についてまとめる

学習したことをもとに、不安や悩みについて考えたことを学習カードにまとめる。

週案記入例

[目標]
不安や悩みは誰もが経験することであり、心の発達のためには大切であることを理解できるようにする。

[活動]
不安や悩みと心の成長について考える。

[評価]
不安や悩みは、誰もが経験し心の発達のために大切であることを理解できたか。

本時案

不安や悩みがあるとき、どうする？

4/4

本時の目標

不安や悩みへの様々な対処法の中から、自分に合った適切な方法を考えることができるようにする。

評価のポイント

不安や悩みへの様々な対処法を行っているか、授業中に観察する。また、様々な対処法の中から、自分に合った対処法は何か、学習カードに理由を示しながら書けているか。

本時の板書のポイント

point 1 子供から出てきた対処法を箇条書きで書いていく。

point 2 第2時で学習した「心と体はつながっている」ことを強調することで、既習事項とのつながりが分かりやすくなる。

point 3 リフレーミングは心へ直接対処すること、体ほぐしの運動や呼吸法は体へ対処することで心へとつながっていくことを視覚的に分かるようにまとめる。

本時の展開 ▷▷▷

1 自分の不安や悩みの対処法について考える

「不安や悩みがあるとき、どうしている？」と発問し、まずは、学習カードに書き出すように促す。その後、近くの友達、学級全体と共有し、様々な対処法があることを理解できるようにする。

2 リフレーミングについて実際に体験する

よくないと捉えていたことを前向きに考えるリフレーミングを行う。例えば、「負けた（よくないこと）おかげで、もっと練習する気持ちになれた（よいこと）」のように考える。子供には、「○○のおかげで～になった」というフォーマットを与える。

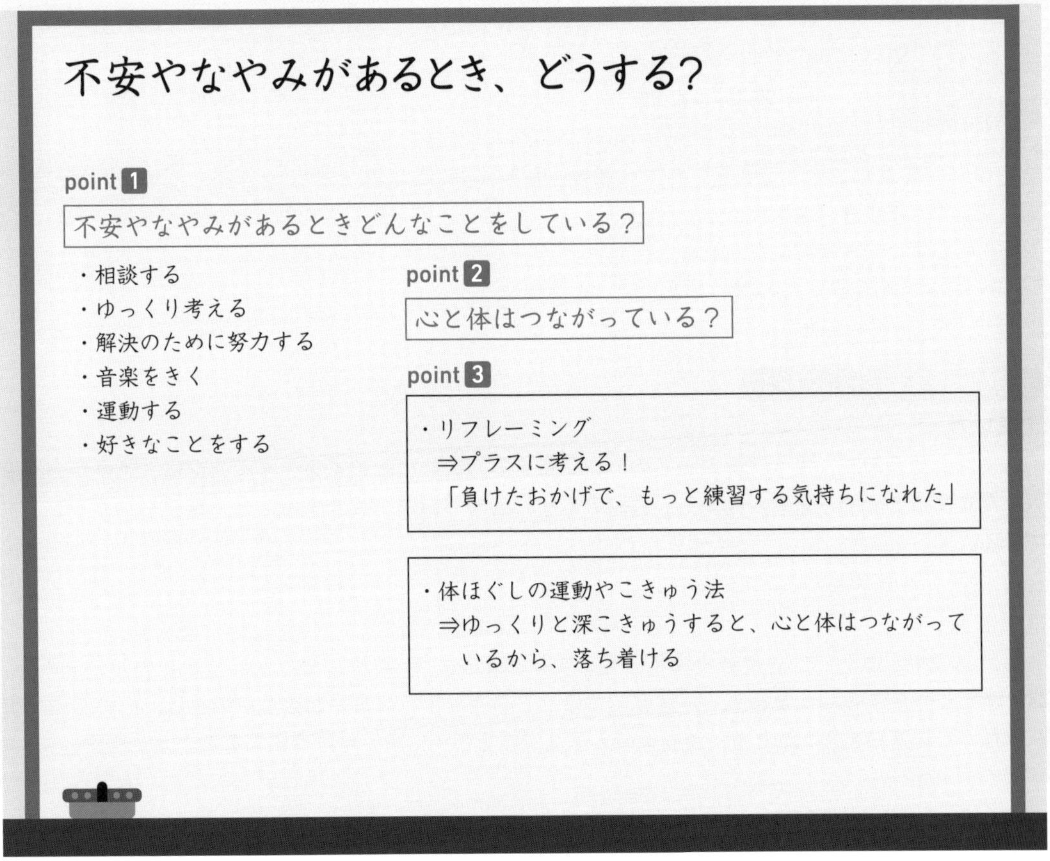

不安やなやみがあるとき、どうする？
point 1
不安やなやみがあるときどんなことをしている？
・相談する
・ゆっくり考える
・解決のために努力する
・音楽をきく
・運動する
・好きなことをする
point 2
心と体はつながっている？
point 3
・リフレーミング
⇒プラスに考える！
「負けたおかげで、もっと練習する気持ちになれた」
・体ほぐしの運動やこきゅう法
⇒ゆっくりと深こきゅうすると、心と体はつながっているから、落ち着ける

3 体ほぐしの運動や呼吸法について実際に体験する

体ほぐしの運動を行うことで、ウキウキする気持ちになること、ゆっくりと深呼吸をすることで、心拍数がゆっくりになり気持ちも落ち着いてくることなどを体験的に学習できるようにする。

4 自分に合った対処法はどのようなものか考える

学習したことをもとに、自分に合った対処法はどのようなものか考えたことを学習カードにまとめる。

週案記入例

[目標]
不安や悩みへの様々な対処法の中から、自分に合った適切な方法を考えることができるようにする。
[活動]
様々な対処法を体験する。
[評価]
自分に合った悩みや不安への対処法を考えることができたか。

DVD
収録資料

「心の健康」学習カード＆資料

使用時 **第1～4時**

毎時間、学習カードを使用することで、知識・技能、思考、判断、表現を評価する手段の１つとなる。一方で、子供が「書きたい！」「考えたい！」と思えるようにしないと、主体的な学習にならないため、扱い方に留意する必要がある。

収録資料活用のポイント

①使い方

毎時間、その時間に扱う学習カードのみを配布する。また、配布するタイミングは、子供が書く直前に配布することで、意欲が高まる。次時の最初に前時の記述を紹介することで意欲を高めることができる。

②留意点

毎時間の学習カードは、授業の流れを考えて配布する。「不安やなやみがあるときの対処法の例」は、実際に体験する前に配布する。教室で体ほぐしの運動を行うことが難しい場合は、心の健康の後に体ほぐしの運動を行うことで、運動領域と保健領域を密接に結び付けやすくなる。

学習カード 5-5-1（1～2時）

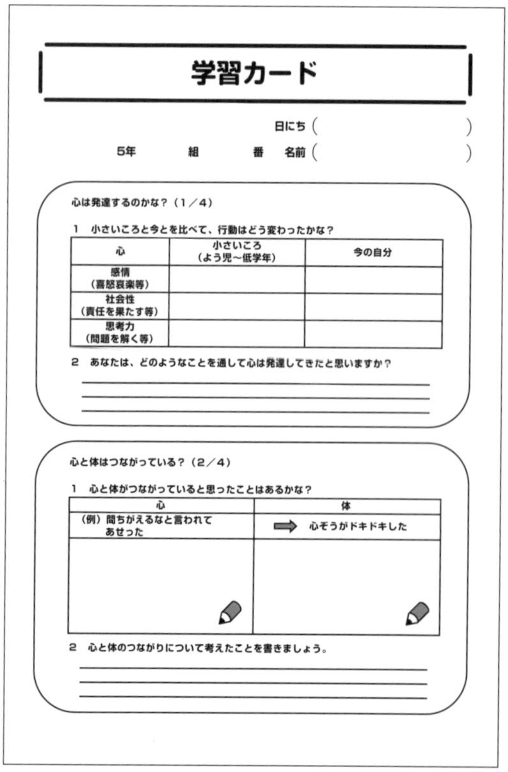

学習カード

日にち（　　　　　　）
5年　　組　　番　名前（　　　　　　）

心は発達するのかな？（1／4）

1　小さいころと今とを比べて、行動はどう変わったかな？

心	小さいころ（よう児～低学年）	今の自分
感情（喜怒哀楽等）		
社会性（責任を果たす等）		
思考力（問題を解く等）		

2　あなたは、どのようなことを通して心は発達してきたと思いますか？

心と体はつながっている？（2／4）

1　心と体がつながっていると思ったことはあるかな？

心	体
（例）間ちがえるなと言われてあせった	➡ 心ぞうがドキドキした

2　心と体のつながりについて考えたことを書きましょう。

学習カード 5-5-2（3～4時）

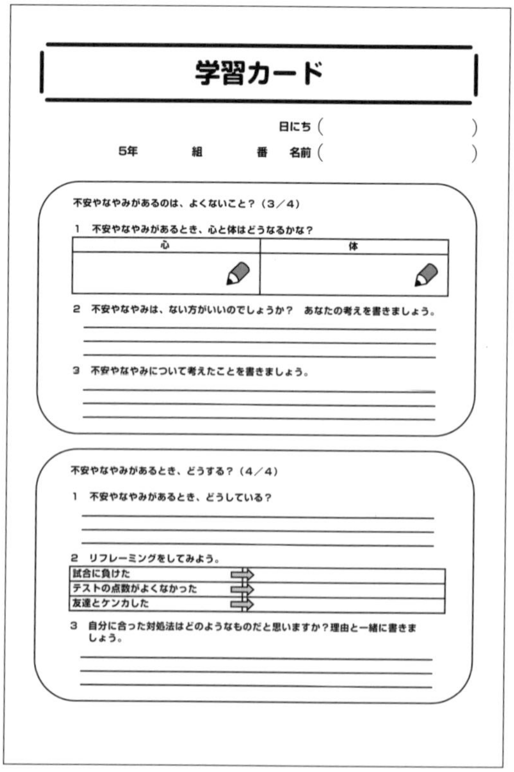

学習カード

日にち（　　　　　　）
5年　　組　　番　名前（　　　　　　）

不安やなやみがあるのは、よくないこと？（3／4）

1　不安やなやみがあるとき、心と体はどうなるかな？

心	体

2　不安やなやみは、ない方がいいのでしょうか？　あなたの考えを書きましょう。

3　不安やなやみについて考えたことを書きましょう。

不安やなやみがあるとき、どうする？（4／4）

1　不安やなやみがあるとき、どうしている？

2　リフレーミングをしてみよう。

試合に負けた ➡	
テストの点数がよくなかった ➡	
友達とケンカした ➡	

3　自分に合った対処法はどのようなものだと思いますか？理由と一緒に書きましょう。

「不安やなやみがあるときの対処法の例」

日にち（　　　　　　　　　　）

5年　　　　組　　　　番　名前（　　　　　　　　　　）

○体ほぐしの運動

手つなぎ鬼

ストレッチ

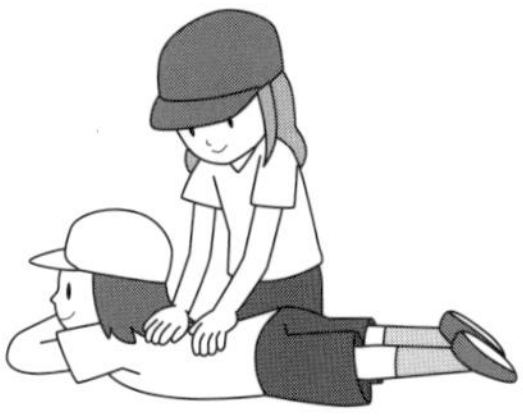

全身の力を抜いて

○こきゅう法

①背筋を伸ばして座る。目をとじるか、１点を見つめる。

②息を吸ったときに、おなかや胸がふくらむのを感じる。

③ゆっくり吸って、ゆっくりはくを繰り返す。

○他には、どんなものがあるかな？

水泳運動

6 クロール・平泳ぎ、安全確保につながる運動

（7時間）

【単元計画】

1時	2・3・4時
[第1段階] **クロールと平泳ぎのポイントと練習の仕方を知り、自己の課題を見付ける。**	
泳法につながるけ伸びの姿勢について既習事項を基にして運動をしながら見付ける。	クロールや平泳ぎのポイントや練習の仕方を知り、練習を行い、自己の能力に合った課題を見付ける。
1　よく進むけ伸びの姿勢を見付けよう POINT：浮く・泳ぐ運動で経験した運動をもとに、よりよく進むけ伸びの姿勢を見付ける。 **[主な学習活動]** ○集合・あいさつ ○今日の運動につながる準備運動をする ○よく進むけ伸びの姿勢を見付ける ①グループで試しの運動を行い、課題を追究する ②運動を共有し、よりよい方法を全員で試す ③け伸び競争を行い、よりよい水中姿勢を身に付ける ④グループでばた足5分間リレーを行う ○運動で使った部位をゆったりとほぐす ○まとめ 今日の学習を振り返り、次時の学習内容を知る	**2　クロールのポイントをつかもう** **3・4　平泳ぎのポイントをつかもう①②** POINT：クロール・平泳ぎのポイントと練習の仕方を知り、10mのストローク数を数えて、自己の課題を見付ける。 **[主な学習活動]** ○集合・あいさつ ○今日の運動につながる準備運動をする ○平泳ぎの手や足の動きと呼吸 ①グループでばた足（かえる足）5分間リレーを行う ②ペアでクロール（平泳ぎ）の手や足の動きと呼吸の仕方を知る ③10mのストローク数を数えて課題を見付ける ○運動で使った部位をゆったりとほぐす ○まとめ 今日の学習を振り返り、次時の学習内容を知る

授業改善のポイント

主体的・対話的で深い学びの実践に向けて

高学年の水泳運動は、「クロール」「平泳ぎ」及び「安全確保につながる運動」で構成され、続けて長く（25〜50m程度）泳いだり、泳ぐ距離や浮いている時間を伸ばしたり、記録を達成したりする楽しさや喜びを味わうことができる。しかし、個人差が大きく、5年生でも力を抜いて浮いたり自由な泳ぎで25mを泳いだりすることができない子供もいる。

そこで子供が自己の能力に適した練習の場を選べるように複数の場を設定し、練習の際には2人組もしくは3人組の異質グループによる活動を取り入れる。グループ内で互いに補助し合ったり、学習課題についての気付きを伝え合うことで動きを身に付けていく。このような対話的な学習により、自己の学習課題が明確になり、より主体的な学びにつながる。

毎時間の終わりには、決まった距離のストローク数をペアで数え合う。前時の記録からの「1ストロークで進む距離の伸び」を実感することで、子供自身が学びのプロセスを振り返り、次の活動につなげていく。

単元の目標

○知識及び技能
・クロールと平泳ぎで、手や足の動きに呼吸を合わせて続けて長く泳ぐことができる。
・安全確保につながる運動で、背浮きや浮き沈みをしながら続けて長く浮くことができる。
○思考力、判断力、表現力等
・自己の能力に適した課題の解決の仕方を工夫したり、考えたことを仲間に伝えたりすることができる。
○学びに向かう力、人間性等
・約束を守り、助け合って運動をしたり、水泳運動の心得を守って安全に気を配ったりすることができる。

5・6・7時
[第2段階] **練習の仕方を工夫して、クロールや平泳ぎ、背浮きや浮き沈みに取り組む。**
自己の課題に応じた練習の場や段階を選び、ペアで泳ぎを見合ったり補助し合ったりしながら、気付いたことを伝え合い、課題を解決する。
5・6・7　自分の課題を解決しよう①②③ POINT：前半は安全確保につながる動きとして背浮きや浮き沈みを行う。後半はグループ内で交代で練習し、互いの泳ぎを見合う。 **[主な学習活動]** ○集合・あいさつ ○準備運動 ○クロール・平泳ぎ、安全確保につながる動き ①グループ内で補助し合い、背浮きや浮き沈みをする ②クロールと平泳ぎから泳法と練習の場を選び、グループ内で交代で練習して、気付いたことを伝え合う ③25mのストローク数を数えて、達成度を確かめる ○整理運動 ○まとめ

子供への配慮の例

①運動が苦手な子供

泳ぎが苦手な子供には、グループの仲間が前方で揃えた手を引いて体を支え、クロールのばた足や手のかき、平泳ぎのかえる足の練習を行うなどの配慮をする。

息継ぎが苦手な子供には、水中を歩きながら動きの確認をする練習や、グループの仲間が手を引きながら息継ぎのタイミングの声をかける練習を行うなどの配慮をする。

背浮き姿勢で浮くことが困難な子供には、補助具を胸に抱えたり、グループの仲間が頭の後ろを支えたりするなどの配慮をする。

②意欲的でない子供

水に対する恐怖心を抱く子供には、授業の前半で補助具を使ってばた足やかえる足で泳ぐリレーや、仲間に補助されて浮きながら呼吸の仕方を身に付ける活動を行うなどの配慮をする。

仲間とうまく関わりながら学習を進めることが苦手な子供には、ペアやグループの編成を配慮し、グループでの5分間リレーで、仲間と一緒に達成する活動を行うなどの配慮をする。

クロールや平泳ぎで50m以上泳ぐことができる子供には、より少ないストローク数で泳ぐ挑戦をさせたり、タイムを計測させたりする。

本時案

よく進むけ伸びの姿勢を見付けよう 1/7

本時の目標

泳法につながる「け伸び」のポイントを見付けるとともに、単元を通した水泳学習の進め方を知ることができるようにする。

評価のポイント

安全に運動するための約束を守り、ペアやグループの友達と助け合って、積極的にけ伸びのポイントを見付けることができたか。

週案記入例

[目標]
よく進むけ伸びの姿勢を見付ける。

[活動]
ペアや４人グループで、助言し合いながらよく進むけ伸びのポイントを見付ける。

[評価]
ペアやグループで運動に積極的に取り組んだか。

[指導上の留意点]
ペアでの人数確認の行い方や、安全に運動するための約束を指導する。

本時の展開

	時	子供の活動
はじめ	4分	**⑴ 集合・人数確認** ○男女とも２列で集合し、ペアで人数を確認する。 **⑵ 本時の学習内容を知る** 1 ○ペアでの学習の仕方や安全に運動するための約束を知る。
準備運動 シャワー	5分	**⑴ 本時の運動につながる準備運動をする** ○肩や腕、脚や足首などのストレッチ運動を中心に行う。 **⑵ シャワーで頭と体、腕や足を手でこすり、汗を流す**
け伸び	15分	**⑴ よく進むけ伸びの姿勢を見付ける** 2 ○様々な方法を試しながら、より良い方法を見付ける。 ○より良い方法を共有し、全員で同じ方法を行う。 **⑵2人組でけのび競争を行う** ○けのびの姿勢を確認し、けのび競争を行う。
ばた足 リレー	15分	**４人グループで５分間で泳いだ距離を測り、記録に挑戦する** ○プールの横方向を使い、２人ずつ向き合って座る。 3 ○ビート板をバトンにして、１人10ｍずつ交代で泳ぐ。 ○５分間で泳いだ距離を測り、記録に挑戦する。
整理運動	2分	**運動で使った箇所をゆったりとほぐす** ○特に肩や腕、脚や足首を中心にストレッチ運動をする。
まとめ シャワー	4分	**⑴ 人数を確認し、本時の学習内容を振り返る** ①友達と協力してよく進むけ伸びを見付けられたか。 ②全体で共有したけ伸びのポイントを確かめる。 ③友達と助け合い、安全に気を付けて運動できたか。 **⑵ 次時の学習内容を確認し、シャワーを浴びる**

1 プールにおける安全や約束事

第１時には必ずプールにおける安全や学習方法について確認する。

【安全】

○プールサイドは何があっても絶対に走らない。

○入水方法や退水方法の確認を行う。

○プールから上がったらバディが揃うまでは座らない。

○バディが揃ったら体育座りをして次の指示を待つ。

○バディの友達に異常があったらすぐに教師に知らせる。

【学習の進め方】

○プールの横方向を使ってグループで助言し合いながら学習を進める。

○リレー競争はプールの横方向を使って行う。

○課題に応じて練習の場を選択して学習を進める。

2 よく進むけ伸びのポイント

４人組でいろいろな姿勢を試しながら、よく進むけ伸びのポイントを見付ける。

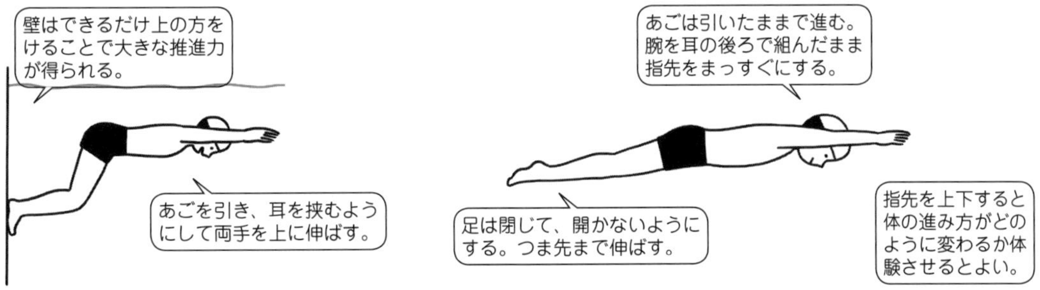

壁はできるだけ上の方をけることで大きな推進力が得られる。
あごは引いたままで進む。腕を耳の後ろで組んだまま指先をまっすぐにする。
あごを引き、耳を挟むようにして両手を上に伸ばす。
足は閉じて、開かないようにする。つま先まで伸ばす。
指先を上下すると体の進み方がどのように変わるか体験させるとよい。

3 プールの使い方（例）

(1) 学習のはじめ

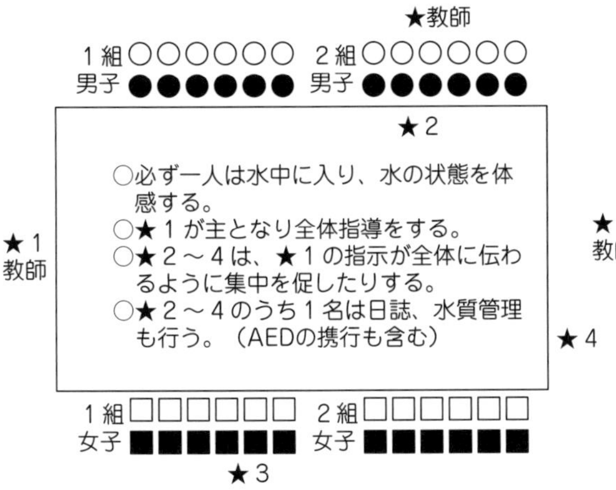

★教師
１組 ○○○○○○ ２組 ○○○○○○
男子 ●●●●●● 男子 ●●●●●●
★２
○必ず一人は水中に入り、水の状態を体感する。
○★１が主となり全体指導をする。
○★２～４は、★１の指示が全体に伝わるように集中を促したりする。
○★２～４のうち１名は日誌、水質管理も行う。（AEDの携行も含む）
★１ 教師
★４
１組 □□□□□□ ２組 □□□□□□
女子 ■■■■■■ 女子 ■■■■■■
★３

(2) 泳ぎのポイントを学習するとき

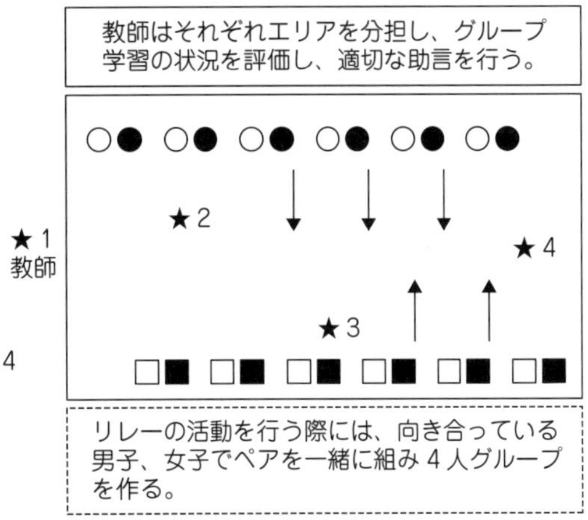

教師はそれぞれエリアを分担し、グループ学習の状況を評価し、適切な助言を行う。
★２
★１ 教師
★４
★３
リレーの活動を行う際には、向き合っている男子、女子でペアを一緒に組み４人グループを作る。

本時案

クロールのポイントをつかもう 2/7

本時の目標

クロールのポイントと練習の仕方を知り、ばた足やクロールの練習をしながら、自分の課題を見付けることができるようにする。

評価のポイント

ペアや４人グループで練習を行い、ばた足やクロールのポイントを意識して泳ぎ、クロールの課題を見付けることができたか。

週案記入例

[目標]
クロールの練習を行い、課題を見付ける。

[活動]
クロールのポイントを知り、ペアで練習をしながら、クロールの課題を見付ける。

[評価]
クロールの課題を見付けることができたか。

[指導上の留意点]
技能の習得状況によっては呼吸を伴わない、面ぶりクロールで活動させる。

本時の展開

	時	子供の活動
はじめ	4分	**(1) 集合・人数確認** ○男女とも２列で集合し、ペアで人数を確認する。 **(2) 本時の学習内容を知る** ○ペアでの学習の仕方や安全に運動するための約束を知る。
準備運動 シャワー	5分	**(1) 本時の運動につながる準備運動をする** ○肩や腕、脚や足首などのストレッチ運動を中心に行う。 **(2) シャワーで頭と体、腕や足を手でこすり、汗を流す**
ばた足 リレー	15分	**４人グループで５分間で泳いだ距離を測り、記録に挑戦する** 1 ○プールの横方向を使い、２人ずつ向き合って座る。 ○ビート板をバトンにして、１人10mずつ交代で泳ぐ。 ○５分間で泳いだ距離を測り、記録に挑戦する。
クロールの ポイントを 知る	15分	**(1) クロールの手や足の動きと呼吸の仕方を知る** 2 ○手や足の動きのポイントを知り、ペアが交代で「１・２・パッ（呼吸）・４」のかけ声をかけて、呼吸の練習をする。 **(2) クロールで10mを泳ぎ、ストローク数を数える** ○少ないストローク数で泳ぐための、自分の課題を見付ける。
整理運動	2分	**運動で使った箇所をゆったりとほぐす** ○特に肩や腕、脚や足首を中心にストレッチ運動をする。
まとめ シャワー	4分	**(1) 人数を確認し、本時の学習内容を振り返る** ①ポイントを意識して、少ないストローク数で泳げたか。 ②自分の課題を見付けて、解決の仕方を考えられたか。 ③友達と助け合い、安全に気を付けて運動できたか。 **(2) 次時の学習内容を確認し、シャワーを浴びる**

1 ばた足（かえる足）リレー

【リレーのねらい】

○グループの友達と協力しながら運動を行う習慣付けを行う。

○今もっている力で競争的な楽しみ方をする。

○クロール（平泳ぎ）習得に必要なばた足（かえる足）の技能を習得する。

【行い方】

○プールの横方向を使い、向かい合った２人組がペアとなり、４人グループを作る。

○ビート板をバトンにしてプールの片道（約10m）をばた足で泳ぐ。

○５分間で泳いだ距離を測り、記録に挑戦する。

【ばた足のポイント】

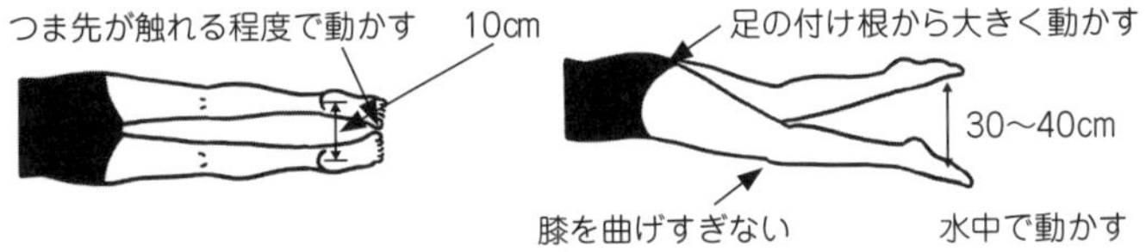

つま先が触れる程度で動かす

足の付け根から大きく動かす

膝を曲げすぎない
水中で動かす

2 クロールのポイント

(1) クロールのリズムと腕のかき

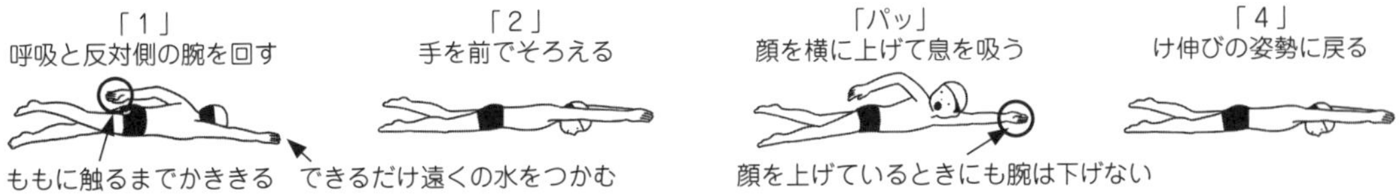

呼吸と反対側の腕を回す

顔を上げているときにも腕は下げない

【ポイント】

け伸びの姿勢に戻る
ももに触るまでかききる

○できるだけ遠くの水をつかむ（入水ポイントを遠くへ）

○ももに親指が触れるまで大きくかききる

○呼吸をするときにも腕を下げない（息継ぎの重要なポイント）

(2) クロールの呼吸

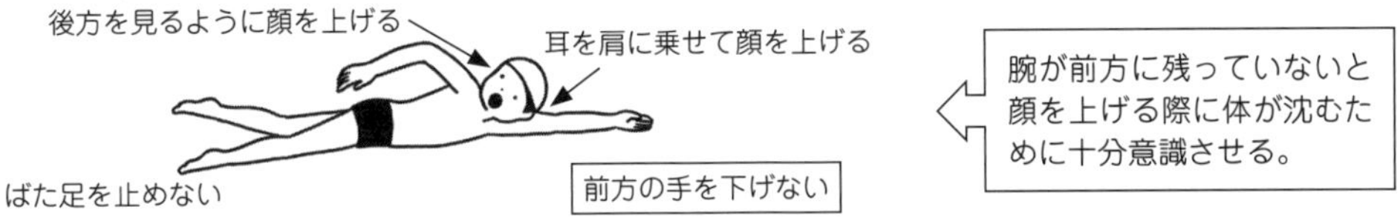

後方を見るように顔を上げる
耳を肩に乗せて顔を上げる
ばた足を止めない
前方の手を下げない
腕が前方に残っていないと顔を上げる際に体が沈むために十分意識させる。

【練習方法】

①立った姿勢、歩きながら…腕の動きと顔を上げるタイミングをつかむために

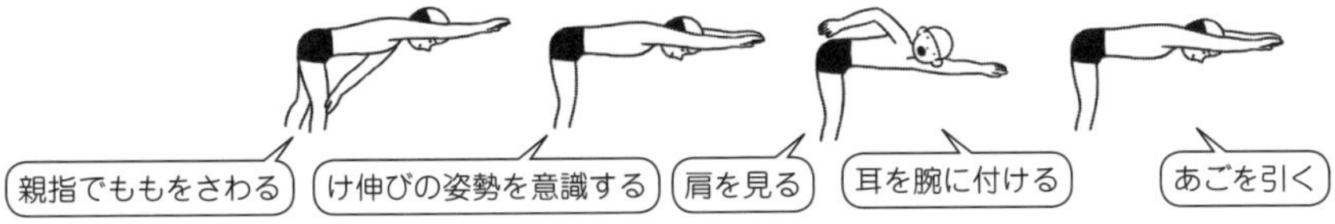

親指でももをさわる

耳を腕に付ける
あごを引く

②ビート板を使って…顔を上げる際に腕が下がってしまう子供に

本時案

平泳ぎのポイントをつかもう①

3/7

本時の目標

平泳ぎのポイントと練習の仕方を知り、かえる足泳ぎや平泳ぎの練習をしながら、自分の課題を見付けることができるようにする。

評価のポイント

ペアや4人グループで練習を行い、かえる足や平泳ぎのポイントを意識して泳ぐことができたか。

週案記入例

[目標]
かえる足のポイントを意識して泳ぐ。

[活動]
かえる足のポイントを知り、ペアや4人グループで、かえる足や平泳ぎの練習をする。

[評価]
かえる足のポイントを意識して泳げたか。

[指導上の留意点]
かえる足の習得には個人差があるため、ペアによる補助を活用する。

本時の展開

	時	子供の活動
はじめ	4分	**(1) 集合・人数確認** ○男女とも2列で集合し、ペアで人数を確認する。 **(2) 本時の学習内容を知る** ○ペアでの学習の仕方や安全に運動するための約束を知る。
準備運動 シャワー	5分	**(1) 本時の運動につながる準備運動をする** ○肩や腕、脚や足首などのストレッチ運動を中心に行う。 **(2) シャワーで頭と体、腕や足を手でこすり、汗を流す**
かえる足の ポイントを つかむ	15分	**(1) 壁支持かえる足を行う** 1 ○壁支持かえる足を行い、友達に課題をチェックしてもらう。 **(2) ビート板支持かえる足を行う。** ○ビート板支持かえる足を行い、運動のポイントを確かめる。
平泳ぎの ポイントを 知る	15分	**(1) 平泳ぎの手や足の動きと呼吸の仕方を知る** 2 ○かえる足の動きのポイントを知り、ペアが手を引きながら「曲げる、蹴って閉じる」のかけ声をかけて練習をする。 ○面かぶりのかえる足泳ぎで、10mのけり数を数える。 **(2) 平泳ぎで10mを泳ぎ、ストローク数を数える** ○少ないストローク数で泳ぐための、自分の課題を見付ける。
整理運動	2分	**運動で使った箇所をゆったりとほぐす** ○特に肩や腕、脚や足首を中心にストレッチ運動をする。
まとめ シャワー	4分	**(1) 人数を確認し、本時の学習内容を振り返る** ①ポイントを意識して、少ないストローク数で泳げたか。 ②自分の課題を見付けて、解決の仕方を考えられたか。 ③友達と助け合い、安全に気を付けて運動できたか。 **(2) 次時の学習内容を確認し、シャワーを浴びる**

1 かえる足のポイント

【かえる足のリズム】

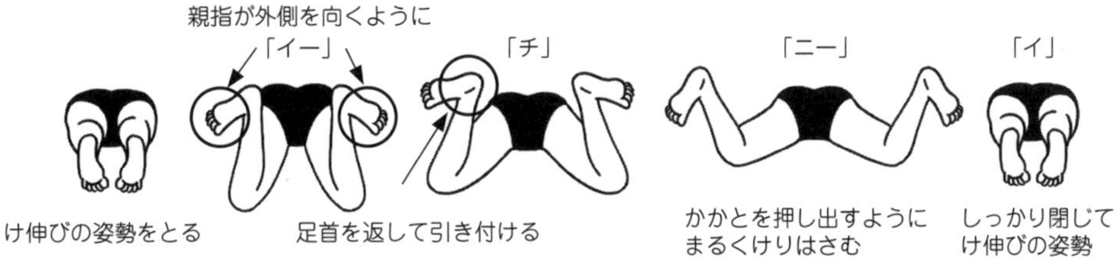

親指が外側を向くように

足首を返して引き付ける

しっかり閉じて

●よくない例

①ひきつけたときにお尻が上がってしまう

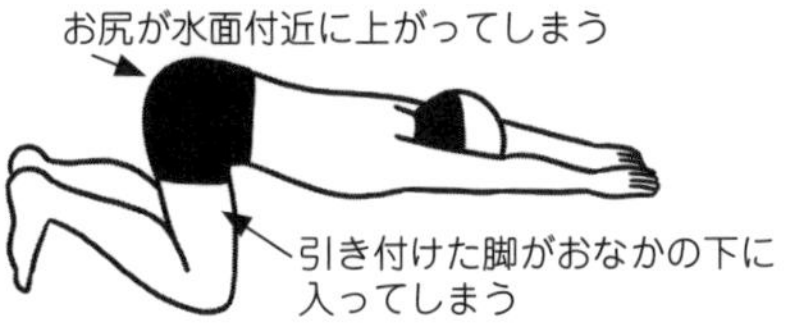

お尻が水面付近に上がってしまう
引き付けた脚がおなかの下に
入ってしまう

足を引き付けるときに膝がうまく使えていないことが原因
→「膝を動かしてかかとをお尻に引き付けてみるとどうなるかな？」

②足首が返らない

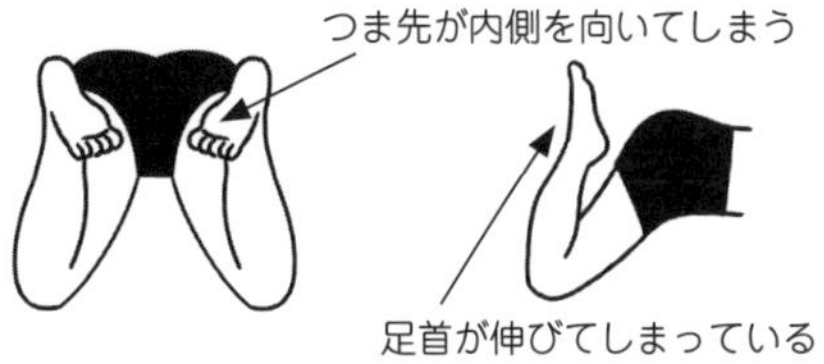

つま先が内側を向いてしまう
足首が伸びてしまっている

引き付け始めの段階で既に足首が伸びていることが原因
→「足の裏をパーの形にしてみると足首はどうなるかな？」

2 かえる足の練習方法

(1) 腰かけかえる足（プールサイドに腰かけて）

膝を曲げる

かかとを壁に
付け、親指を
そって足首を

(2) プールの壁につかまって

ペアの友達に「イー」「チ」「ニー」の声をかけてもらいながら行う。

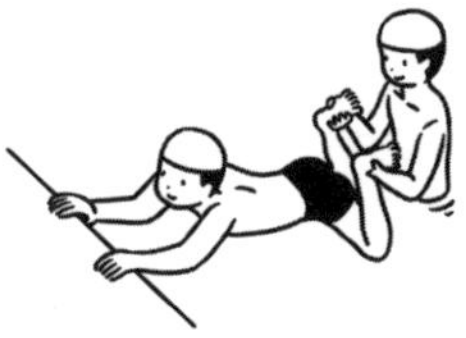

ペアの友達に「イー」「チ」「ニー」の声をかけてもらいながら行う。
足首をしっかりと返してもらうようにする。

(3) ビート板を使って

足裏がハの字になるように見せて
足首を返す。

膝がお尻の下に入らないように

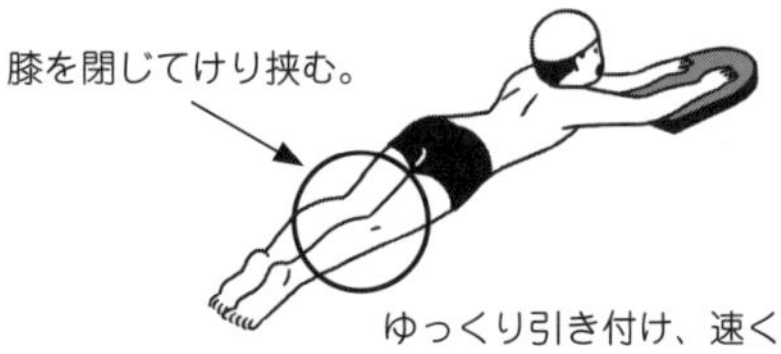

膝を閉じてけり挟む。

ゆっくり引き付け、速くける。

本時案

平泳ぎのポイントをつかもう②

4/7

本時の目標

平泳ぎのポイントと練習の仕方を知り、練習をしながら自分の課題を見付けることができるようにする。

評価のポイント

ペアや4人グループでかえる足泳ぎや平泳ぎの練習を行い、自分の課題を見付けて、次回以降の練習の場や仕方を選ぶことができたか。

週案記入例

[目標]
平泳ぎを練習し、自分の課題を見付ける。

[活動]
平泳ぎのポイントを知り、ペアや4人グループで、かえる足や平泳ぎの練習をする。

[評価]
平泳ぎで自分の課題を見付けられたか。

[指導上の留意点]
平泳ぎの習得には個人差が大きいので、課題に応じた練習の場や段階的な練習の仕方を提示する。

本時の展開

	時	子供の活動
はじめ	4分	**(1) 集合・人数確認** ○男女とも2列で集合し、ペアで人数を確認する。 **(2) 本時の学習内容を知る** ○ペアでの学習の仕方や安全に運動するための約束を知る。
準備運動 シャワー	5分	**(1) 本時の運動につながる準備運動をする** ○肩や腕、脚や足首などのストレッチ運動を中心に行う。 **(2) シャワーで頭と体、腕や足を手でこすり、汗を流す**
かえる足 リレー	15分	**4人グループで5分間で泳いだ距離を測り、記録に挑戦する** ○プールの横方向を使い、2人ずつ向き合って座る。 ○ビート板をバトンにして、1人10mずつ交代で泳ぐ。 ○5分間で泳いだ距離を測り記録の向上に挑戦する。
平泳ぎの ポイントを 知る	15分	**(1) 平泳ぎの手の動きと呼吸の仕方を知る** ◀1 ○平泳ぎの手の動きのポイントを知り、面かぶりで手だけ5回かいて、進んだ距離を確かめる。 ○平泳ぎのリズムと呼吸の仕方を知り、練習する。◀2 **(2) 平泳ぎで10mを泳ぎ、ストローク数を数える** ○前時からの伸びを確認し、課題に応じた練習の場を考える。
整理運動	2分	**運動で使った箇所をゆったりとほぐす** ○特に肩や腕、脚や足首を中心にストレッチ運動をする。
まとめ シャワー	4分	**(1) 人数を確認し、本時の学習内容を振り返る** ①ポイントを意識して、少ないストローク数で泳げたか。 ②自分の課題を見付けて、解決の仕方を考えられたか。 ③友達と助け合い、安全に気を付けて運動できたか。 **(2) 次時の学習内容を確認し、シャワーを浴びる**

1 腕のかき方のポイントと練習方法

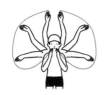

①両手のひらを下向きにそろえ、腕の前、あごの下から水面と平行に前方へ出す。
②両手のひらを斜め外向きにして左右に水を押し開きながら腕を曲げ、手のひらと前腕を後方に向ける。
③両肘が肩の横にくるまで手をかき進めたら、両腕で内側後方に水を押しながら胸の前で揃える。

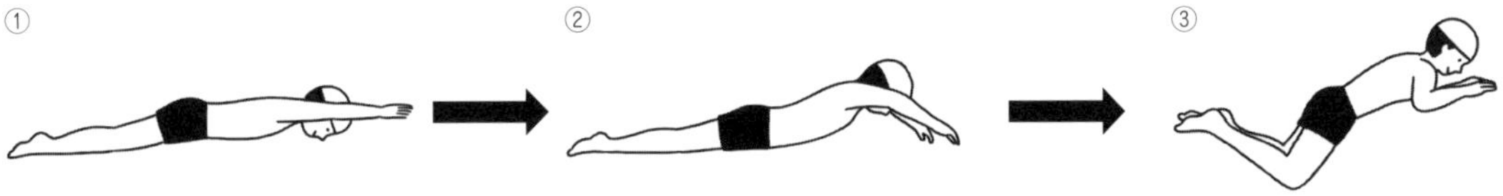

【練習方法】

①立った姿勢で

体が少し浮かび上がるように顔の下にグッと水を集める

逆ハート型になるように水を自分の顔の前にかき集める

②ジャンプをしながら

息をしたら、頭をグッと水に入れて手を前に伸ばす

け伸びの姿勢になる

2 平泳ぎのリズムと息継ぎのポイント

合言葉は「スー」・「パッ」・「ポン」

け伸びの姿勢を保つようにする

水を押さえて顔を上げて呼吸する

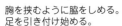

胸を挟むように脇をしめる。足を引き付け始める。

足首を返す→かかとを押し出すようにまるくけりはさむ

あごを引き頭を水の中に入れる

○始めは壁を蹴って、１ストロークで５m以上進むことを目標にする。
○次に、２ストロークで10mを目標にさせていく。
○リズムが身に付いたら、続けて少ないストローク数で泳ぐことを目標にする。

本時案

自分の課題を解決しよう①

5/7

本時の目標

自己の課題に応じた練習の場や段階を選び、仲間の考えや取組を認めながら助け合って練習することができるようにする。

評価のポイント

練習場所の使い方や補助の仕方などの約束を守り、仲間の考えや取組を認めながら助け合って練習することができたか。

週案記入例

[目標]
自己の課題を選び、仲間と助け合って練習する。

[活動]
課題に応じた練習の場や仕方を選び、ペアが交代で泳いで、互いに補助や声かけ、助言を行う。

[評価]
約束を守り、仲間と助け合って練習ができたか。

[指導上の留意点]
課題に応じた練習の場に分かれるので、場の担当教員が子供の学習の様子を見て担任に伝える。

本時の展開

	時	子供の活動
はじめ	4分	**(1) 集合・人数確認** ○男女とも2列で集合し、ペアで人数を確認する。 **(2) 本時の学習内容を知る** ○ペアでの学習の仕方や安全に運動するための約束を知る。
準備運動 シャワー	5分	**(1) 本時の運動につながる準備運動をする** ○肩や腕、脚や足首などのストレッチ運動を中心に行う。 **(2) シャワーで頭と体、腕や足を手でこすり、汗を流す**
安全確保につながる運動	10分	**(1)10〜20秒程度を目安にした背浮き** 1 ○ペアで補助し合いながら、背浮きの姿勢を維持する。 **(2) 3〜5回程度を目安にした浮き沈み** ○だるま浮きで背中を押してもらい、浮き沈みを繰り返す。
課題に応じた場で練習する	20分	**(1) 課題に応じた練習の場で、ペアが交代で練習する** ○自分の課題の伝え方や気付いたことの伝え方を知り、プールの横方向で1人が泳ぎ1人が補助や声かけをする。 ○1回泳いだら助言を聞き、もう1回泳いだら交代する。 **(2) 練習した泳法で25mを泳ぎ、課題の達成度を確かめる** ○プールサイドを歩きながら、仲間のストローク数を数える。
整理運動	2分	**運動で使った箇所をゆったりとほぐす** ○特に肩や腕、脚や足首を中心にストレッチ運動をする。
まとめ シャワー	4分	**(1) 人数を確認し、本時の学習内容を振り返る** ①自分の課題を解決することができたか。 ②自分の課題に応じた練習の場を選んで練習できたか。 ③友達への補助や声かけ、気付いたことを伝えられたか。 **(2) 次時の学習内容を確認し、シャワーを浴びる**

1 安全確保につながる運動

安全確保には呼吸の保持が必須である。呼吸を最も取りやすい水中姿勢は背浮きの姿勢であり、学習指導要領の内容にも示されている。ただし、鼻から水を吸ってしまう恐怖感を持つ子供もいるので補助付きの背浮きから経験させる。

【背浮きのポイント】

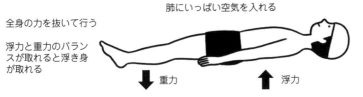

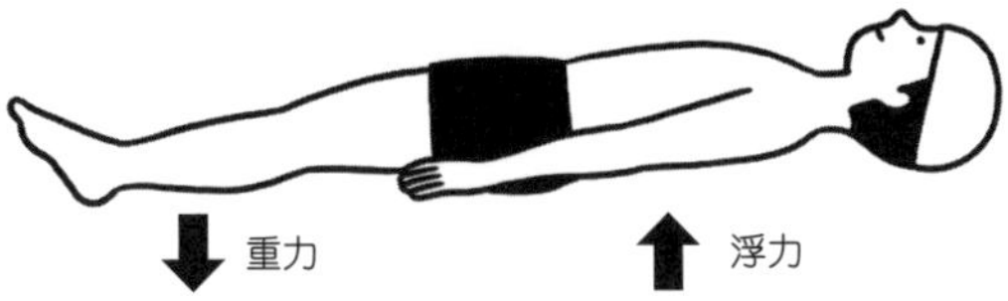

肺にいっぱい空気を入れる
全身の力を抜いて行う
浮力と重力のバランスが取れると浮き身が取れる
重力
浮力

【悪い例】
- 腰からくの字に曲がってしまい、水中に沈む。
- 胸を反らしてしまい下半身が沈む

【練習方法の例】

①ビート板を持って

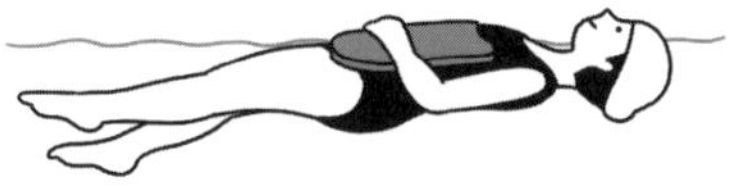

浮いたらあごを上げて真上を見るようにする

②友達に補助してもらって

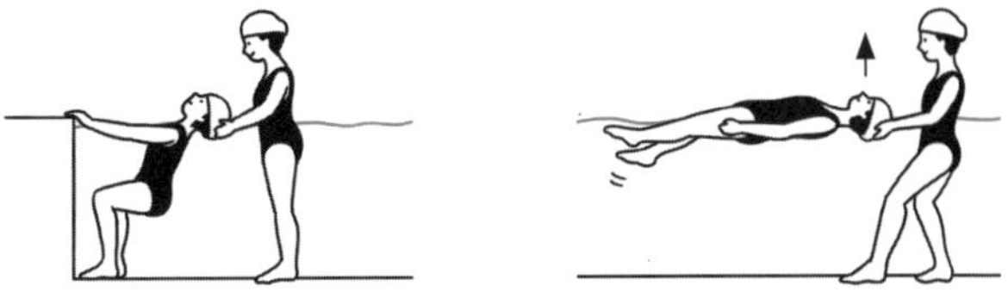

おなかを水面に出すようにする
補助者は後頭部を支えるようにする

③一人で

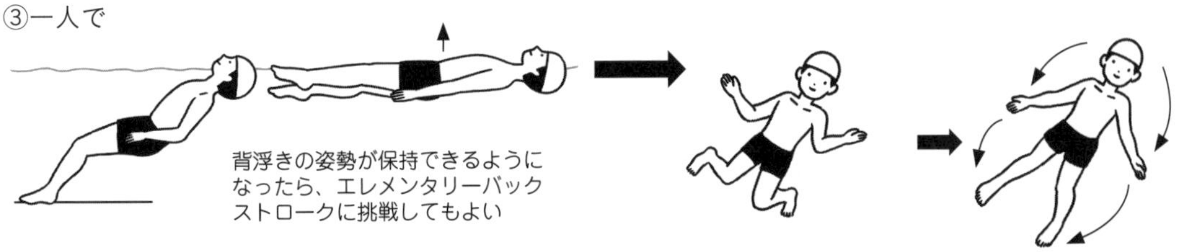

背浮きの姿勢が保持できるようになったら、エレメンタリーバックストロークに挑戦してもよい

【だるま浮きからの浮き沈み】

ペアで行う際に、軽く背中を押すことを注意する。

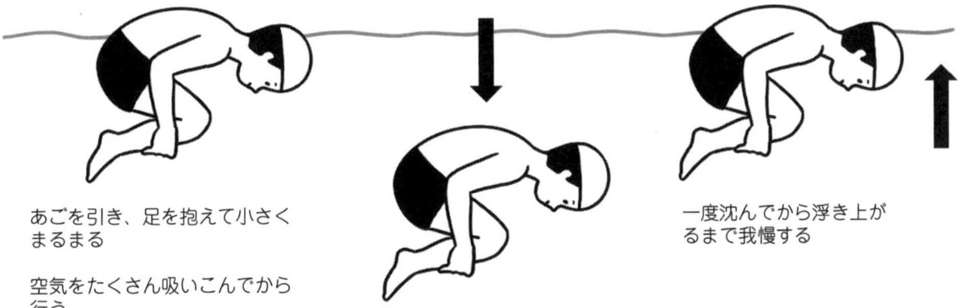

あごを引き、足を抱えて小さくまるまる

空気をたくさん吸いこんでから行う

ペアの友達に軽く背中を押してもらう

一度沈んでから浮き上がるまで我慢する

○背浮きの姿勢は恐怖感を感じやすい。学習者の状況に応じてより易しい方法を選択し体験させることが重要である。
○着衣での水泳については学校の実態に応じて実施するかを判断する。

本時案

自分の課題を解決しよう②

6/7

本時の目標

ペアで互いの泳ぎを見合い、自分の課題を仲間に伝えたり、仲間の泳ぎを見て気付いたことを伝えたりすることができるようにする。

評価のポイント

自分の課題を仲間に伝えたり、仲間の泳ぎを見て気付いたことや課題に適した練習方法を伝えたりすることができたか。

週案記入例

[目標]
自己の課題や気付いたことを仲間に伝える。

[活動]
課題に応じた練習の場や仕方を選び、ペアが交代で泳いで、互いに補助や声かけ、助言を行う。

[評価]
課題や気付いたことを仲間に伝えられたか。

[指導上の留意点]
子供同士の助言では課題が解決できないときは、教員が積極的に解決を促す問いかけをする。

本時の展開

	時	子供の活動
はじめ	4分	**(1) 集合・人数確認** ○男女とも２列で集合し、ペアで人数を確認する。 **(2) 本時の学習内容を知る** ○ペアでの学習の仕方や安全に運動するための約束を知る。
準備運動 シャワー	5分	**(1) 本時の運動につながる準備運動をする** ○肩や腕、脚や足首などのストレッチ運動を中心に行う。 **(2) シャワーで頭と体、腕や足を手でこすり、汗を流す**
安全確保につながる運動	10分	**(1)10〜20秒程度を目安にした背浮き** ○ペアで補助し合いながら、背浮きの姿勢を維持する。 **(2) ３〜５回程度を目安にした浮き沈み** ○だるま浮きで背中を押してもらい、浮き沈みを繰り返す。
課題に応じた場で練習する	20分	**(1) 課題に応じた練習の場で、ペアが交代で練習する** ○プールの横方向で課題に応じた練習の場を３つ程度設定し、１人が泳ぎ１人が補助や声かけをする。◀1◀2 ○１人２回泳いだら交代して泳ぎ、練習を繰り返す。 **(2) 練習した泳法で25mを泳ぎ、課題の達成度を確かめる** ○ストローク数と課題の達成度を仲間に伝える。
整理運動	2分	**運動で使った箇所をゆったりとほぐす** ○特に肩や腕、脚や足首を中心にストレッチ運動をする。
まとめ シャワー	4分	**(1) 人数を確認し、本時の学習内容を振り返る** ①自分の課題を解決することができたか。 ②自分の課題に応じた練習の場を選んで練習できたか。 ③友達への補助や声かけ、気付いたことを伝えられたか。 **(2) 次時の学習内容を確認し、シャワーを浴びる**

1 学習課題のもたせ方・学び合い

課題解決的な学習を進めていく上で、自分の能力に応じた学習課題を見付け、選択することが重要である。また、友達と学び合いながら学習を進めるには分かりやすい学習課題にしていくことが大切である。

【学習課題の例】

〜平泳ぎのかえる足を例にして〜

学習課題	運動内容の選択（何を）	平泳ぎのかえる足の引き付け
	活動の選択（どのように）	・親指を外側に向けて、足首が返るようにする ・壁につかまってキックの練習をする
	場の選択（どこで）	かえる足練習コース

→ 具体的な観察ポイントが入っていると、学び合いが進む

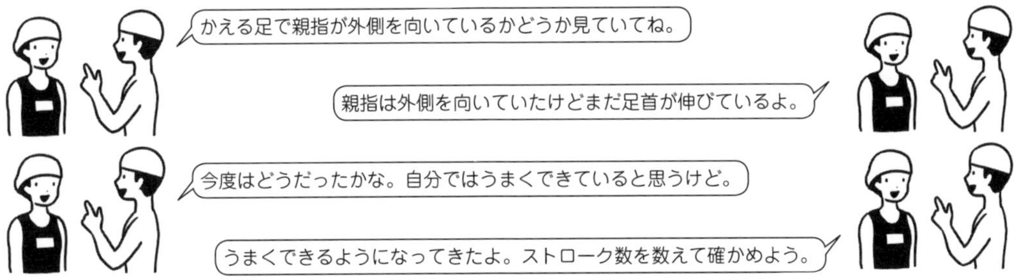

かえる足で親指が外側を向いているかどうか見ていてね。
親指は外側を向いていたけどまだ足首が伸びているよ。
今度はどうだったかな。自分ではうまくできていると思うけど。
うまくできるようになってきたよ。ストローク数を数えて確かめよう。

【ICT 機器の活用】

学校の ICT 環境整備状況によってはタブレット PC をプールサイドに持ち込み、グループ学習に活用することも考えられる。運動の様子を動画に撮影し、その場で振り返ることができるため学び合いが活発になる。

○自分に合った学習課題にするには単元計画の第一段階が重要。いかに運動のポイントを自分で見付けたり、知ったりできるようにするかが問われる。
○ペアの友達からの助言を手掛かりにして振り返りを行い、次の学習課題を立てさせる。

2 課題解決がうまくいかない場合の教師の助言

①適切に運動の様子を伝えられていない場合
→「課題は何かな？　どこを見ていてほしいかしっかり伝えてからやってみようね」
②解決方法が見付からずに学習が停滞している場合
→「○○の様子をもう一回見てみよう」など視点を整理して新たな解決方法を考えるように促す。
※「○○をしましょう」などの直接的な指導の回数は減らしていきたい。

本時案

自分の課題を解決しよう③

7/7

本時の目標

ペアで互いの泳ぎを見合い、自分の課題を仲間に伝えたり、仲間の泳ぎを見て気付いたことを伝えたりすることができるようにする。

評価のポイント

自分の課題を仲間に伝えたり、仲間の泳ぎを見て気付いたことや課題に適した練習方法を伝えたりすることができたか。

週案記入例

[目標]
自己の課題や気付いたことを仲間に伝える。

[活動]
課題に応じた練習の場や仕方を選び、ペアが交代で泳いで、互いに補助や声かけ、助言を行う。

[評価]
課題や気付いたことを仲間に伝えられたか。

[指導上の留意点]
子供同士の助言では課題が解決できないときは、教員が積極的に解決を促す問いかけをする。

本時の展開

	時	子供の活動
はじめ	4分	**(1) 集合・人数確認** ○男女とも2列で集合し、ペアで人数を確認する。 **(2) 本時の学習内容を知る** ○ペアでの学習の仕方や安全に運動するための約束を知る。
準備運動 シャワー	5分	**(1) 本時の運動につながる準備運動をする** ○肩や腕、脚や足首などのストレッチ運動を中心に行う。 **(2) シャワーで頭と体、腕や足を手でこすり、汗を流す**
安全確保に つながる 運動	10分	**(1)10〜20秒程度を目安にした背浮き** ○ペアで補助し合いながら、背浮きの姿勢を維持する。 **(2) 3〜5回程度を目安にした浮き沈み** ○だるま浮きで背中を押してもらい、浮き沈みを繰り返す。
課題に 応じた場で 練習する	20分	**(1) 課題に応じた練習の場で、ペアが交代で練習する** 1 ○プールの横方向で課題に応じた練習の場を3つ程度設定し、1人が泳ぎ1人が補助や声かけをする。 ○1人2回泳いだら交代して泳ぎ、練習を繰り返す。 **(2) 練習した泳法で25mを泳ぎ、課題の達成度を確かめる** ○ストローク数と課題の達成度を仲間に伝える。
整理運動	2分	**運動で使った箇所をゆったりとほぐす** ○特に肩や腕、脚や足首を中心にストレッチ運動をする。
まとめ シャワー	4分	**(1) 人数を確認し、本時の学習内容を振り返る** ①自分の課題を解決することができたか。 ②友達への補助や声かけ、気付いたことを伝えられたか。 ③今年の水泳学習の振り返りを行う。 **(2) 次時の学習内容を確認し、シャワーを浴びる**

1 場の設定

(1) プール を横に使う場合　★…教師

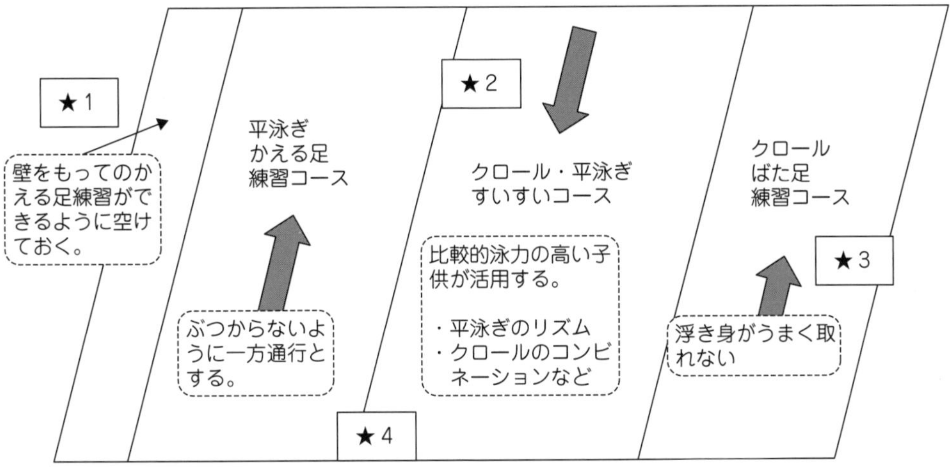

○子供が選択した学習課題や練習の場に応じて広さを考える。
○泳ぎを観察する際には学習課題の内容に応じて、プールサイドから見せたり、水中から見せたりする。
○コースの区切りにはコースロープのほかペットボトル（500ml）をロープでつないだ自作コースロープを使う。

(2) プールを縦方向に使う場合

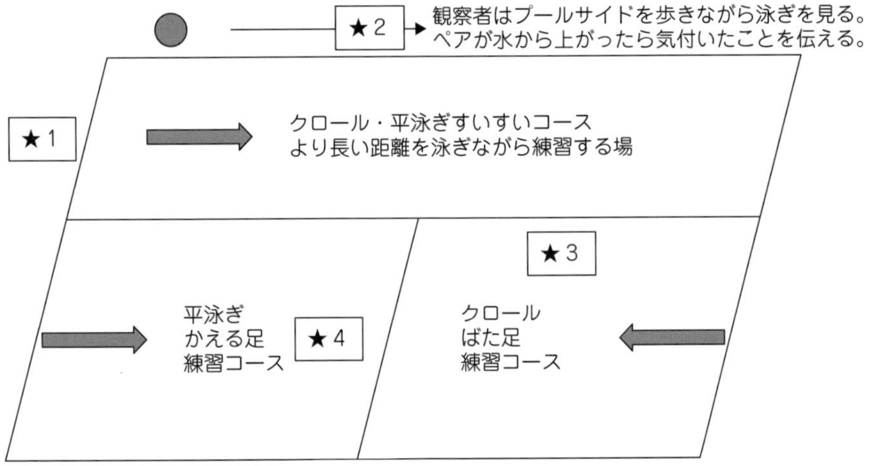

○より長い距離で泳ぎを確かめていきたい場合にはプールを縦に使う。
○すいすいコースでは助言者はなるべくプールサイドから泳ぎを観察させる。

DVD収録資料　「クロール・平泳ぎ」学習カード＆資料

使用時　**第2～4時、第5～7時**

本カードは第2時から第4時の第1段階（課題を見付ける段階）と第5時～第7時の第2段階（課題を解決する段階）で使用する2種類の学習を振り返り、記録をしていくカードである。「知識及び技能」だけにとらわれず、「思考力、判断力、表現力等」、「学びに向かう力、人間性等」の状況も意識をして振り返ることができるようにしたい。

収録資料活用のポイント

①使い方

単元の始めに教室で配布してファイリングしておく。併せて単元の流れを確認し、記入は毎時間終了後、プールでの学習を終え、着替えが済んだ時点で行うように説明する。プールには学習カードを持ち込めないので授業終了後、速やかに記入させる。

②留意点

カード1は自身の泳ぎの課題を見付ける過程を記録する。また、カード2はその課題の解決の過程を記録することがそれぞれ大きなねらいとなる。水泳運動における学び合いを活発にさせるためにも「課題」についてはしっかりと記述をさせる。また、学び合いの成果として友達との協力や伝え合いの内容にも触れていけるようにする。

学習カード 5-6-1（2～4時）

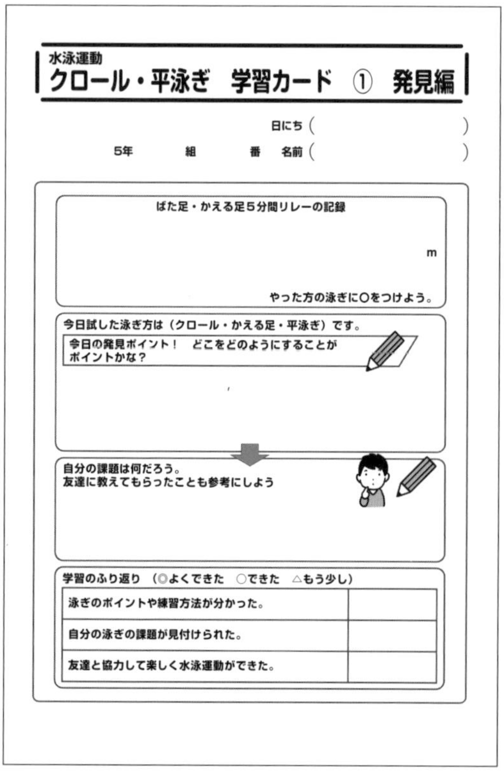

水泳運動
クロール・平泳ぎ　学習カード　①　発見編

日にち（　　　　）
5年　　組　　番　名前（　　　　）

ばた足・かえる足5分間リレーの記録
m
やった方の泳ぎに○をつけよう。

今日試した泳ぎ方は（クロール・かえる足・平泳ぎ）です。
今日の発見ポイント！　どこをどのようにすることがポイントかな？

自分の課題は何だろう。
友達に教えてもらったことも参考にしよう

学習のふり返り（◎よくできた　○できた　△もう少し）

泳ぎのポイントや練習方法が分かった。	
自分の泳ぎの課題が見付けられた。	
友達と協力して楽しく水泳運動ができた。	

学習カード 5-6-2（5～7時）

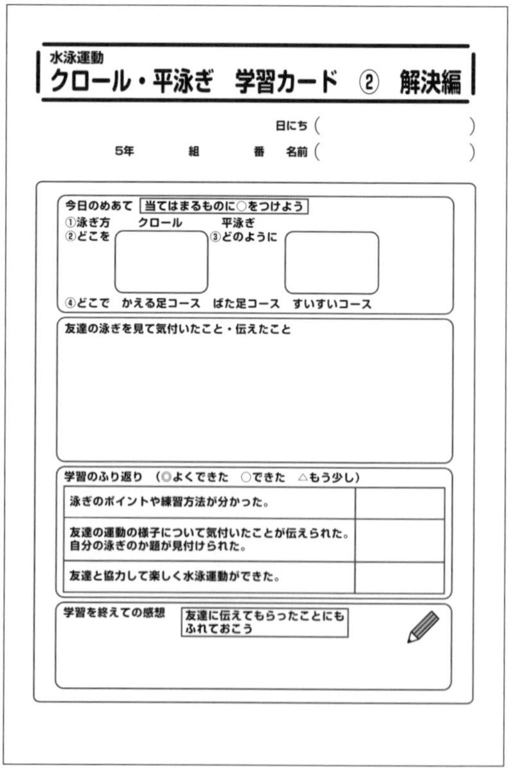

水泳運動
クロール・平泳ぎ　学習カード　②　解決編

日にち（　　　　）
5年　　組　　番　名前（　　　　）

今日のめあて　当てはまるものに○をつけよう
①泳ぎ方　クロール　平泳ぎ
②どこを　③どのように
④どこで　かえる足コース　ばた足コース　すいすいコース

友達の泳ぎを見て気付いたこと・伝えたこと

学習のふり返り（◎よくできた　○できた　△もう少し）

泳ぎのポイントや練習方法が分かった。	
友達の運動の様子について気付いたことが伝えられた。自分の泳ぎのか題が見付けられた。	
友達と協力して楽しく水泳運動ができた。	

学習を終えての感想　友達に伝えてもらったことにもふれておこう

水泳運動
クロール・平泳ぎ　運動のポイント・ヒント集

日にち（　　　　　　　　　　　　　　）

5年　　　　組　　　　番　名前（　　　　　　　　　　　　　　）

【クロール編】

○けのびのし勢（どの泳ぎ方でも大切なし勢です。）

第１時のヒントです。

足首は伸ばす？

指先の向きは？

あごの位置は？

どこを見るの？

●力を入れると体はしずみます。

●できるだけ水のていこうを受けないようにするにはどうしたらいいか考えよう。

○ばた足

ももから大きく動かす

ひざを曲げすぎない

○クロールのリズムと息つぎ

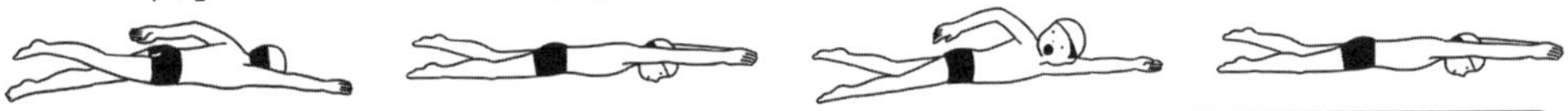

「1」　ももにつくまでかく　おなかの下をかく

「2」　手を前でそろえる　遠くの水をつかむ

「パッ」「4」　顔を横に上げて息をすう→けのびのし勢にもどる　前にある手は下げない

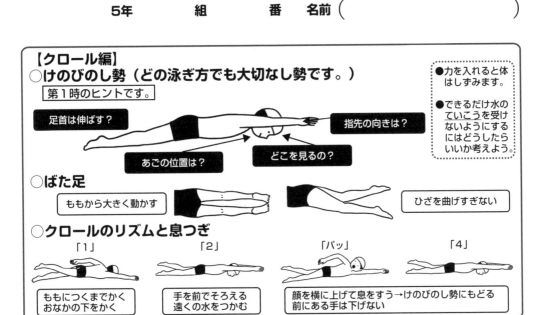

【平泳ぎ編】

足首を返すって？

どこで水を押し出すの？

○かえる足

けのびのし勢をとる

足首を返してかかとをおしりに引き付ける親指は外側に向け、ハの字になるよう

かかとから動かしてまるくけりはさむ指先がそろうまでしっかりのばす

こんなときは

ひざがおなかの方に近づきおしりがういてしまう
足を引き付けるときにどこから動かす？　ひざ？　足のつけね？

どうやって動かす？

足首が返らずに引き付けている
足のうらを「パー」の形にすると足首はのびる？曲がる？

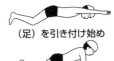

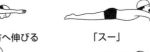

○平泳ぎのリズムと息つぎ

合言葉は「スー」・「パッ」・「ポン」

（足）を引き付け始め

足のひきつけはどこから始める？

「スー」け伸びの姿勢

「パッ」蹴りながら前方へ伸びる

「パッ」顔を上げて息を吸う

「スー」

陸上運動

7 ハードル走

6 時間

【単元計画】

1 時	2 時
[第 1 段階] ハードル走の課題を見付け、課題解決の方法を知る。	
ハードル走の自分の課題を見付ける。	自己の課題の解決に向けた練習の仕方を知る。
1　ハードル走の課題を見付けよう POINT：自分の課題を知るために、動画をスロー再生し、自分の走り方の課題を見付ける。 **[主な学習活動]** ○集合・あいさつ ○学習の見通しを確認 ○補助運動の行い方を知る ○「ハードル走」の課題を見付ける ○整理運動・学習の振り返り	**2　課題解決の仕方を知ろう** POINT：自分の課題の解決に向けた練習方法や競争の仕方を知る。 **[主な学習活動]** ○集合・あいさつ ○学習の流れの確認 ○補助運動 ○「ハードル走」の練習方法や競争の仕方を知り、取り組む。 ○整理運動・学習の振り返り

授業改善のポイント

主体的・対話的で深い学びの実践に向けて

ハードル走でもっとも大切なことは、「リズミカルに走り越えること」である。そのために、「第 1 ハードルまでに全力で走ること」「最後まで体のバランスを取りながら真っすぐ走ること」「インターバル 3 歩または 5 歩で走ること」などの学習課題が考えられる。

その学習課題を自ら見付けていくために、ICT 機器（タブレット端末等）を有効に活用していく。映像を 4、5 人のグループで見合うことによって、対話的な学習を活性化していけるようにする。

単元の中盤では自己の能力に適した練習方法や場を工夫しながら運動できるようにする。その際、粘り強く意欲的に学習課題の解決に取り組んだり、子供たちの思考を深めたりできるような魅力ある運動内容を提示する。

そして、学習の振り返りでは、自己の学習課題について、考えたことや学んだことを友達や教師に分かりやすく伝えられるような資料や学習カードを活用していく。

単元の目標

◯知識及び技能

・ハードル走の行い方を理解し、競争したり、自己の記録の伸びや達成を目指したりし、ハードルをリズミカルに走り越えたりすることができる。

◯思考力、判断力、表現力等

・自己の能力に適した課題の解決の仕方、競争や記録への挑戦の仕方を理解するとともに、自己や仲間の考えたことを他者に伝えることができる。

◯学びに向かう力、人間性等

・ハードル走に積極的に取り組み、約束を守り助け合って運動したり、勝敗を受け入れたり、仲間の考えを認めたりすることができる。

3・4・5時	6時
［第2段階］ 課題解決のために、練習の仕方や競争を工夫して運動に取り組む。	
自己の能力に適した課題の解決に向けた運動に取り組み、リズミカルに走り越す動きを身に付ける。	ハードル走で身に付けた動きを確認する。
3　自分の課題に合った練習方法を工夫しよう①〜③ POINT：自分の課題に合った練習方法を選んだり、友達と積極的に競争に取り組んだりできるようにする。 **［主な学習活動］** ◯集合・あいさつ ◯学習の流れの確認 ◯補助運動 ◯自己の課題解決の時間 　フラットハードル走・ハードルリレー ◯整理運動・学習の振り返り	**4　自分が身に付けた動きを確認しよう** POINT：1時の動きと比較し、自分の走り方を考え、学んだことを伝え合う。 **［主な学習活動］** ◯集合・整列 ◯学習の流れの確認 ◯補助運動 ◯「ハードル走」で身に付けた動きの確認 ◯整理運動・学習の振り返り

子供への配慮の例

①運動が苦手な子供

体のバランスを取ることが苦手な子供には、1歩ハードル走や短いインターバルでの3歩ハードル走で、体を大きく素早く動かしながら走り越える場を設定する。

一定の歩数で走り越えることが苦手な子供には、3歩または5歩で走り越えることができるインターバルを選んでいるかを確かめたり、インターバル走のリズムを意識できるレーン（レーン上に輪を置く等）を設けたりする。

②意欲的でない子供

ハードル走を行う際は、一人一人の子供たちが安心感をもって運動に取り組めるように場や用具等に配慮する。

自己の学習課題に意欲的に取り組めない子供には、インターバルの歩数を決めてから場を選ぶなど、自己の能力に適した練習の場や学習課題の選択ができるようにしたり、同じような学習課題をもつ仲間と協力して練習できるようにしたりする。

本時案

ハードル走の課題を見付けよう 1/6

本時の目標

ハードル走の学習内容を知り、自分の学習課題を見付けることができるようにする。

評価のポイント

第4学年までの学習内容を意識しながら自分で課題を見付けているか。

週案記入例

[目標]
ハードル走の自分の課題を見付ける。
安全な学習の仕方を理解する。

[活動]
いろいろなインターバルで走り、自分に合ったインターバルを見付ける。

[評価]
自分の課題を見付けることができたか。

[指導上の留意点]
安全に学習するためのきまりや約束をしっかりと確認させる。

本時の展開

	時	子供の活動
はじめ	3分	**集合・あいさつ** ○本時の学習内容を知る。 ○ハードルの運び方、置き方や走り方など安全に学習するためのきまりを知る。 1
準備運動	5分	**準備運動・補助運動** ○体の各部位の運動を行う。 ○ジョギング、スキップ、ジャンプ等の全身運動をする。 ○ハードル走につながる補助運動をする。
ハードル走	5分	**ハードル走の方法・学習課題の見付け方を知る** 2 ○用具の準備をする。 ○インターバルごとにレーンを決める。
	25分	**ハードル走に取り組み、自分の学習課題を見付ける** ○リズミカルに走ることができるインターバルを考える。 ○タブレット端末の映像を見て、自分の課題を見付ける。
整理運動	1分	**運動で使った部位をゆったりとほぐす** ○特に手首、足首を中心に動かす。
まとめ	6分	**今日の学習について振り返り、学習カードに記入し、チーム内で発表し合う** **次時の学習について確認する**

1 安全面についての指導・確認

○ハードルの置き方　・同じ向き、高さになっているかを確認する。
　　　　　　　　　　・レーンからずれていないかを確認する。
○走り越す方法　　　・絶対に反対側から走り越さない。
○移動するとき　　　・コースを横切らず、外側を走って移動する。

2 課題の見付け方について

○タブレット端末は、１チームで３台ずつ用意する。
○１チームで、３から４人ずつの小グループを編成しておく。
○撮影する際の役割分担や約束事を決めておく。
・１チーム２人ずつ、自分で選んだレーンを走る。
・チーム内で撮影者を固定する。
・スタート合図、安全確認等の役割を考える。
・撮影者の立ち位置は、レーンの外側とする。
・走順、役割等を一覧にして、子供に提示する。
・撮影後は、チーム内の小グループで映像を見合い、課題を確認する。
（課題を見付ける際は、走る速さ、リズム等見る視点を与える。）

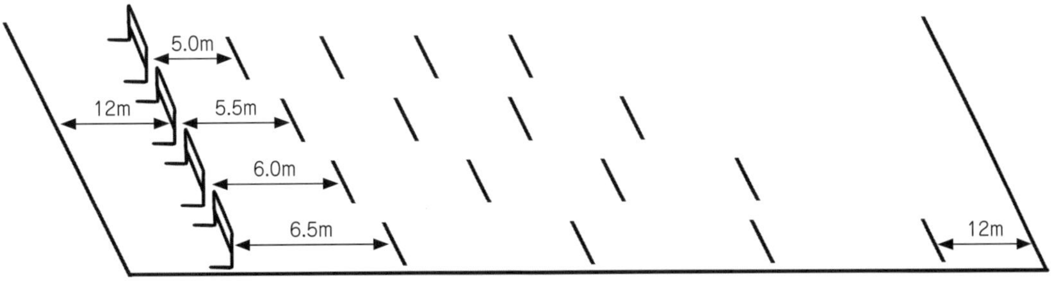

4.5m、５m、5.5m、６m、6.5m、７m等
0.5m間隔でインターバルを設ける。

（このレーンは、校庭内に２ヶ所つくることができるとよい。）

○課題の例
・遠くから踏み切る。同じリズムで走り越す。
・ハードルとハードルの間を同じ歩数で走る。
・第１ハードルまでのスピードを落とさずに走る。等

課題については、教師自身が提示し、選ばせるのではなく、子供自身の言葉で考えさせる。その際、第４学年までの学習を想起させたり、学習資料の絵や言葉を参考にさせたりする。

本時案

課題解決の仕方を知ろう

2/6

本時の目標

課題の解決に向けた練習方法や競争の仕方を知ることができるようにする。

評価のポイント

ハードル走に進んで取り組み、練習したり競争したりしているか。

週案記入例

[目標]
練習方法や競争の仕方を知る。
ハードル走に進んで取り組む。

[活動]
課題を解決するための練習方法や競争の仕方を知る。

[評価]
ハードル走に進んで取り組むとともに、練習方法や競争の仕方を知ることができたか。

[指導上の留意点]
インターバルやハードルの高さに無理はないかを指導する。

本時の展開

	時	子供の活動
はじめ	3分	**集合・あいさつ** ○本時の学習内容・学習課題を確認する。
準備運動	5分	**準備運動・補助運動** ○体の各部位の運動を行う。 ○ジョギング、スキップ、ジャンプ等の全身運動をする。 ○ハードル走につながる補助運動をする。 1
ハードル走	30分	**用具の準備をする（1分）** ○インターバルごとにレーンを設置する。 ○第1ハードルまでは、準備運動後に行っておく。 **練習方法を知り、取り組む（14分）** 2 ○フラットハードルや小型ハードル等に取り組む。 **競争の仕方を知り、取り組む（14分）** 3 ○ハードルリレーに取り組む。 **用具の片付けをする（1分）**
整理運動	1分	**運動で使った部位をゆったりとほぐす** ○特に手首、足首を中心に動かす。
まとめ	6分	**今日の学習について振り返り、学習カードに記入し、チーム内で発表し合う** **次時の学習について確認する**

1 ハードル走につながる補助運動①

○第１ハードルまでの12mでスピードに乗れるようにする。
・スタートラインより肩を前に出すように前傾して構える。
・第１ハードルを走り越して、足が着地するまでの競争をする。

2 練習方法について：フラットハードル

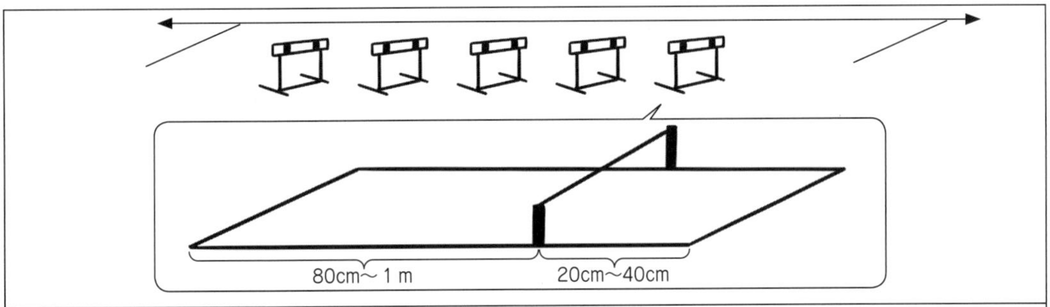

用具	指導上の留意点
ゴザや滑り止めマットの上にハードルを置いたもの。	○ハードルの高さは、44cm がよいが、運動が苦手な児童は、小型ハードル走で取り組ませてもよい。 ○状況により、場を40mハードル走として設定する。

3 競争について：ハードルリレー

①２チーム同時に行う。自分の走るレーンをあらかじめ決めておく。
②場は、インターバルが5.5m、６m、6.5mの３種類を２レーンずつ、計６レーン用意する。
③走者がゴールのコーンをタッチし、手を挙げたら次走者がスタートする。
④チームの記録の伸びで勝敗を決めるようにする。

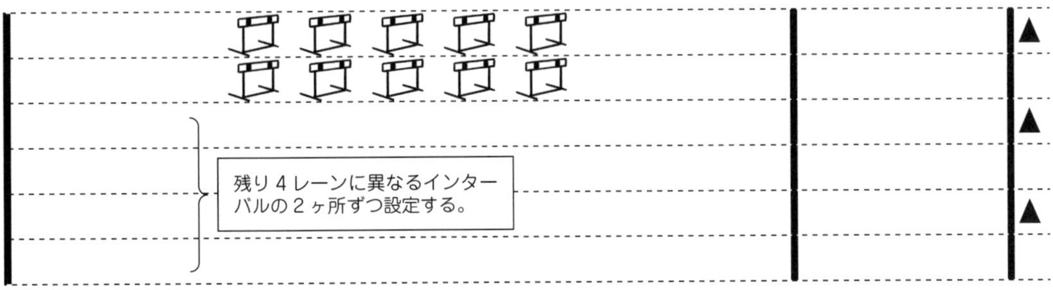

※スタートの合図は、児童が、記録の測定は、教師が行う。

本時案

自分の課題に合った練習方法を工夫しよう①

3/6

本時の目標

課題の解決に向けた練習方法を工夫することができるようにする。

評価のポイント

ハードル走の動きを身に付けるために、練習の場を選んでいるか。

週案記入例

[目標]
練習方法を工夫する。
友達と教え合いながら運動する。

[活動]
課題を解決するための練習の場や練習方法を工夫する。

[評価]
ハードル走の動きを身に付けるために、練習の場や方法を工夫することができたか。

[指導上の留意点]
運動が苦手な児童に対して、練習方法や場を配慮する。

本時の展開

	時	子供の活動
はじめ	1分	**集合・あいさつ** ○本時の学習内容・学習課題を確認する。
準備運動	5分	**準備運動・補助運動** ○体の各部位の運動を行う。 ○ジョギング、スキップ、ジャンプ等の全身運動をする。 ○ハードル走につながる補助運動をする。 1
ハードル走	33分	**用具の準備をする（2分）** ○インターバルごとにレーンを設置する。 **自分の学習課題に合った練習の場や練習方法を選ぶ（18分）** 2 ○グループで自分たちの課題を確認しながら練習する。 **ハードルリレーに取り組む（12分）** ○各チーム2回ずつ行う。 ○あらかじめ決められた順番で走る。 **用具の片付けをする（1分）**
整理運動	1分	**運動で使った部位をゆったりとほぐす** ○特に手首、足首を中心に動かす。
まとめ	5分	**今日の学習について振り返り、学習カードに記入し、チーム内で発表し合う** **次時の学習について確認する**

1 ハードル走につながる補助運動②

○地面に座ったまま、ハードリングフォームを身に付ける。
- 振り上げ足をまっすぐ伸ばす。
- 抜き足の膝やつま先を外に向ける。
- 振り上げ足の反対側の手で、振り上げ足のつま先が触れるようにする。

座って
頭を起こして体を前傾し、
手をつま先に付ける

2 自分の学習課題に合った練習の場や練習方法を選ぶ

○練習の場では、集まった子供同士で、自然発生的にグループを形成し、教え合いながら運動できるようにする。

レーンの外側
第1ハードルまでを確かめる場

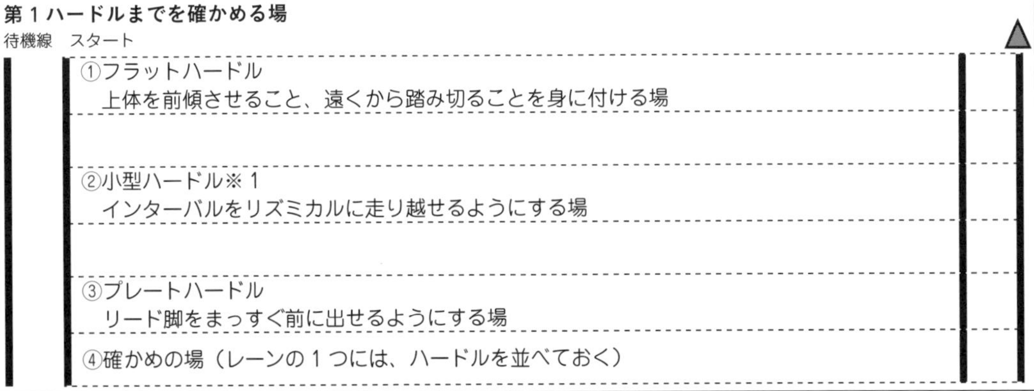

用具	指導上の留意点
滑り止めマット 小型ハードル プレート コーン	○場は、2か所用意する。 ○友達と見合う際は、レーンとレーンの間で見る。 ○ゴールまで駆け抜けられるように、ゴールより少し先にコーンを設置する。 ○小型ハードル走は、高さの低いものやコーンにゴムを張ったものを用意する。

※1小型ハードル走

※2プレートハードル　練習方法：画用紙を足の裏でけるように振上げ足を上げる。

本時案

自分の課題に合った練習方法を工夫しよう②

4/6

本時の目標

課題の解決に向けた練習方法を工夫することができるようにする。

評価のポイント

ハードル走の動きを身に付けるために、練習の場や方法を工夫しているか。

週案記入例

[目標]
練習の場や練習方法を工夫する。
友達と教え合いながら運動する。

[活動]
課題を解決するための練習の場や練習方法を工夫する。

[評価]
ハードル走の動きを身に付けるために、練習の場や方法を工夫することができたか。

[指導上の留意点]
運動が苦手な児童に対して、練習方法や場を配慮する。

本時の展開

	時	子供の活動
はじめ	1分	**集合・あいさつ** ○本時の学習内容・学習課題を確認する。
準備運動	5分	**準備運動・補助運動** ○体の各部位の運動を行う。 ○ジョギング、スキップ、ジャンプ等の全身運動をする。 ○ハードル走につながる補助運動をする。1
ハードル走	33分	**用具の準備をする（2分）** ○インターバルごとにレーンを設置する。2 **自分の学習課題に合った練習の場や練習方法を選ぶ（18分）** 3 ○グループで自分たちの課題を確認しながら練習する。 **ハードルリレーに取り組む（12分）** ○各チーム2回ずつ行う。 ○あらかじめ決められた順番で走る。 **用具の片付けをする（1分）**
整理運動	1分	**運動で使った部位をゆったりとほぐす** ○特に手首、足首を中心に動かす。
まとめ	5分	**今日の学習について振り返り、学習カードに記入し、チーム内で発表し合う** **次時の学習について確認する**

1 ハードル走につながる補助運動③

・ハードルの横をゆっくり歩き、フォームを確かめながら行う。
・ハードルの横で振り上げ足を伸ばし、前傾姿勢を取り、素早く下ろす。
・抜き足のひざやつま先を外側に向けて、ハードルの横を通過させる。

2 ハードル間のインターバルの調整の仕方

○コーンやマーカーを用いて、ハードルを素早く動かせるようにする。

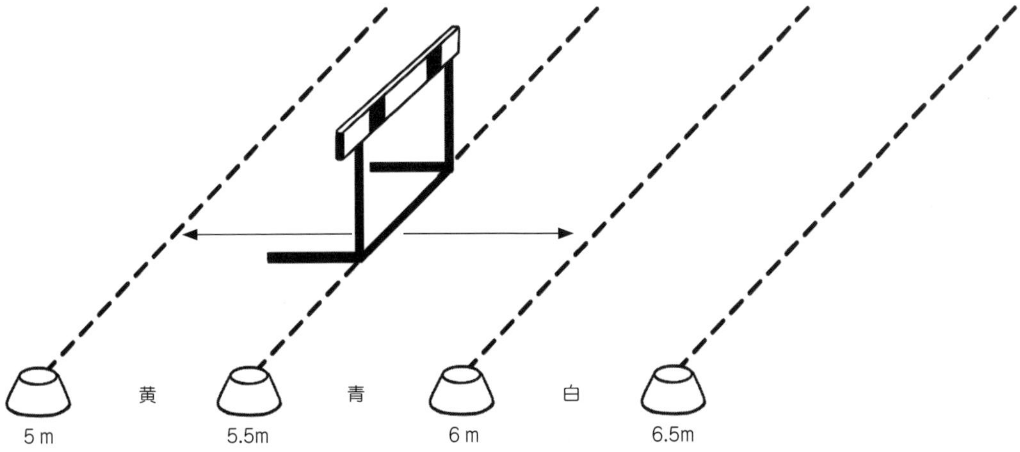

3 グループでの教え合いについて

ハードル走のような比較的個人で行うものでも、互いのよい所や、仲間の動きの変化や伸びを見付けたり、考えたりしていくことはとても大切である。

また、見ている人は、第１ハードルからゴールまで一つ一つの動きを決して見逃さないようにする態度が大切である。

（グループ学習の流れの例）

①自分の課題に合った練習をする。
②自分が運動してみてどうだったかを相手に伝える。
③見ていた人は、学習資料や、映像、仲間との動きを比べながら相手のよさを伝える。

本時案

自分の課題に合った練習方法を工夫しよう③

5/6

本時の目標

課題の解決に向けた練習方法を工夫することができるようにする。

評価のポイント

ハードル走の動きを身に付けるために、練習の場や方法を工夫しているか。

週案記入例

[目標]
練習の場や練習方法を工夫する。
友達と教え合いながら運動する。

[活動]
課題を解決するための練習の場や練習方法を工夫する。

[評価]
ハードル走の動きを身に付けるために、練習の場や方法を工夫することができたか。

[指導上の留意点]
運動が苦手な児童に対して、練習方法や場を配慮する。

本時の展開

	時	子供の活動
はじめ	1分	**集合・あいさつ** ○本時の学習内容・学習課題を確認する。
準備運動	5分	**準備運動・補助運動** ○体の各部位の運動を行う。 ○ジョギング、スキップ、ジャンプ等の全身運動をする。 ○ハードル走につながる補助運動をする。
ハードル走	33分	**用具の準備をする（2分）** ○インターバルごとにレーンを設置する。 **自分の学習課題に合った練習の場や練習方法を選ぶ（18分）** 1 ○グループで自分たちの課題を確認しながら練習する。 **ハードルリレーに取り組む（12分）** ○各チーム2回ずつ行う。 ○あらかじめ決められた順番で走る。 **用具の片付けをする（1分）**
整理運動	1分	**運動で使った部位をゆったりとほぐす** ○特に手首、足首を中心に動かす。
まとめ	5分	**今日の学習について振り返り、学習カードに記入し、チーム内で発表し合う** **次時の学習について確認する**

1 自分の課題に合った練習の場や練習方法を選ぶ時間の支援

○ハードル全部を走り越さずに、１から３台のハードルでお互いに見合うとよい。

【子供への言葉掛けについて】

・３歩または５歩で走ることができない。

→「気持ちよく走ることができるインターバルを見つけてみよう」

→「友達に、『トン・１・２・３（または４・５）』と言ってもらおう」

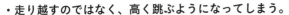

・走り越すのではなく、高く跳ぶようになってしまう。

→「遠くから踏み切ろう」
「自分がどこで踏み切っているかを教えてもらおう」

→「足の裏が見えるように走ってみよう」
「かかとでハードルのバーを蹴り倒すように走り越してみよう」

→「抜き足を横に開こう」
「つま先を外に向けるように足を開こう」
「ハードルの横を歩いて、抜き足を横に開く動きを身に付けよう」

→「体を前に倒そう」
「腕を体の前にもってくるようにして走り越そう」
「頭の高さを友達に見てもらおう」

・ハードルからはみ出して走り越してしまう。

→「ハードルの黒い四角にかかとをぶつけるようにしよう」

・スピードが出ない。

→「第１ハードルまで全力で走ろう」

→「低く走り越すようにしよう」

本時案

自分が身に付けた動きを確認しよう 6/6

本時の目標

ハードル走で身に付けた動きを確認できるようにする。

評価のポイント

学習してきたことを意識して運動し、身に付けた動きを確認しているか。

週案記入例

[目標]
ハードル走で身に付けた動きを確認する。

[活動]
1時の動きと比較し、自分の走り方を考え、学んだことを伝え合う。

[評価]
自分の課題を意識し、身に付けた動きを確認できたか。

[指導上の留意点]
身に付けた動きや学んだことを友達に具体的に伝えることができるようにする。

本時の展開

	時	子供の活動
はじめ	3分	**集合・あいさつ** ○本時の学習内容を知る。 ○学習の流れを確認する。
準備運動	5分	**準備運動・補助運動** ○体の各部位の運動を行う。 ○ジョギング、スキップ、ジャンプ等の全身運動をする。 ○ハードル走につながる補助運動をする。
ハードル走	30分	**用具の準備をする** ○インターバルごとにレーンを決める。 **ハードル走に取り組み、身に付けた動きを確認する** 1 ○今まで学習したことを意識しながら運動する。 ○タブレット端末の映像を見て、第1時と比べながら意識できるようにする。
整理運動	1分	**運動で使った部位をゆったりとほぐす** ○特に手首、足首を中心に動かす。
まとめ	6分	**今日の学習について振り返り、学習カードに記入し、ハードル走で学んだことを全体で発表し合う** **第6学年の学習で目指していくことを伝える**

1 身に付けた動きを確認する

○タブレット端末は、１チームで３台ずつ用意する。
○１チームで、３から４人ずつの小グループを編成しておく。
○撮影する際の役割分担や約束事を決めておく。
・１チーム２人ずつ、自分に一番合ったレーンで走る。
・撮影者の立ち位置は、レーンの外側とする。
・走順、役割等を一覧にして、子供に提示する。
・撮影後は、チーム内の小グループで映像を見合い、課題を確認する。
・動きを確認する際は、第１時との動きの比較を意識させ、図のように、スタートからゴールまで一連の流れで見させる。

2 ハードル走を指導する上で、教師が心掛けたいこと

○ハードル走は、「跳びながら走る」のでなく、「走りながら跳ぶ」運動。
気持ちはいつでも前へ。この気持ちが強いと、ハードル走に必要な動きが自然と身に付くこともある。
○スタート後10mは短距離走と同じ。
第１ハードルまでは運動会の競走のように全力で走り出そう。第１ハードルまでを怖がるとスピードが落ちてしまう。これだと空中姿勢も着地も不安定になり、けがのもとにもなる。
○腕は「ハンドル」
ハードルを走り越しているときは、振り上げ脚と反対の腕を前に出そう。
そうすれば体はいつもゴールを向くので、着地後の一歩もスムーズに前へと踏み出せる。
○ハードルを全部越えても、そこはゴールではない。
全てのハードルを越えたからといって、そこで安心して気を抜いてしまっては、これまでのことが報われない。記録への挑戦、友達との勝負はまだ続いている。ハードルを越えた後は、運動会のように、全力でゴールを目指そう。

DVD
収録資料

「ハードル走」学習カード＆資料

使用時 **第1～6時**

本カード及び資料は、単元を通して使用する。学習カードには、自分や友達の動きについて、気付いたことや考えたことを分かりやすく伝える力を高めるための工夫がされており、子供の様々な表現を的確に把握していく。学習資料は、一人一人の気付きを大切にするため、技能ポイントを詳しくは明記せずに、見付けたコツを記入できるようにする。

収録資料活用のポイント

①使い方

学習カードは、自分の動きへの気付き、工夫等の観点を明記し、自己評価させる。第１時については、自分の動きへの気付きを、第２時以降は、工夫や対話、友達のよい動きを見付けることを重点とする。

学習資料は、第１時と第６時を重点に活用させる。また、練習方法の工夫のヒントとなるようにする。

②留意点

学習カードの自由記述欄は、第１時は、ハードル走における自己の課題を記入させる。第２時以降は、友達のよい動きや自分の走り方で気付いたことや工夫して運動したことについて記入させるために、指導者が走り終わった子供への問いかけを積極的に行ったりしていく。

学習カード 5-7-1（1時）

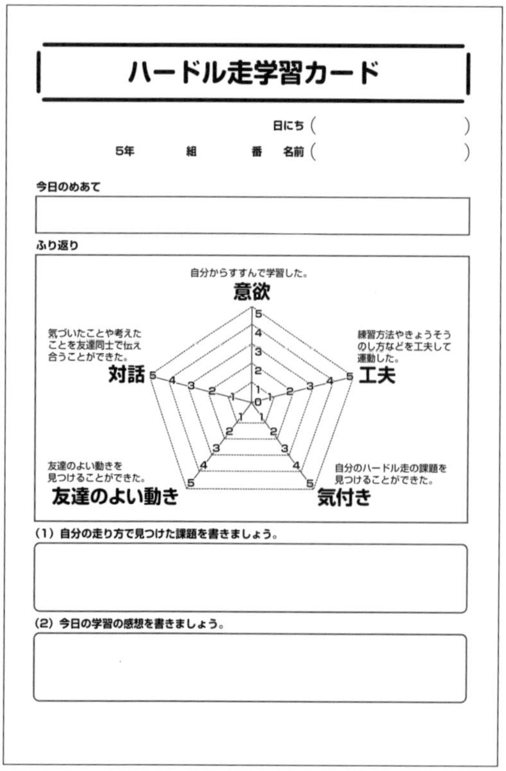
ハードル走学習カード

日にち（　　　　）

5年　　組　　番　名前（　　　　）

今日のめあて

ふり返り

(1) 自分の走り方で見つけた課題を書きましょう。

(2) 今日の学習の感想を書きましょう。

学習カード 5-7-2（2～6時）

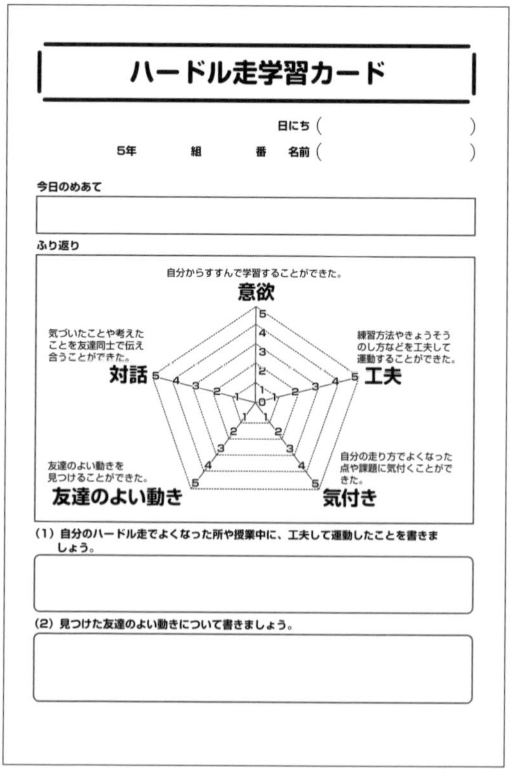
ハードル走学習カード

日にち（　　　　）

5年　　組　　番　名前（　　　　）

今日のめあて

ふり返り

(1) 自分のハードル走でよくなった所や授業中に、工夫して運動したことを書きましょう。

(2) 見つけた友達のよい動きについて書きましょう。

ハードル走　動きのポイント

日にち（　　　　　　　　　　　）

5年　　　　組　　　　番　名前（　　　　　　　　　　　）

遠くからふみ切る
体を前にたおす
ハードル間は同じリズムで走る

自分で見付けたコツ

学習資料②（教師用）

1　振り上げ足と抜き足

抜き足のつま先は
外側に向ける
振り上げ足は、
まっすぐ上げる
足の裏を見せる

2　踏み切り

目線はまっすぐ
いつも同じ足で
踏み切る
腕は
大きくふる

3　着地

ハードルの近くに
着地する
つま先から
着地する

器械運動

8 鉄棒運動

6時間

【単元計画】

1時	2時	3時
[第1段階] 鉄棒運動の行い方を知り、自己の能力に適した課題を見付ける。		
下り技の行い方を知り、自己の能力に適した技を選んで取り組み、自己の課題を見付ける。	上がり技の行い方を知り、自己の能力に適した技を選んで取り組み、自己の課題を見付ける。	回転技の行い方を知り、自己の能力に適した技を選んで取り組み、自己の課題を見付ける。
1　下り技の行い方を知り、課題を見付けよう POINT：下り技の行い方（や技のポイント、練習方法）を知り、技に取り組み、課題を見付ける。 **[主な学習活動]** ○集合・あいさつ ○準備運動・感覚つくりの運動 ○下り技 ①下り技の行い方を知る。 ②下り技の課題を見付ける。 ○整理運動 ○まとめ ①学習について振り返る。 ②次時の学習内容を知る。	**2　上がり技の行い方を知り、課題を見付けよう** POINT：上がり技の行い方（や技のポイント、練習方法）を知り、技に取り組み、課題を見付ける。 **【主な学習活動】** ○集合・あいさつ ○準備運動・感覚つくりの運動 ○上がり技 ①上がり技の行い方を知る。 ②上がり技の課題を見付ける。 ○整理運動 ○まとめ ①学習について振り返る。 ②次時の学習内容を知る。	**3　回転技の行い方を知り、課題を見付けよう** POINT：回転技の行い方（や技のポイントや、練習方法）を知り、技に取り組み、課題を見付ける。 **【主な学習活動】** ○集合・あいさつ ○準備運動・感覚つくりの運動 ○回転技 ①回転技の行い方を知る。 ②回転技の課題を見付ける。 ○整理運動 ○まとめ ①学習について振り返る。 ②次時の学習内容を知る。

授業改善のポイント

主体的・対話的で深い学びの実践に向けて

鉄棒運動に興味や関心をもち、運動内容を理解し、自己の能力に適した学習課題を設定し、主体的な学びを実現していく。そのために、自己の能力に適した学習過程を考え、粘り強く学習課題の解決に取り組む中で、学習を振り返り、学習課題を修正したり、新たな課題を設定したりすることなどが必要である。

対話的な学びを具体化するときに、鉄棒運動は、自分が運動している姿を自分で見ることができないので、仲間との対話が大切である。観察して見付けたこつや分かったことを仲間に伝えることで課題解決につながる。また、学習資料や ICT 機器を活用して、動きのポイントと自分や仲間の動きを照らし合わせ、技のできばえや次の学習課題を確認するなど、自己の学習課題を見付けることが対話的な学びの実現に必要である。

課題解決的な学習の中で、主体的・対話的な学習を積み重ねていくことが、深い学びにつながっていくと考える。また、体育の「見方・考え方」の特質と関連させたり、各教科と関連させて多面的な視点から指導することが大切である。

単元の目標

○知識及び技能

・鉄棒運動の技の行い方を理解するとともに、基本的な技が安定してできる。

○思考力、判断力、表現力等

・自己の能力に適した課題を見付け、技ができるようになるための練習の場を選ぶことができる。

・技ができるようになるために観察し合って見付けたこつや分かったことを友達に伝えることができる。

○学びに向かう力、人間性等

・仲間の考えや取組を認め、助け合って運動することができる。

4時	5時	6時
[第2段階] 自己の能力に適した技を選び、技に取り組み、技を身に付ける。		
自己の能力に適した下り技を選び、技に取り組み、技ができるようにする。	自己の能力に適した上がり技を選び、技に取り組み、技ができるようにする。	自己の能力に適した回転技を選び、技に取り組み、技ができるようにする。
4　下り技に取り組もう POINT：自分の力に合った下り技を選び、(同じ学習課題の友達と教え合って) 技に取り組む。 **【主な学習活動】** ○集合・あいさつ ○準備運動・感覚つくりの運動 ○下り技 ・下り技に取り組む。 ○整理運動 ○まとめ ①学習について振り返る。 ②次時の学習内容を知る。	**5　上がり技に取り組もう** POINT：自分の力に合った上がり技を選び、(同じ学習課題の友達と教え合って) 技に取り組む。 **【主な学習活動】** ○集合・あいさつ ○準備運動・感覚つくりの運動 ○上がり技 ・上がり技に取り組む。 ○整理運動 ○まとめ ①学習について振り返る。 ②次時の学習内容を知る。	**6　回転技に取り組もう** POINT：自分の力に合った回転技を選び、(同じ学習課題の友達と教え合って) 技に取り組む。 **【主な学習活動】** ○集合・あいさつ ○準備運動・感覚つくりの運動 ○回転技 ・回転技に取り組む。 ○整理運動 ○まとめ ①学習について振り返る。 ②単元のまとめをする。

子供への配慮の例

①運動が苦手な子供

鉄棒運動は、「できる」、「できない」がはっきりした運動であることから、全ての子供が技を身に付ける楽しさや喜びを味わうことができるよう、学習課題を見付け、その課題の解決の仕方を考えたり、練習の場を工夫したりすることが大切である。また、技の行い方（ポイントや練習方法等）を理解して、課題解決のために仲間と助け合って練習するとよい。「技のポイント」を見合うために、2～3人組をつくり、子供が見合って学習をする。見るポイントを決め、できばえを伝え合うようにする。

②意欲的でない子供

痛みや不安感や技への恐怖心をもつ子供には、鉄棒の下にマットを敷いたり、補助者を付けたりする場を設定する。

技に対する苦手意識が強い子供には、鉄棒に必要な、運動感覚が身に付くよう取り組む技に類似した動きで運動に取り組むようにする。

仲間とうまく関わって学習を進めることが難しい子供には、技を観察するポイントや位置を示し、気付いたことなどを友達に伝える時間や場を設定するなどの配慮をする。

本時案

下り技の行い方を知り、課題を見付けよう

1/6

本時の目標

鉄棒運動の学習の内容を把握し、下り技の行い方を理解し、下り技のポイントや練習方法を知り、技に取り組み自己の課題を見付けることができるようにする。

評価のポイント

鉄棒運動の学習の仕方を知り、下り技の行い方を知り、自己の能力に適した技が分かり、課題を見付けることができたか。

週案記入例

[目標]
鉄棒運動の学習内容を理解し、下り技の行い方を理解し、自己の課題を見付ける。

[活動]
感覚つくりの運動や今までに学習した鉄棒運動の技に取り組む。下り技に取り組む。

[評価]
下り技について自己の能力に適した技や課題を見付けることができたか。

[指導上の留意点]
準備や片付けなどで、分担された役割を果たすこと。器械・器具の安全に気を配ること。

本時の展開

	時	子供の活動
はじめ	3分	**(1) 集合・あいさつ** ○集合・整列・服装の確認をする。 **(2) 本時の学習内容を知る** 2
準備運動 感覚つくり の運動	10分	**(1) 本時の運動につながる準備運動をする** ○鉄棒運動で主に使う手首、肩、首、膝、足首、股関節をしっかりと伸ばす。 **(2) 主運動につながるやさしい運動（感覚つくりの運動）を行う** 1
技調べ	25分	**(1) 下り技の行い方や技のポイント、練習方法を知る** 3 ※第4時 1 2 ○下り技【基本的な技】の行い方を確認する。 →前回り下り、転向前下り、両膝掛け倒立下り ○下り技【発展技】の行い方や技のポイント、練習方法を知る。 →片足踏み越し下り、両膝掛け振動下り **(2) 自己の能力に適した下り技の課題を見付ける。** ※第4時 1 2 ○自己の能力に適した下り技を選んで、技に取り組み、課題を見付ける。
まとめ	7分	**(1) クラス全体で本時の学習について振り返り、学習カードに記入する** ○学習について振り返り、学習カードに記録する。 ①下り技について自分の状態を振り返る。 ②友達との関わりについて振り返る。 ③次時の課題を記録する。 ○振り返ったことを発表し合う。 **(2) 次時の学習内容を確認する**

1 感覚づくりの運動例（主運動につながるやさしい運動例）

運動例	ポイント	運動例	ポイント
ふとんほし 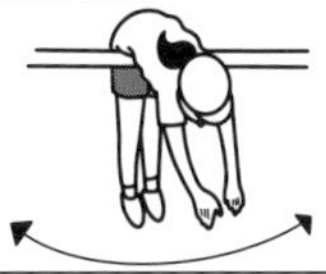	力を抜いて、おへその下で鉄棒を挟み込み軽く膝を曲げて手を放す その後、できるだけ大きく振動すると回転系の技の習得につながる	後ろ跳び下り 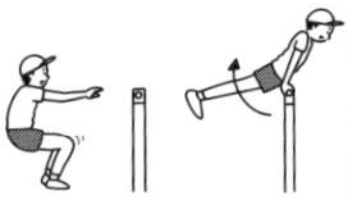	膝の曲げ伸ばしを利用して、大きく振動し、跳ぶ瞬間に鉄棒を強く押す 跳んだときは背中を反らす
前回り下り 	最後まで回り切ってから着地するようにする その際、着地の足が鉄棒より後ろに来るように肘を曲げ、手首を返して回転をする	こうもり 	両膝を鉄棒に掛け、ゆっくりと手を離し、力を抜き逆さになる感覚をつかむ 足抜き回りから足を掛けると鉄棒に掛けやすい
横移動 	肘を伸ばし、左右それぞれの腕に体重をかけながら片手で体を支えて横に移動する 手の平で鉄棒を支える感覚を身に付ける	こうもり振り 	腕と頭を前後に振りながら体を振動させ、振動する感覚を身に付ける 反ったときに顔を上げて前を見るようにする
ツバメ 	肘を伸ばし、腰骨のあたりで体を支える感覚を身に付ける つま先を伸ばし、前を見て静止する	足抜き回り 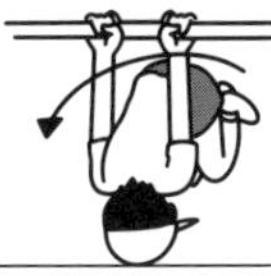	体を縮めて前後に回転する感覚をつかむ 慣れてきたら連続して行う 苦手な児童は、足を鉄棒に掛けるところから始める 登り棒で行うとやりやすい

2 場の準備・補助具の活用

①膝のサポーター

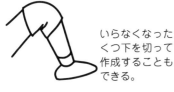

いらなくなったくつ下を切って作成することもできる。

②緩衝材

③鉄棒の下のマット

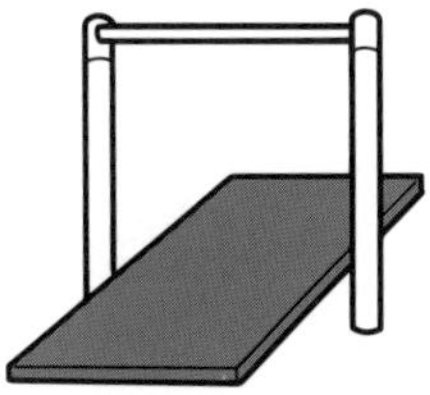

3 鉄棒運動のグルーピング・グループ学習の仕方

技調べや技の行い方やポイント、練習方法を知る段階では、身長順に3人のグループを編成して取り組む。一人が連続して2～3回取り組んだら次の人と交代するようにする。自己の能力に適した課題に取り組む段階では、技別や課題（練習方法）別に3人のグループを編成して練習に取り組む。互いに課題を伝え合い、見てほしいところを確認する。毎時間違う友達とグループを組む可能性があるため、授業前にあらかじめ取り組む技を確認し、グループを作っておくとよい。

本時案

上がり技の行い方を知り、課題を見付けよう

2/6

本時の目標

上がり技の行い方を理解し、上がり技の技のポイントや練習方法を知る。技に取り組み上がり技の自己の課題を見付けることができるようにする。

評価のポイント

上がり技の行い方を知り、自己の能力に適した技が分かり、課題を見付けることができたか。

週案記入例

[目標]
上がり技の行い方を理解し、自己の課題を見付ける。

[活動]
上がり技に取り組む。

[評価]
上がり技について自己の能力に適した技や課題を見付けることができたか。

[指導上の留意点]
準備や片付けなどで、分担された役割を果たすこと。器械・器具の安全に気を配ること。

本時の展開

	時	子供の活動
はじめ	3分	**(1) 集合・あいさつ** ○集合・整列・服装の確認をする。 **(2) 本時の学習内容を知る**
準備運動 感覚つくり の運動	7分	**(1) 本時の運動につながる準備運動をする** ○鉄棒運動で主に使う手首、肩、首、膝、足首、股関節をしっかりと伸ばす。 **(2) 主運動につながるやさしい運動（感覚つくりの運動）を行う** ○実際に鉄棒を使い、音楽に合わせて簡単な動きをしたり、ゲーム化された動きを行ったりする。
場の準備	3分	**場の準備をする** ◀1 ○友達と協力し、安全に気を付けながら分担された教具等の準備をする。
上がり技	25分	**上がり技の行い方や技のポイント、練習方法を知る** ○上がり技【基本的な技】の行い方を確認する。◀2 →膝掛け振り上がり、補助逆上がり ○上がり技【発展技】の行い方や技のポイント、練習方法を知る。 **※第5時** ◀2 →膝掛け上がり、逆上がり ○自己の能力に適した上がり技を選んで、技に取り組み、自己の課題を見付ける。
整理運動	2分	**体をほぐす** 運動で使った部位をゆっくりと動かし、ほぐす。
まとめ	5分	**(1) クラス全体で本時の学習について振り返り、学習カードに記入する** ○学習について振り返り、学習カードに記録する。 ①上がり技について自分の状態を振り返る。 ②友達との関わりについて振り返る。 ③次時の課題を記録する。 ○振り返ったことを発表し合う。 **(2) 次時の学習内容を確認する**

1 場の準備の仕方

場の設定の仕方例

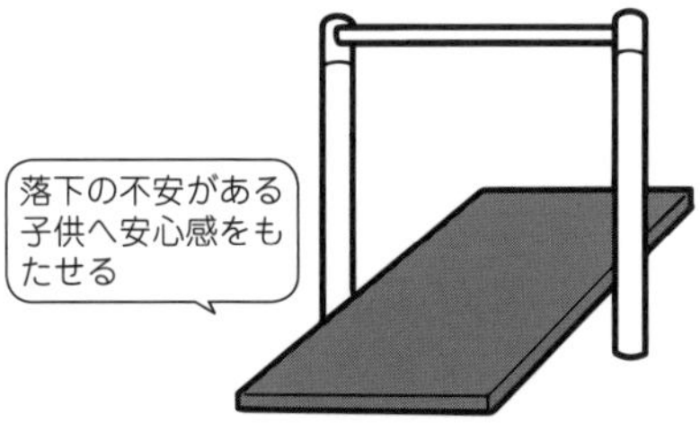

落下の不安がある子供へ安心感をもたせる

2 上がり技の行い方・技のポイント・予想されるつまずき・練習の例（基本的な技）

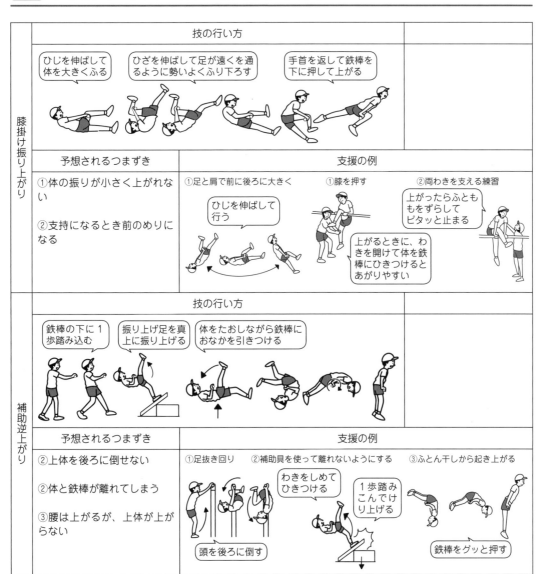

<table>
<tr><td rowspan="4">膝掛け振り上がり</td><td colspan="2">技の行い方</td><td></td></tr>
<tr><td colspan="2">
</td><td></td></tr>
<tr><td>予想されるつまずき</td><td colspan="2">支援の例</td></tr>
<tr><td>①体の振りが小さく上がれない

②支持になるとき前のめりになる</td><td colspan="2">①足と肩で前に後ろに大きく　①膝を押す　②両わきを支える練習

</td></tr>
<tr><td rowspan="4">補助逆上がり</td><td colspan="2">技の行い方</td><td></td></tr>
<tr><td colspan="2">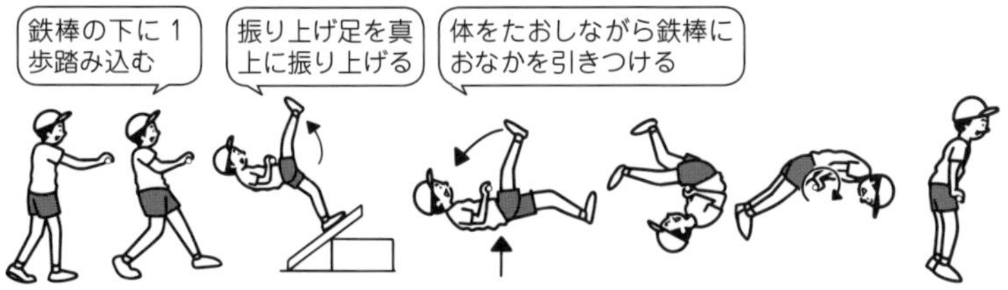
</td><td></td></tr>
<tr><td>予想されるつまずき</td><td colspan="2">支援の例</td></tr>
<tr><td>②上体を後ろに倒せない

②体と鉄棒が離れてしまう

③腰は上がるが、上体が上がらない</td><td colspan="2">①足抜き回り　②補助具を使って離れないようにする　③ふとん干しから起き上がる

</td></tr>
</table>

本時案

回転技の行い方を知り、課題を見付けよう

3/6

本時の目標

回転技の行い方を理解し、回転技の技のポイントや練習方法を知る。技に取り組み回転技の自己の課題を見付けることができるようにする。

評価のポイント

回転技の行い方を知り、自己の能力に適した技が分かり、課題を見付けることができたか。

週案記入例

[目標]
回転技の行い方を理解し、自己の課題を見付ける。

[活動]
回転技に取り組む。

[評価]
回転技について自己の能力に適した技や課題を見付けることができたか。

[指導上の留意点]
準備や片付けなどで、分担された役割を果たすこと。器械・器具の安全に気を配ること。

本時の展開

	時	子供の活動
はじめ	3分	**(1) 集合・あいさつ** ○集合・整列・服装の確認をする。 **(2) 本時の学習内容を知る**
準備運動 感覚つくりの運動	7分	**(1) 本時の運動につながる準備運動をする** ○鉄棒運動で主に使う手首、肩、首、膝、足首、股関節をしっかりと伸ばす。 **(2) 主運動につながるやさしい運動（感覚つくりの運動）を行う** ○実際に鉄棒を使い、音楽に合わせて簡単な動きをしたり、ゲーム化された動きを行ったりする。
場の準備	3分	**場の準備をする** ○友達と協力し、安全に気を付けながら分担された教具等の準備をする。
回転技	25分	**回転技の行い方や技のポイント、その練習方法を知る** ◀1 ◀2 ○回転技【基本的な技】の行い方を確認する。◀1 →かかえ込み回り、前方膝掛け回転、かかえ込み後ろ回り、後方膝掛け回転 ○回転技【発展技】の行い方や技のポイント、練習方法を知る。 ※第6時 ◀1 →前方支持回転、前方もも掛け回転、後方支持回転、後方もも掛け回転 ○自己の能力に適した回転技を選んで、技に取り組み、自己の課題を見付ける。
整理運動	2分	**体をほぐす** 運動で使った部位をゆっくりと動かし、ほぐす。
まとめ	5分	**(1) クラス全体で本時の学習について振り返り、学習カードに記入する** ○学習について振り返り、学習カードに記録する。 ①回転技について自分の状態を振り返る。 ②友達との関わりについて振り返る。 ③次時の課題を記録する。 ○振り返ったことを発表し合う。 **(2) 次時の学習内容を確認する**

1 回転技の行い方・技のポイント・予想されるつまずき・練習の例（基本的な技）

かかえ込み回り

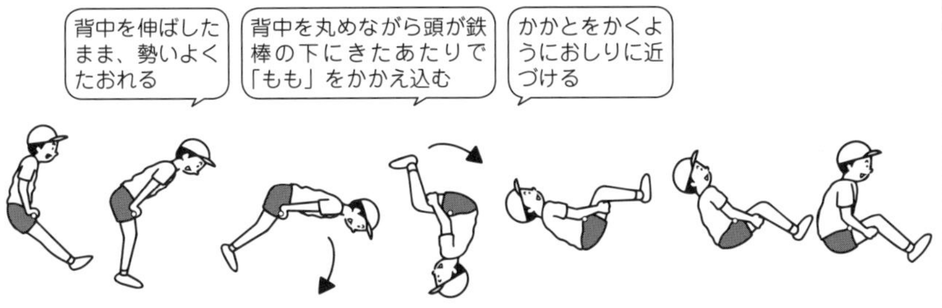

かかえ込み後ろ回り

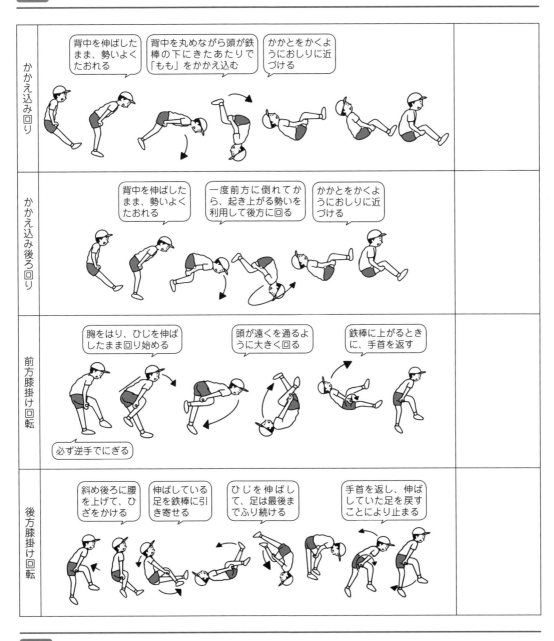

前方膝掛け回転

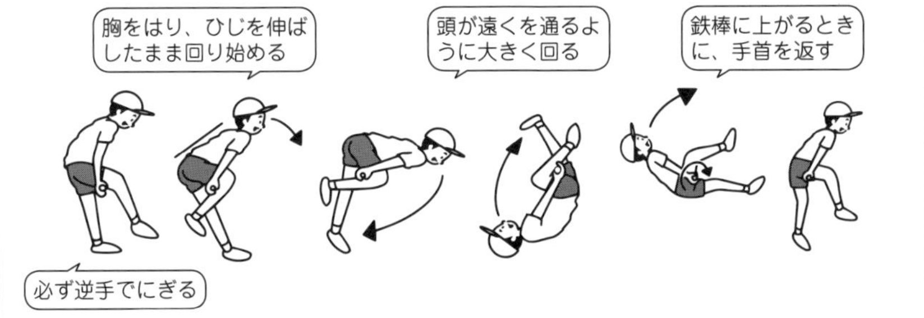

後方膝掛け回転

2 運動のポイント（手首の返し）

回転技や上がり技では、起き上がる局面で、「手首を返す」技術が必要になる。鉄棒を強く握り過ぎると、ブレーキがかかってしまうので、強く握り過ぎないようにアドバイスするとよい。上体が起き上がるときにタイミングよく手首を返すことにより、上体が上がって、支持の状態に止まることができる。

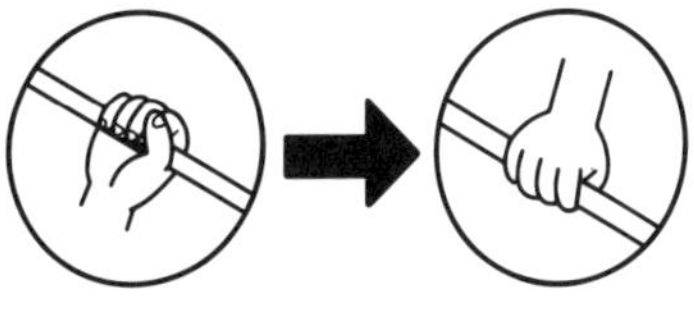

本時案

下り技に取り組もう

4/6

本時の目標

自己の能力に適した下り技の練習の場を選び、友達と見合い、教え合って練習に取り組むことができるようにする。

評価のポイント

自己の能力に適した下り技の練習の場を選ぶことができたか。下り技の基本的な技を安定して行ったり、その発展技に取り組んだりすることができたか。

週案記入例

[目標]
自分に合っためあてをもち、友達と教え合って下り技の練習に取り組む。

[活動]
下り技やその練習に取り組む。

[評価]
自己の能力に適した下り技の練習方法を選び、技に取り組むことができたか。

[指導上の留意点]
準備や片付けなどで、分担された役割を果たすこと。器械・器具の安全に気を配ること。

本時の展開

	時	子供の活動
はじめ	3分	**(1) 集合・あいさつ** ○集合・整列・服装の確認をする。 **(2) 本時の学習内容を知る**
準備運動 感覚つくりの運動	7分	**(1) 本時の運動につながる準備運動をする** ○鉄棒運動で主に使う手首、肩、首、膝、足首、股関節をしっかりと伸ばす。 **(2) 主運動につながるやさしい運動（感覚つくりの運動）を行う** ○実際に鉄棒を使い、音楽に合わせて簡単な動きをしたり、ゲーム化された動きを行ったりする。
場の準備	3分	**場の準備をする** ○友達と協力し、安全に気を付けながら分担された教具等の準備をする。
下り技	25分	**下り技の行い方や技のポイント、その練習方法を知る** ○【基本的な技】転向前下り、両膝掛け倒立下り（こうもり下り）。◀1 ○【発展技】片足踏み越し下り、両膝掛け振動下り。◀2 ○自己の能力に適した下り技【基本的な技・発展技】を選んで、練習に取り組み、自己の課題を見付ける。
整理運動	2分	**体をほぐす** 運動で使った部位をゆっくりと動かし、ほぐす。
まとめ	5分	**(1) クラス全体で本時の学習について振り返り、学習カードに記入する** ○学習について振り返り、学習カードに記録する。 ①下り技について自分の状態を振り返る。 ②友達との関わりについて振り返る。 ③次時の課題を記録する。 ○振り返ったことを発表し合う。 **(2) 次時の学習内容を確認する**

1 下り技の行い方・技のポイント（基本的な技）

転向前下り	両膝掛け倒立下り（こうもり下り）

2 下り技の行い方・技のポイント・予想されるつまずき・練習の例（発展技）

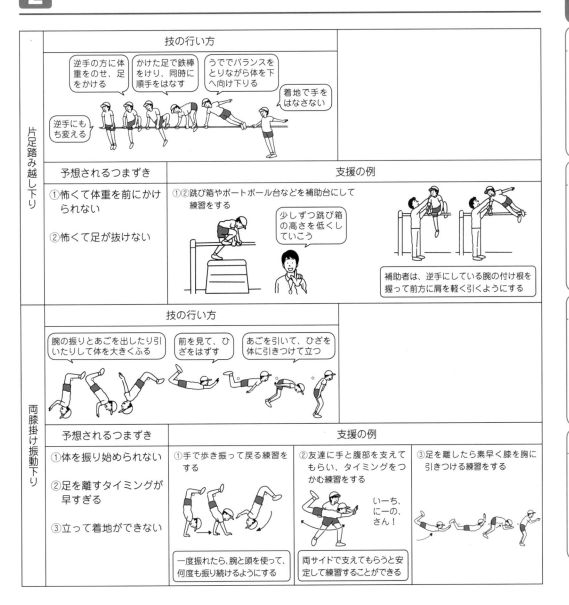

片足踏み越し下り

技の行い方

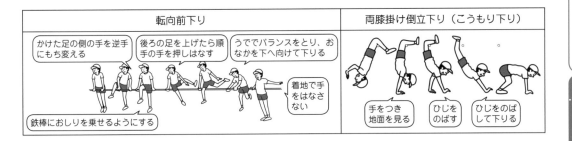

予想されるつまずき	支援の例
①怖くて体重を前にかけられない ②怖くて足が抜けない	①②跳び箱やポートボール台などを補助台にして練習をする  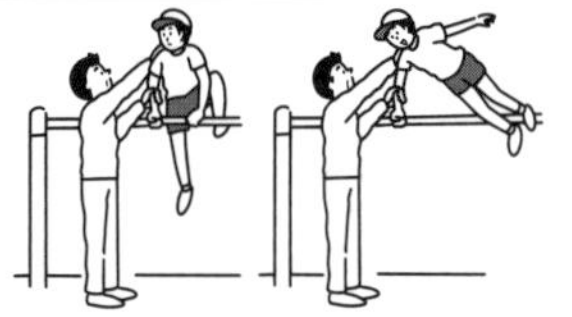 補助者は、逆手にしている腕の付け根を握って前方に肩を軽く引くようにする

両膝掛け振動下り

技の行い方

予想されるつまずき	支援の例		
①体を振り始められない ②足を離すタイミングが早すぎる ③立って着地ができない	①手で歩き振って戻る練習をする  一度振れたら、腕と頭を使って、何度も振り続けるようにする	②友達に手と腹部を支えてもらい、タイミングをつかむ練習をする  両サイドで支えてもらうと安定して練習することができる	③足を離したら素早く膝を胸に引きつける練習をする 

本時案

上がり技に取り組もう

5/6

本時の目標

自己の能力に適した上がり技の練習の場を選び、友達と見合い、教え合って練習に取り組むことができるようにする。

評価のポイント

自己の能力に適した上がり技の練習の場を選ぶことができたか。上がり技の基本的な技を安定して行ったり、その発展技に取り組んだりすることができたか。

週案記入例

[目標]
自分に合っためあてをもち、友達と教え合って上がり技の練習に取り組む。

[活動]
上がり技やその練習に取り組む。

[評価]
自己の能力に適した上がり技の練習方法を選び、技に取り組むことができたか。

[指導上の留意点]
準備や片付けなどで、分担された役割を果たすこと。器械・器具の安全に気を配ること。

本時の展開

	時	子供の活動
はじめ	3分	**⑴ 集合・あいさつ** ○集合・整列・服装の確認をする。 **⑵ 本時の学習内容を知る**
準備運動 感覚つくりの運動	7分	**⑴ 本時の運動につながる準備運動をする** ○鉄棒運動で主に使う手首、肩、首、膝、足首、股関節をしっかりと伸ばす。 **⑵ 主運動につながるやさしい運動（感覚つくりの運動）を行う** ○実際に鉄棒を使い、音楽に合わせて簡単な動きをしたり、ゲーム化された動きを行ったりする。
場の準備	3分	**場の準備をする** ○友達と協力し、安全に気を付けながら分担された教具等の準備をする。
上がり技	25分	**自己の能力に適した上がり技を選び、技に取り組む** ◀1 ◀2　※第2時 ◀2 【基本的な技】膝掛け振り上がり、補助逆上がり 【発展技】膝掛け上がり、逆上がり ○同じ技や課題に取り組む友達と3人組をつくる。 ○互いの課題を伝え合い、どこを見合うのかを確認する。 ○1人が2～3回取り組んだら交代し、順番に練習に取り組む。 ○見ている子供は、技のできばえについて伝える。
整理運動	2分	**体をほぐす** 運動で使った部位をゆっくりと動かし、ほぐす。
まとめ	5分	**⑴ クラス全体で本時の学習について振り返り、学習カードに記入する** ○学習について振り返り、学習カードに記録する。 ①上がり技について自分の状態を振り返る。 ②友達との関わりについて振り返る。 ③次時の課題を記録する。 ○振り返ったことを発表し合う。 **⑵ 次時の学習内容を確認する**

1　3人組（トリオ）での見合い、教え合いの仕方

自分が技に取り組んでいる状態を自分で知ることは難しいため、友達に見てもらい、自分の状態を知ることが重要である。めあて（技や課題、練習方法）が同じ友達と3人組をつくり、互いに見合うようにする。見てほしいところを確認し、運動のできばえを伝えるようにする。

技によって異なってくるが、基本的には前後から見るとよい

教え合いの流れ

①自分のめあてを友達に伝える
②運動に取り組む
③友達にできばえを聞く
④２～３回連続で取り組む
（その都度、友達に聞く）
⑤交代する

2　上がり技の行い方・技のポイント・予想されるつまずき・練習の例（発展技）

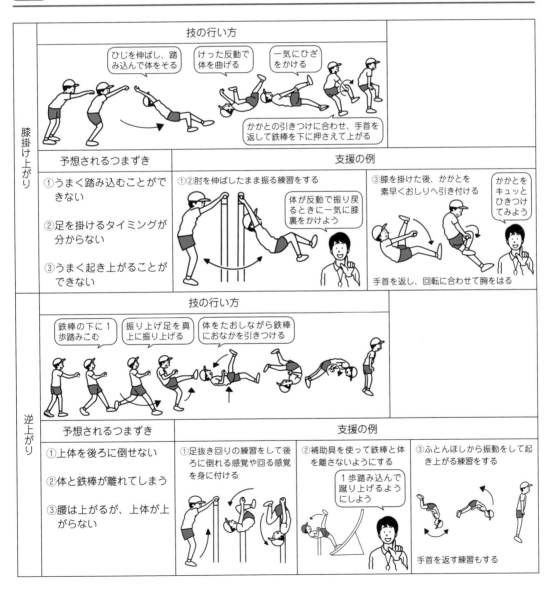

膝掛け上がり

技の行い方

予想されるつまずき	支援の例	
①うまく踏み込むことができない ②足を掛けるタイミングが分からない ③うまく起き上がることができない	①②肘を伸ばしたまま振る練習をする  	③膝を掛けた後、かかとを素早くおしりへ引き付ける  手首を返し、回転に合わせて胸をはる

逆上がり

技の行い方

予想されるつまずき	支援の例		
①上体を後ろに倒せない ②体と鉄棒が離れてしまう ③腰は上がるが、上体が上がらない	①足抜き回りの練習をして後ろに倒れる感覚や回る感覚を身に付ける 	②補助具を使って鉄棒と体を離さないようにする  	③ふとんほしから振動をして起き上がる練習をする  手首を返す練習もする

本時案

回転技に取り組もう

6/6

本時の目標

自己の能力に適した回転技の練習の場を選び、友達と見合い、教え合って練習に取り組むことができるようにする。

評価のポイント

自己の能力に適した回転技の練習の場や段階を選ぶことができたか。回転技の基本的な技を安定して行ったり、その発展技に取り組んだりすることができたか。

週案記入例

[目標]
自分に合っためあてをもち、友達と教え合って回転技の練習に取り組む。

[活動]
回転技やその練習に取り組む。

[評価]
自己の能力に適した回転技の練習方法を選び、技に取り組むことができたか。

[指導上の留意点]
準備や片付けなどで、分担された役割を果たすこと。器械・器具の安全に気を配ること。

本時の展開

	時	子供の活動
はじめ	3分	**(1) 集合・あいさつ** ○集合・整列・服装の確認をする。 **(2) 本時の学習内容を知る**
準備運動 感覚つくりの運動	7分	**(1) 本時の運動につながる準備運動をする** ○鉄棒運動で主に使う手首、肩、首、膝、足首、股関節をしっかりと伸ばす。 **(2) 主運動につながるやさしい運動（感覚つくりの運動）を行う** ○実際に鉄棒を使い、音楽に合わせて簡単な動きをしたり、ゲーム化された動きを行ったりする。
場の準備	3分	**場の準備をする** ○友達と協力し、安全に気を付けながら分担された教具等の準備をする。
回転技	25分	**自己の能力に適した上がり技を選び、技に取り組む** ◀1　　※第3時 ◀1 【基本的な技】かかえ込み回り、前方膝掛け回転、かかえ込み後ろ回り、後方膝掛け回転 【発展技】前方支持回転、前方もも掛け回転、後方支持回転、後方もも掛け回転 ○同じ技や課題に取り組む友達と3人組をつくる。 ○互いの課題を伝え合い、どこを見合うのかを確認する。 ○1人が2～3回取り組んだら交代し、順番に練習に取り組む。 ○見ている子供は、技のできばえについて伝える。
整理運動	2分	**体をほぐす** 運動で使った部位をゆっくりと動かし、ほぐす。
まとめ	5分	**(1) クラス全体で本時の学習について振り返り、学習カードに記入する** ○学習について振り返り、学習カードに記録する。 ①回転技について自分の状態を振り返る。 ②友達との関わりについて振り返る。 ○振り返ったことを発表し合う。 **(2) 単元のまとめをする** ○できるようになったことを振り返る。

1 上がり技の行い方・技のポイント・予想されるつまずき・練習の例（発展技）

前方支持回転

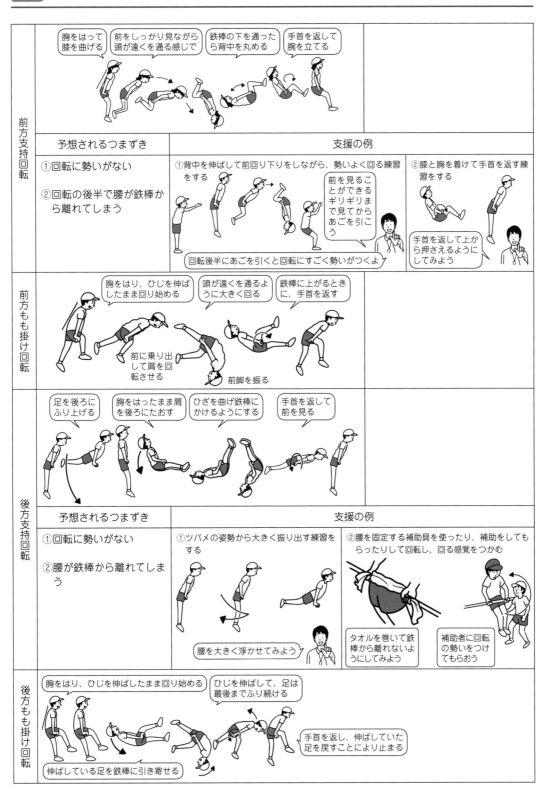

予想されるつまずき	支援の例	
①回転に勢いがない ②回転の後半で腰が鉄棒から離れてしまう	①背中を伸ばして前回り下りをしながら、勢いよく回る練習をする 	②膝と胸を着けて手首を返す練習をする 

前方もも掛け回転

胸をはり、ひじを伸ばしたまま回り始める
頭が遠くを通るように大きく回る
鉄棒に上がるときに、手首を返す
前に乗り出して肩を回転させる
前脚を振る

後方支持回転

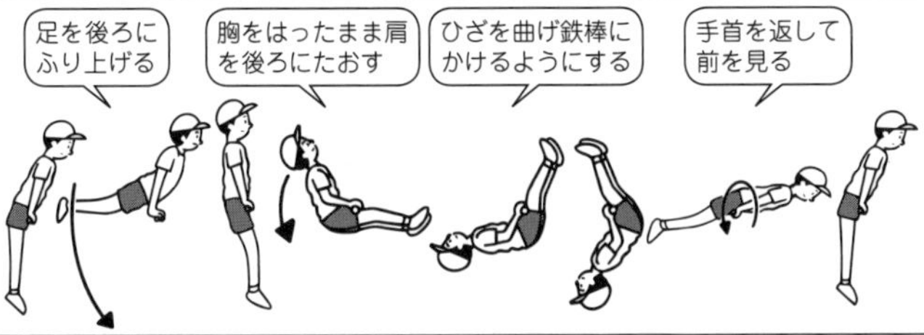

予想されるつまずき	支援の例	
①回転に勢いがない ②腰が鉄棒から離れてしまう	①ツバメの姿勢から大きく振り出す練習をする 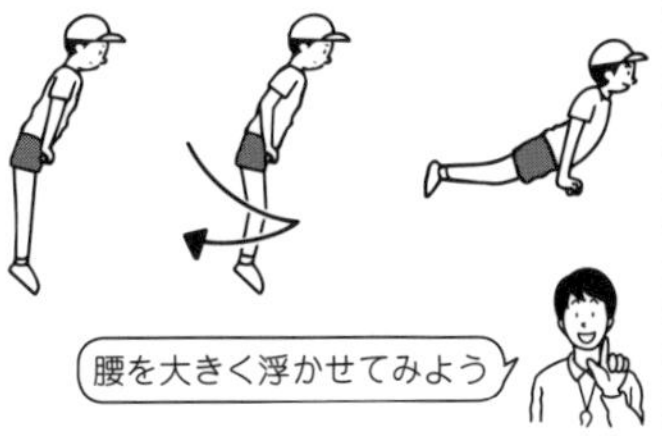	②腰を固定する補助具を使ったり、補助をしてもらったりして回転し、回る感覚をつかむ 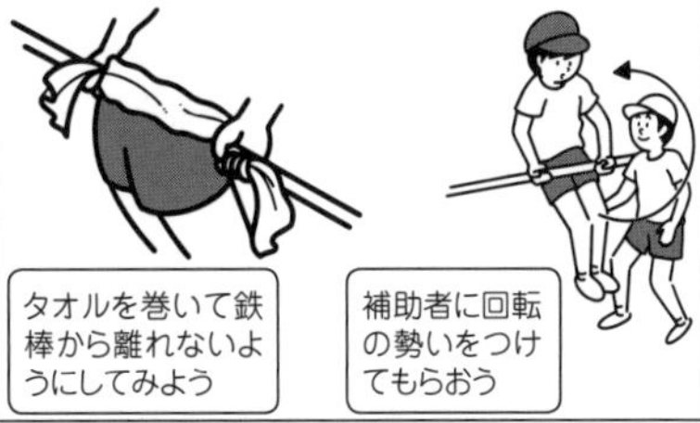

後方もも掛け回転

胸をはり、ひじを伸ばしたまま回り始める
ひじを伸ばして、足は最後までふり続ける
手首を返し、伸ばしていた足を戻すことにより止まる
伸ばしている足を鉄棒に引き寄せる

DVD
収録資料

「鉄棒運動」学習カード＆資料

使用時 **第1～6時**

カード1・2は、第1時から第6時まで、単元全体を通して使用する。単元を通して、思考・判断・表現などの変容を見取るカードである。また、資料は、技のポイントや練習方法が載せてある資料である。技の行い方を理解し、自己の能力に適した技を選び、課題に合った練習に取り組めるよう配慮したい。

収録資料活用のポイント

①使い方

授業の初めに、カード1と2を画用紙に印刷して配布する。カードの裏面には、技のポイントや練習方法が載せてある資料を印刷しておく。中学年で使った資料も印刷しておくと、復習として使うことができる。第1～3時で、技の行い方を知り、自己の能力に適した課題を見付けるときに資料を使う。授業の終わりに、学習の振り返りを行う。

②留意点

単元を通して、目的意識をもって学習できるように、できるようになりたい技に色を塗らせる。また、できるようになった技を線で結び、組み合わせ技を考え、鉄棒運動の特性に触れるようにする。自分で見付けた運動のこつや友達のよい動きをについて書いたことを思考・判断・表現の評価に活用したい。学習課題や振り返りを記入する時間を多く設けることはせず、運動の時間を確保する。

学習カード 5-8-1（1～3時）

「鉄ぼう運動」カード 1

日にち（　　　　）
5年　　組　　番　名前（　　　　）

◎：1人でできる　○：用具を使ってできる　△：補助してもらってできる

◎○△	上がり技
	ひざかけふり上がり
	ほ助逆上がり
	ひざかけ上がり
	逆上がり

◎○△	回転技
	かかえ込み回り
	前方ひざかけ回転
	かかえ込み後ろ回り
	後方ひざかけ回転
	前方支持回転
	前方ももかけ回転
	後方支持回転
	後方ももかけ回転

◎○△	下り技
	前回り下り
	転向前下り
	両ひざかけ倒立下り
	かた足ふみこし下り
	両ひざかけしん動下り

※できるようになりたい技に色をぬろう。
※自分ができるようになった技を線で結び、「組み合わせ技」を考えよう。

◎：よくできた　○：できた　△：もう少し

	今日の活動・めあて	学習をふり返って		
① 月 日	鉄ぼう運動の学習の進め方や下り技の行い方を知り、自己のか題を見付け、練習に取り組もう		学習の進め方が分かった。	
			下り技の行い方が分かった。	
			下り技の自分のか題が分かった。	
② 月 日	上がり技の行い方を知り、自己のか題を見付け、練習に取り組もう		上がり技の行い方が分かった。	
			上がり技の自分のか題が分かった。	
			友達と教え合って取り組むことができた。	
③ 月 日	回転技の行い方を知り、自己のか題を見付け、練習に取り組もう		回転技の行い方が分かった。	
			回転技の自分のか題が分かった。	
			友達と教え合って取り組むことができた。	

自分で見付けたこつや友達のよい動きを書こう

学習カード 5-8-2（4～6時）

「鉄ぼう運動」カード 2

日にち（　　　　）
5年　　組　　番　名前（　　　　）

◎：よくできた　○：できた　△：もう少し

	今日の活動・めあて		学習をふり返って		
① 月 日	下り技の練習に取り組もう			自分のめあてができた。	
	技				
	ポイント			自分のか題に合った練習方法を選ぶことができた。	
	練習方法			友達と助け合って練習することができた。	
② 月 日	上がり技の練習に取り組もう			自分のめあてができた。	
	技				
	ポイント			自分のか題に合った練習方法を選ぶことができた。	
	練習方法			友達と助け合って練習することができた。	
③ 月 日	回転技の練習に取り組もう			自分のめあてができた。	
	技				
	ポイント			自分のか題に合った練習方法を選ぶことができた。	
	練習方法			友達と助け合って練習することができた。	

自分で見付けたこつや友達のよい動きを書こう

鉄ぼう運動の学習をふり返って

「鉄ぼう運動」資料　技のポイント・練習方法

日にち（　　　　　　　　　　）

5年　　　組　　　番　名前（　　　　　　　　　　）

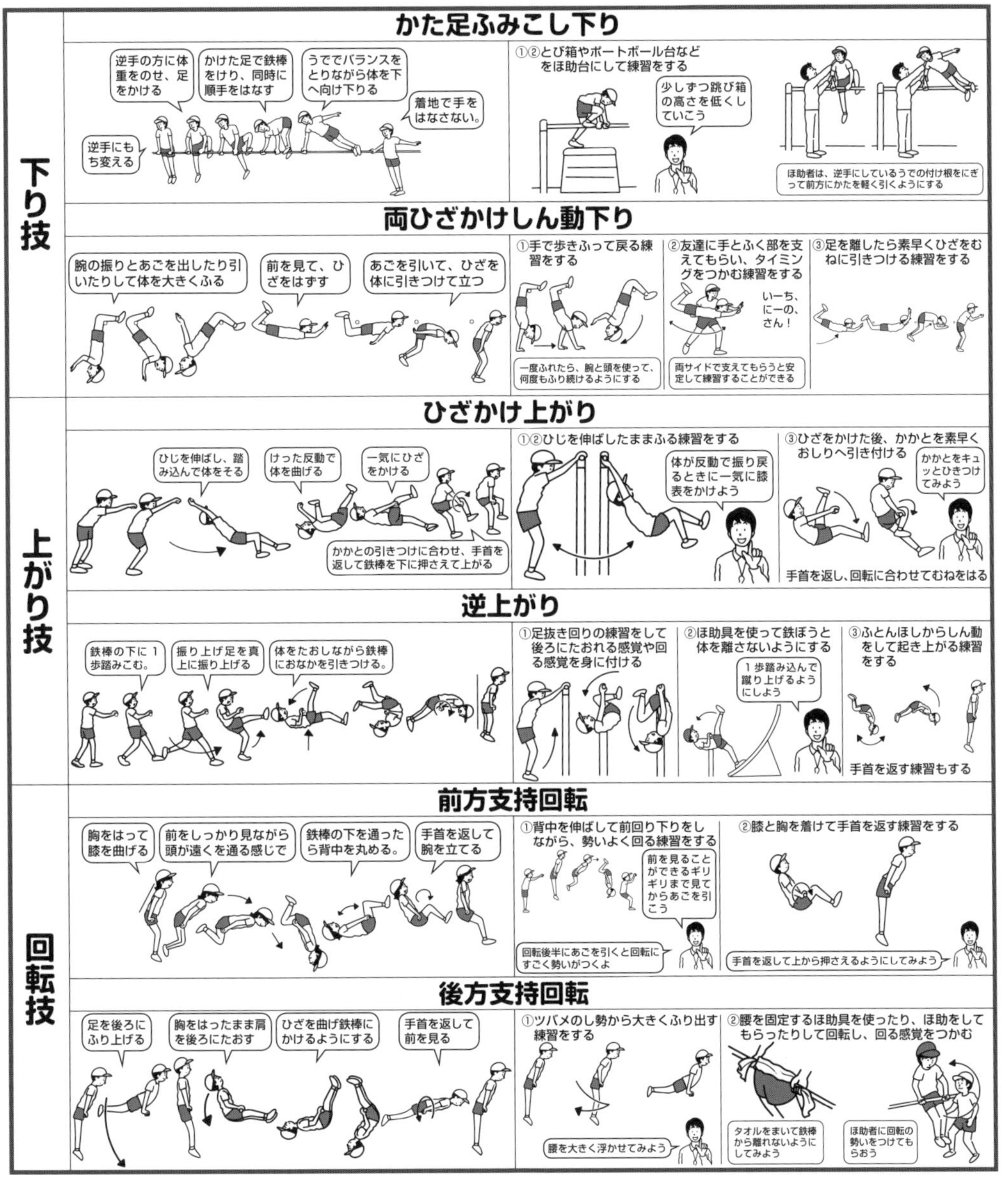
下り技
かた足ふみこし下り
逆手の方に体重をのせ、足をかける
かけた足で鉄棒をけり、同時に順手をはなす
うででバランスをとりながら体を下へ向け下りる
着地で手をはなさない。
逆手にもち変える
①②とび箱やポートボール台などをほ助台にして練習をする
少しずつ跳び箱の高さを低くしていこう
ほ助者は、逆手にしているうでの付け根をにぎって前方にかたを軽く引くようにする
両ひざかけしん動下り
腕の振りとあごを出したり引いたりして体を大きくふる
前を見て、ひざをはずす
あごを引いて、ひざを体に引きつけて立つ
①手で歩きふって戻る練習をする
一度ふれたら、腕と頭を使って、何度もふり続けるようにする
②友達に手とふく部を支えてもらい、タイミングをつかむ練習をする
いーち、にーの、さん！
両サイドで支えてもらうと安定して練習することができる
③足を離したら素早くひざをむねに引きつける練習をする
上がり技
ひざかけ上がり
ひじを伸ばし、踏み込んで体をそる
けった反動で体を曲げる
一気にひざをかける
かかとの引きつけに合わせ、手首を返して鉄棒を下に押さえて上がる
①②ひじを伸ばしたままふる練習をする
体が反動で振り戻るときに一気に膝裏をかけよう
③ひざをかけた後、かかとを素早くおしりへ引き付ける
かかとをキュッとひきつけてみよう
手首を返し、回転に合わせてむねをはる
逆上がり
鉄棒の下に1歩踏みこむ。
振り上げ足を真上に振り上げる
体をたおしながら鉄棒におなかを引きつける。
①足抜き回りの練習をして後ろにたおれる感覚や回る感覚を身に付ける
②ほ助具を使って鉄ぼうと体を離さないようにする
1歩踏み込んで蹴り上げるようにしよう
③ふとんほしからしん動をして起き上がる練習をする
手首を返す練習もする
回転技
前方支持回転
胸をはって膝を曲げる
前をしっかり見ながら頭が遠くを通る感じで
鉄棒の下を通ったら背中を丸める。
手首を返して腕を立てる
①背中を伸ばして前回り下りをしながら、勢いよく回る練習をする
前を見ることができるギリギリまで見てからあごを引こう
回転後半にあごを引くと回転にすごく勢いがつくよ
②膝と胸を着けて手首を返す練習をする
手首を返して上から押さえるようにしてみよう
後方支持回転
足を後ろにふり上げる
胸をはったまま肩を後ろにたおす
ひざを曲げ鉄棒にかけるようにする
手首を返して前を見る
①ツバメのし勢から大きくふり出す練習をする
腰を大きく浮かせてみよう
②腰を固定するほ助具を使ったり、ほ助をしてもらったりして回転し、回る感覚をつかむ
タオルをまいて鉄棒から離れないようにしてみよう
ほ助者に回転の勢いをつけてもらおう

陸上運動

9 走り幅跳び

6時間

【単元計画】

1時	2・3時
[第1段階] より遠くへ跳ぶための跳び方を考え、実践する。	
走り幅跳びの学習内容を知り、はじめの記録を計測する。	「水たまり」を跳ぶことを通して、より遠くへ跳ぶための技能ポイントを見付ける。
1 はじめの記録を計測しよう POINT：自分の今のおおよその記録を知るために、今できる跳び方で記録を取る。 **[主な学習活動]** ○集合・あいさつ ○オリエンテーション →学習の方法や流れ、用具の準備等を知る ○走り幅跳びにつながる準備運動 ○感覚つくりの運動（水たまりを越えよう） ○はじめの計測 ①今の自分の記録を確かめる ②計測の仕方を知る ○整理運動（使った部位をゆったりとほぐす） ○学習の振り返り	**2・3 跳び越し方を工夫してみよう①②** POINT：「大きな水たまり」を跳び越すために必要な技能を考える。 **[主な学習活動]** ○集合・あいさつ ○走り幅跳びにつながる準備運動 ○レベルアップタイム1（動きのポイントを知る時間） ○学習の振り返り① →感覚を確かめ、よい動きを共有する →発見した課題から動きのポイントを知る ○レベルアップタイム2（動きを高める時間） →振り返りで考えたことを生かす ○整理運動（使った部位をゆったりとほぐす） ○学習の振り返り②

授業改善のポイント

主体的・対話的で深い学びの実践に向けて

◆自己の能力に適した学習課題を明確に。

単元終了後の子供の目指す姿に向けて、本時の課題や学習内容を明確にする。

◆準備運動等

子供の実態を把握し、内容を精選して実施する。音楽をかけたり、動きを工夫したりしながら「心も体もスイッチオン」にしていく。

◆学習課題の確認、主運動の時間

課題解決に向けて、学習掲示板を活用したり、ICT機器で撮影したりすることでそれが証拠となり、学び合いに説得力が増してくる。

また、技能の向上を促すための場の設定や可視化した場を作る。

◆学び合いを深めるための学習形態の工夫

課題や実態に応じて、1人の学びだけではなく、模倣や教え合いが活性化するペアやトリオの学習にしたり、グループ学習にしたりするなど、状況を見て判断していく。

◆まとめ、振り返り

記録会を設けたり、記述させたりして、学びのプロセスを振り返ることが大切である。

単元の目標

○**知識及び技能**

・リズミカルな助走から踏み切って跳ぶことができる。

○**思考力、判断力、表現力等**

・自己の能力に適した課題の解決の仕方、競争や記録への挑戦の仕方を工夫することができる。

○**学びに向かう力、人間性等**

・運動に積極的に取り組み、約束を守り助け合って運動したり、仲間の考えや取組を認めたり、場や用具の安全に気を配ったりすることができる。

4・5時	6時
[第2段階] **課題解決の方法を知り、自分の課題に応じて取り組んだり、チーム競争を楽しんだりする。**	
技能ポイントを意識し、チームで高め合いながら練習したり、競争したりする。	レベルアップタイムの成果を測るとともに、自己の記録を伸ばそうとする。
4・5　チームで競争を楽しもう①② POINT：自分の課題を解決するために練習の場を選択したり、チームで競争に取り組んだりする。 **[主な学習活動]** ○集合・あいさつ ○走り幅跳びにつながる準備運動 ○レベルアップタイム（動きのポイントを知る時間） →前時の発見した課題から自分の課題解決する場を選択して練習する ○チャレンジタイム（チーム対抗戦） →技能ポイントを意識しながら競争したり、記録への挑戦をしたりして楽しむ ○整理運動（使った部位をゆったりとほぐす） ○学習の振り返り	**6　記録会で自己最高記録を目指そう** POINT：今までの学習を振り返り、自己の課題に応じて取り組み、目標記録に挑戦する。 **[主な学習活動]** ○集合・あいさつ ○走り幅跳びにつながる準備運動 ○レベルアップタイム（動きのポイントを知る時間） →前時の発見した課題から自分の課題解決する場を選択して練習する ○記録会（目標記録に挑戦する） →第1時と同じ条件で記録を測る ○整理運動（使った部位をゆったりとほぐす） ○学習の振り返り →学習のまとめをする

子供への配慮の例

①運動が苦手な子供

子供たちがどこでつまずいているのかを正確に見取る必要がある。例えば「リズミカルな助走」ができない場合には、歩数を決めて助走するように助言する。歩数を口伴奏しながら動くのも効果的である。

また、決めた歩数で助走できないときには、助走開始に何か目印になるものを置いて助走させたり、タブレットで最後の部分を可視化したりすることが大切である。教師の工夫が子供の「できる原動力」になるので、子供たちの動きをしっかり確認する。

②意欲的でない子供

子供たちにとって「やりたい！を引き出す活動の場」が必要である。例えば、ブルーシートやマットを川や水たまりに見立て、そこを越えてみる遊びや、着地場所に得点ゾーンを設置し、両足で着地できたら得点にする遊びなど、ゲーム性を用いて行うのも一つの方法である。

また、友達との比較を嫌がる場合にはチーム戦にするなど、個人の伸びを認め称賛するようにする。みんながドキドキワクワクする場やルールを考えることで、子供たちが意欲的に走り幅跳びの世界にのめり込むようにしていく。

本時案

はじめの記録を計測しよう

1/6

本時の目標

走り幅跳びの運動の魅力を知り、単元を通しての用具の準備や使い方、走り幅跳びの行い方や計測の仕方を理解することができるようにする。

評価のポイント

・走り幅跳びの行い方やルールについて理解しているか。
・目標の記録に挑戦する楽しさに触れる　ことができるように友達と協力して取り組んでいるか。

週案記入例

[目標]
走り幅跳びの行い方や計測の仕方を理解する。

[活動]
水たまりを越える運動遊びと走り幅跳びのはじめの記録を計測する。

[評価]
用具の準備や使い方、走り幅跳びの行い方や計測の仕方を理解できたか。

[指導上の留意点]
安全に運動するためのきまりや約束をしっかりと確認させる。

本時の展開

	時	子供の活動
集合・ あいさつ	5分	**オリエンテーション** ○用具と場の準備の仕方を知る。 ○走り幅跳びの学習の進め方を知る。
準備運動 ベーシック 運動	8分	**走り幅跳びにつながる準備運動を行う** 1 ○体の各部位の運動をする（特に膝や足首等の運動に重点を置く）。 ○走り幅跳びにかかわる補助的な運動をする。
感覚つくり の運動	10分	**水たまりを跳び越す運動遊び（川跳び）を行う** 2 ○水たまりを意識させ、走り幅跳びの動きで跳び越す。 　→スキップ助走やケンケン跳びなど、様々な動きを遊び感覚で入れる。
走り幅跳び の計測 （はじめの 計測）	15分	**走り幅跳びの記録を計測する** 3 ○走り幅跳びの行い方を知る。 　→助走、踏み切り、砂場の環境等の安全確認をする。 　→用具の使い方の確認と計測の仕方を知る。 ○はじめの記録を計測する（１人２回計測する）。
整理運動	2分	**運動で使った部位をゆったりとほぐす** ○膝や足首を中心に動かし、使った部位をゆっくり動かしほぐす。
学習の 振り返り	5分	**(1) 本時の学習を振り返る** ○課題や走り幅跳びの計測について振り返る。 ○友達のよいところを挙げ、みんなで目標の達成に向けて協力していくことを確認する。 **(2) 次時の学習内容を確認する** ○遠くに跳ぶために必要なポイントを考えることを予告する。

1 走り幅跳びにつながる準備運動

○音楽に合わせて準備運動と幅跳びにつながる動きを行うことで、学習に向けて心も体も準備を整える。補助的な運動は、帯で行うようにし、動きを洗練化させていく。

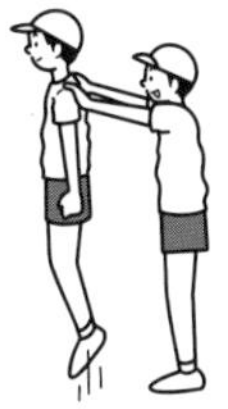

友達バウンド

友達に肩を押してもらいボールになったように弾む。姿勢をよくして拇指球で跳ねることを意識させる。

踏み切りの感覚を養うギャロップ

2.5m・3m間隔にミニハードルを並べ、そのインターバルを「タ・ターン」のリズムで常に同じ足で踏み切る。踏み切りの最後の2歩の感覚と踏み切ったあとの空中でのバランス感覚を身に付ける。

パイナップルジャンプ

5歩で遠くまで行けるように助走し、最後の6歩目は両足で着地する。単元後半は、マーカーコーンを用いて記録を競い合うなど、自己の伸びを感じられるようにする。

2 「水たまり」場の設定（川跳び）

○「水たまりを跳び越せるかどうか」を始めの全体の共通課題とし、水たまりを跳び越す運動遊びから走り幅跳びの必要な技能を引き出すことを目的にする。

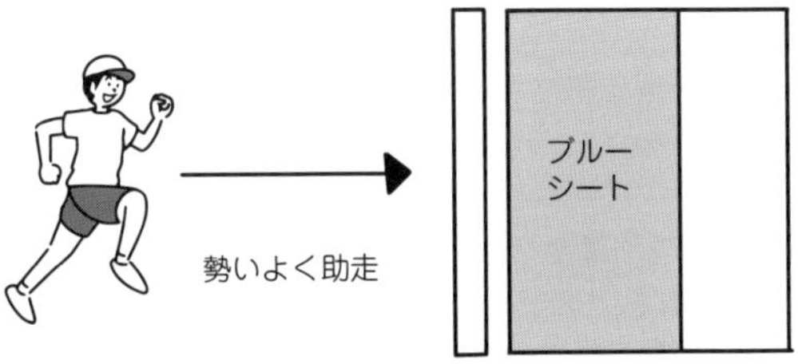

砂場の手前にブルーシートやマット等でオリジナルの水たまりを作成する。水たまりを跳び越すというドキドキワクワクする状況を設定する。跳べるようになるとさらに大きな水たまりを跳びたくなることで自然に走り幅跳びの世界にのめり込んでいく。

3 はじめの記録を計測

○順番を決め、試技と計測の仕方を全体で確認する。

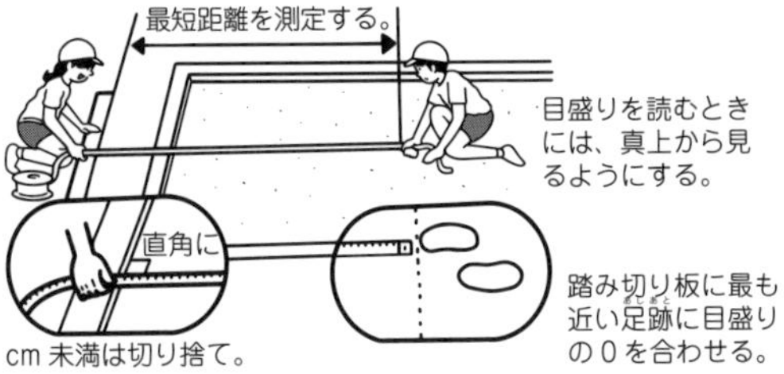

最短距離を測定する。
目盛りを読むときには、真上から見るようにする。
直角に
踏み切り板に最も近い足跡に目盛りの0を合わせる。
cm 未満は切り捨て。

踏み切りの位置ファールに注意！
○
×
×

計測の仕方…踏み切り前の両足の中央から着地した後ろ足のかかとまでを踏み切り、板と垂直に測定する。

○記録計測に必要な役割を学級の児童数によって人数等を調整しながら決めておいた方がよい。

<例>

①踏み切りの位置の審判・メジャーのゼロを合わせる
　踏み切った場所を特定し、足跡に合わせてメジャーのゼロを置く。

②着地位置の審判・メジャーメモリ合わせ
　着地の位置を確認し、かかとにメジャーのメモリを合わせる。

③砂ならし・合図係
　砂をならし、整地する。終了後に合図を出す。

本時案

跳び越し方を工夫してみよう① 2/6

本時の目標

繰り返し跳躍に取り組みながら走り幅跳びの技能ポイントを考えることができるようにする。

評価のポイント

様々な水たまりの場を設定し、全力で跳び越すことで走り幅跳びに必要な技能ポイントを考えようとしているか。

週案記入例

[目標]
走り幅跳びに必要な技能ポイントを考える。

[活動]
水たまりを全力で跳び越える。

[評価]
走り幅跳びに必要な技能ポイントを考えることができたか。

[指導上の留意点]
安全に運動するためのきまりや約束をしっかりと確認させる。

本時の展開

	時	子供の活動
はじめ	3分	**集合・あいさつ** 本時の学習内容を知る
準備運動 ベーシック 運動	5分	**走り幅跳びにつながる準備運動を行う** ○体の各部位の運動をする（膝や足首等の運動に重点を置く）。 ○走り幅跳びに関わる補助的な運動をする（第１時を参照）。
水たまりを 跳び越える 運動遊び①	10分	**水たまりを跳び越える運動遊びをする** 1 ○大きさの同じ水たまりの場と大きさの違う水たまりの場を跳び越し、運動の技能ポイントを考える。
学習の 振り返り①	5分	**水たまりを跳び越える運動遊びを振り返る** 2 ○さらに大きな水たまりを跳び越すために必要なポイントを考える。
水たまりを 跳び越える 運動遊び②	15分	**振り返りで挙がった考えを試してみる** ○跳躍距離や跳んだ感じに違いがあるかなど、技能ポイントを意識して跳ぶ。
整理運動	2分	**運動で使った部位をゆったりとほぐす** ○特に手首、足首を中心に動かす。
学習の 振り返り②	5分	**(1) 本時の学習を振り返る** ○水たまりを跳び越える運動遊び①と②の違いを確認する。 ○自分のコツや友達のよさを挙げ、より遠くへ跳ぶポイントを共有する。（助走、踏み切り、空中動作、着地の４つの技能ポイント） **(2) 次時の学習内容を確認する** ○４つの技能ポイントを意識して学習をすることを予告する。

1 水たまりを越える運動遊び

○大きさの違う水たまりを用意し、勢いのある助走で跳ぶ。子供の実態に合わせて自分で大きさを選択させる。同じ場所だけではなく、徐々に難易度を上げたり、跳び方を考えさせたりしながら行う。

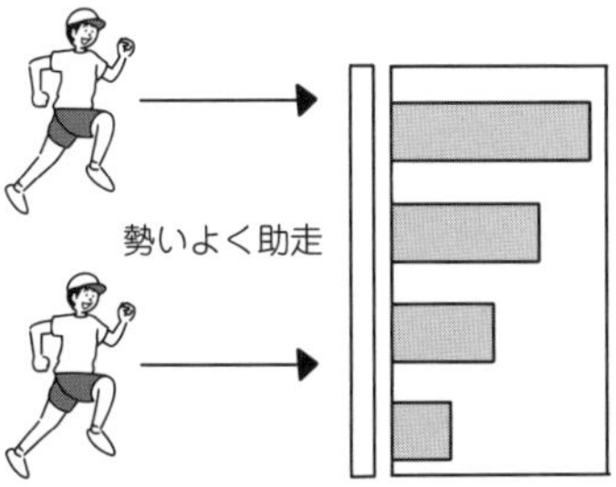

「より大きな水たまりを跳び越したい」という意欲から子供一人一人が課題としている技能に気付けるようにしていく。「どうしたら跳び越せそうかな」など、教師が問いかけ、困り感や必要感をもたせながら走り幅跳びの技能ポイントへと導いていく。

2 全体での振り返りや課題発見の時間

○何度も繰り返しながら、跳ぶことの心地よさを味わったり、その難しさや「ぎこちなさ」に気付いたり、友達の動きを見たりすることで課題を発見していく。この時間の最後の振り返りで、子供が感じたり見たりして得た「うまくできた感じ」や「難しさ、ぎこちなさ」そして「友達のよい動き」などを共通理解していく。振り返りの時間で、子供の運動の様子をしっかりと振り返ってあげることが重要である。

課題発見の時間

振り返りの時間

本時案

跳び越し方を工夫してみよう② 3/6

本時の目標

より遠くに跳び越すために必要な技能ポイントを考えながら跳ぶことができるようにする。

評価のポイント

「より大きな水たまりを跳び越す」ことをイメージし、そのために必要だと思う技能を4つから考えているか。

週案記入例

[目標]
より遠くに跳び越すために、走り幅跳びの技能ポイントを意識して跳ぶ。

[活動]
大きさが違う水たまりを全力で跳び越える。

[評価]
走り幅跳びに必要な技能のポイントを意識しながら跳ぼうとしている。

[指導上の留意点]
課題を見付けたり、その解決方法を工夫したりする際に、友達の考えや取組 を認める。

本時の展開

	時	子供の活動
はじめ	3分	**集合・あいさつ** **本時の学習内容を知る** ○前時で出た技能ポイントを挙げ、全体で共有する。 ○本時からチームで見合ったり教え合ったりすることを伝える。 →子供の記録や実態を考慮したチームを作成する。チームの技能差がだいたい均等になるように調整したい。
準備運動 ベーシック 運動	5分	**走り幅跳びにつながる準備運動を行う** ○体の各部位の運動をする。(膝や足首等の運動に重点を置く) ○走り幅跳びに関わる補助的な運動をする。
レベルアップタイム①	12分	**練習の仕方を確認し、取り組む** 1 ○それぞれの場で「跳び越す」楽しさを味わいながらも、より遠くに跳ぶための技能ポイントを意識しながら行う。 ○チームで見合ったり、教え合ったりしながら行う。
学習の 振り返り①	6分	**レベルアップタイム①を振り返る** ○どのようなことが難しかったり、どこを意識したりしたかを聞き、全体で技能ポイントや練習方法について確認する。
レベルアップタイム②	12分	**技能ポイントを意識して練習する** ○練習方法と技能ポイントをチームで具体的に教え合いながら取り組む。
整理運動	2分	**運動で使った部位をゆったりとほぐす** ○特に手首、足首を中心に動かす。
学習の 振り返り②	5分	**(1)本時の学習を振り返る** ○レベルアップタイムで意識したことを共有する。 ○友達のよい動きを挙げる。 **(2)次時の学習内容を確認する** ○チーム競争(対抗戦)を行うことを予告する。

1 レベルアップタイム

◯４つの技能ポイントを意識した場を設定する。「助走」・「踏み切り」・「空中動作」・「着地」について技能ポイントを意識して練習したり、課題別にペアやトリオ、チームを組み、課題を追求しながら練習に取り組んだりする。

＜レベルアップの場の例＞

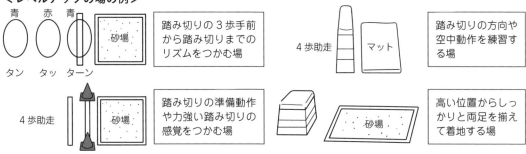

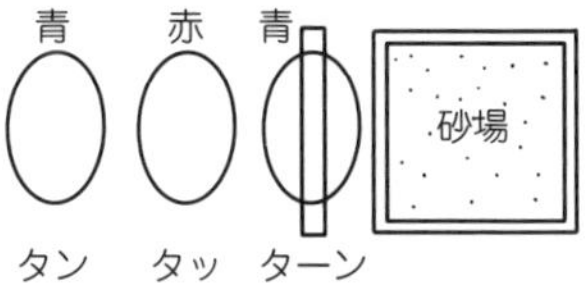

踏み切りの３歩手前から踏み切りまでのリズムをつかむ場

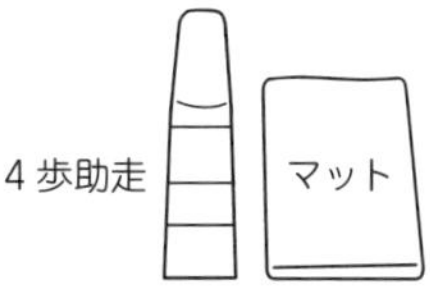

踏み切りの方向や空中動作を練習する場

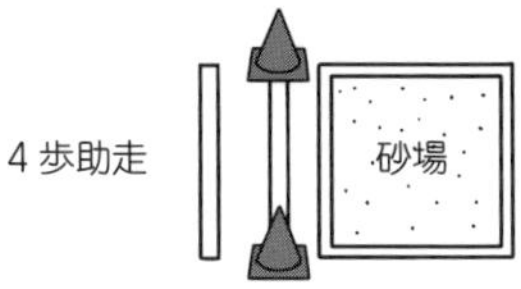

踏み切りの準備動作や力強い踏み切りの感覚をつかむ場

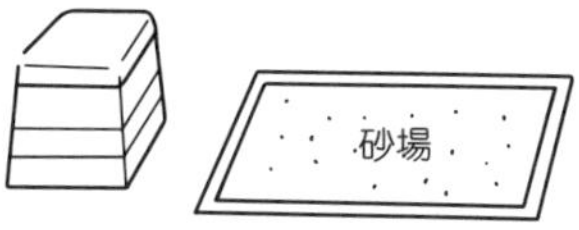

高い位置からしっかりと両足を揃えて着地する場

◯砂場の大きさや子供の実態に合わせて様々な練習方法を考えることが大切である。
◯砂場の前にイメージしやすいように「水たまり」を設置して練習する。

＜ぴったり助走コース＞

自分に合った歩数や走り出しの位置を見付けることができるようにする。徐々にスピードを上げた助走を身に付けることができるようにする。

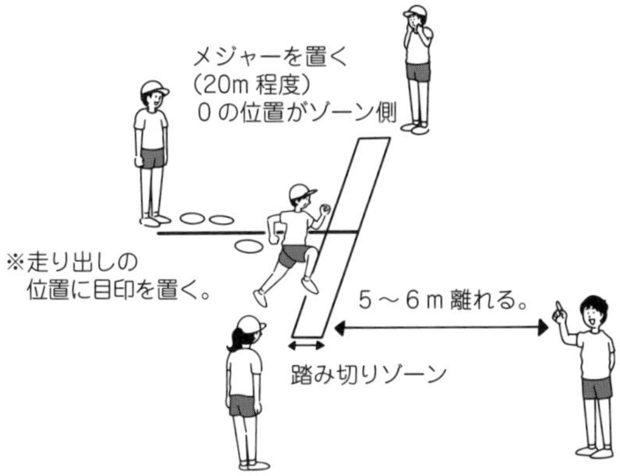

助走からの踏み切り、空中動作など、自分の跳んでいる様子を、ICT で撮影をすると動きのイメージが湧きやすい。チームで協力して行えるようにする。

＜ゴールテープ（へそでテープを切る）コース＞

５歩くらいの助走から高く跳ぶ。→ 助走の歩数を徐々に増やしていく。足裏全体で踏み切り、振り上げ脚の膝をへその高さに近付ける。

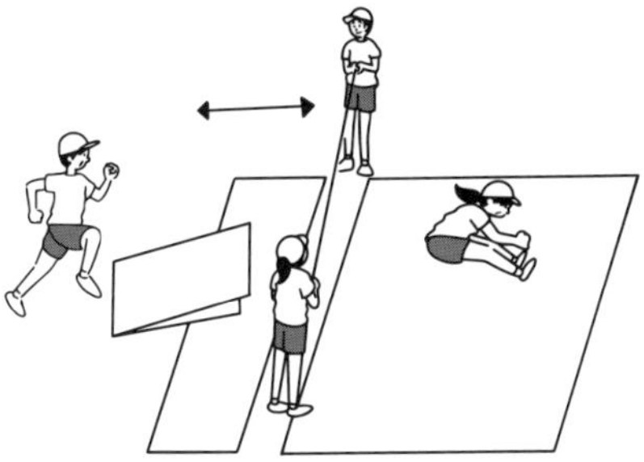

踏み切るときにおへそでゴムひもを引っかけられるようにする。振り上げ脚の高さをチームで見合う。

本時案

チームで競争を楽しもう①

4/6

本時の目標

目標達成に向けて課題解決の場を選んで練習できるようにする。

評価のポイント

自分の課題に合った場を選択して練習しようとしているか。

週案記入例

[目標]
自分の課題解決に向けた場を選択して練習している。

[活動]
目標達成に向けて場を選択して課題を解決する。

[評価]
自分に合った課題解決の場を選択して練習しているか。

[指導上の留意点]
自分の課題に合った場で練習できるようにする。

本時の展開

	時	子供の活動
はじめ	2分	**集合・あいさつ** 本時の学習内容を知る
準備運動 ベーシック運動	5分	**走り幅跳びにつながる準備運動を行う** ○体の各部位の運動をする（膝や足首等の運動に重点を置く）。 ○走り幅跳びに関わる補助的な運動をする。
レベルアップタイム	8分	**学習課題に応じた場を選んで練習する** 1 ○自分の課題に合った場を選択して練習する。 ○同じ課題をもった児童同士とも見合ったり教え合ったりする。
チャレンジタイム	25分	**自分のめやすの記録を超える（チーム対抗戦）** 2 ○自分のめやすの記録を超えられるように挑戦する。 ○チームで目標を決め、チームで協力して取り組む。 ○計測するチームと練習するチームに分かれて行う（競技終了後交代する）。
整理運動	2分	**運動で使った部位をゆったりとほぐす** ○特に手首、足首を中心に動かす。
学習の振り返り	3分	**(1) 本時の学習を振り返る** ○それぞれのチーム対抗戦の得点結果を発表する。 ○チャレンジタイムの取組についてチームで協力したり、記録に挑戦したりしてどうだったかを確認する。 ○レベルアップタイムの重要性について伝える。 **(2) 次時の学習内容を確認する** ○本時と同じようにチーム対抗戦をすることを予告する。

1 レベルアップタイム

自分の動きを見ることができないので、チームで教え合ったり、ICT 機器で見合ったりすることが大切である。チーム対抗戦では、一人一人の記録が得点につながるため、少しでも記録が伸びるように教え合いが充実するように助言していく。

○チームの教え合いでの言葉かけ例

◆最後の「タターン！」を一番速く走ろう。歩幅も一番小さくなるよ。まずは、ケンステップを使ってみよう。
◆５歩から意識してみよう。「１・２・３・４・５！」の「５（GO）！」を強調し、片足で強く踏み切ろう。

◆視線を前に向けるといいよ。腕も大きく振り上げると高く遠くに跳べるよ。
◆足の裏が見えるように足を前に出してみよう。視線を前にして腕を大きく振り下ろそう。

2 チャレンジタイム

○グループごとに対抗戦を行う。しかし、跳んだ距離の記録で競争すると、記録の低い子は記録の高い子と勝負することができず学習への意欲は下がってしまうだろう。そこで、劣等感なく自信をもって学習を進めていくために、一人一人に応じた「めやす記録」を設定し、めやす記録に応じた得点を決める。踏み切りをする場所を一人一人変え、その人に応じた踏み切り位置から跳ぶようにする。自分の得点を上げていったり友達との競争を楽しんだりさせていく。

○技能に関する調査から、試しの記録で一番記録の高い子と低い子では、140cm も差があったため、踏み切りの位置を「はじめの記録」－150cm ＝踏み切り位置と設定した（様々な実践でいろいろなやり方があるが、子供の実態に合わせて設定することがのぞましい）。

【グループ間の競争の仕方（例）】

・１人２回の試技。ファールの場合は、やり直し。
・２点目以降は、10cm ごとに１点ずつ加算される。最大で10点とする。
・個人によって踏み切り位置を変える。
・着地ゾーンで得点化する。など　※第５時案に具体的に明記。

【場の設定】

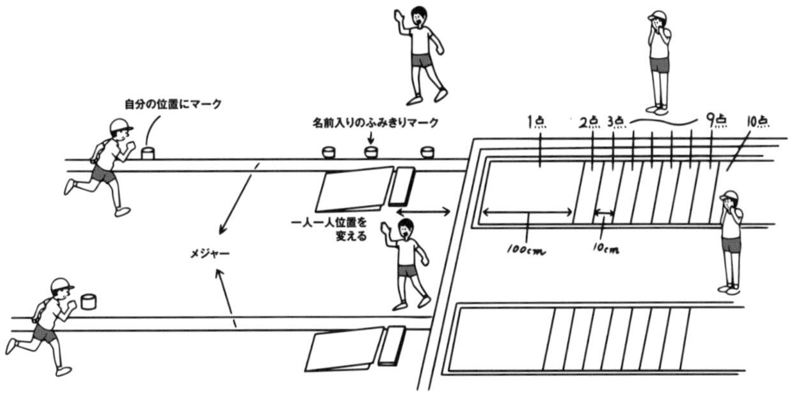

本時案

チームで競争を楽しもう②

5/6

本時の目標

互いに動きを教え合い、チームで高め合いながら競争を楽しむことができるようにする。

評価のポイント

チームで課題を解決するために教え合ったり、高め合ったりしながら練習や競争に取り組んでいるか。

週案記入例

[目標]
チームで見合ったり、教え合ったりしながら競争を楽しむ。

[活動]
自分の課題を解決するために場を選んで練習したり、競争に取り組んだりする。

[評価]
目標達成に向けてチームで協力して練習したり競争したりしているか。

[指導上の留意点]
得点化した競争をしながら自分の記録を伸ばすことを指導の重点とする。

本時の展開

	時	子供の活動
はじめ	2分	**集合・あいさつ** 本時の学習内容を知る
準備運動 ベーシック 運動	5分	**走り幅跳びにつながる準備運動を行う** ○体の各部位の運動をする（特に膝や足首等の運動に重点を置く）。 ○走り幅跳びに関わる補助的な運動をする。
レベルアップタイム	8分	**学習課題に応じた場を選んで練習する** 1 ○前時のチーム対抗戦を振り返り、自分の記録を伸ばすために必要な場を選んで練習する。 ○一人一人の記録を伸ばすために見合ったり教え合ったりすることが大切であることを意識して練習に取り組む。
チャレンジタイム	25分	**前時の合計得点を超える（チーム対抗戦）** 2 ○チームで前時の合計得点を超えられるように挑戦する。 ○計測するチームと練習するチームに分かれて行う（競技終了後交代する）。
整理運動	2分	**運動で使った部位をゆったりとほぐす** ○特に手首、足首を中心に動かす。
学習の 振り返り	3分	**(1) 本時の学習を振り返る** ○それぞれのチーム対抗戦の得点結果を発表する。 ○チーム対抗戦で前時の記録を超えられたチームや頑張っていた友達を称賛する。 ○学習を通して新たな課題の発見があったかを確認する。 **(2) 次時の学習内容を確認する** ○単元のまとめとして、記録会を行うことを予告する。

1 チャレンジタイムを意識したレベルアップタイム

レベルアップタイムをどう練習していくかを相談している様子

チャレンジタイム前にチームの士気を高めるために円陣を組んでいる様子

○前時から行っているチーム対抗戦では、チーム全員の記録を得点にして競争するため、少しでも記録が伸びることが重要である。そのため、チーム全体で「どうすれば記録が伸びるか」を課題にして、一人一人の動きを見合ったり、動きのぎこちないところを教え合ったりすることが大切となる。ただ単にレベルアップタイムを行うのではなく、チームで目標を達成するために取り組もうとすれば、教え合いが深まり、友達の跳び方を真剣に見る。前時よりも意味を持ってレベルアップタイムに取り組もうとする。そうすることにより、チームの団結力も次第に高まり、記録を高めるために重要な要素につながる。チームで自然に円陣を組んだり、ハイタッチをして喜び合ったりする光景が見られるようになるとチームで競う意味が出てきて、授業が非常に盛り上がってくる。

2 チャレンジタイムの様子

○チーム競争（チーム対抗戦）のルール

・１人２回の試技。ファールの場合は、やり直し。
・個人によって踏み切り位置を変える。
・着地ゾーンで得点化する。（第４時案参照）
・１チーム９人で、４人と５人の兄弟チームの合計点で競う。（学級の人数によって異なる）
・グループ内で踏み切り板を調節する係、得点を見る係、砂をならす係を順番で安全に行う。
・競争を行っているチーム（２チーム）以外は、レベルアップタイムの時間とし、自分の目標達成に向けて練習を行う。初めに競争を行うチームは、５分間の練習時間をとる。
・一人一人の走り幅跳びの記録を得点化し、以下のような表にまとめると意欲につながる。

得点表（例）

	第４時			第５時		
	兄	弟	合計	兄	弟	合計
赤	4	4	8点	5	6	11点
青	5	5	10点	4	6	10点
黄	7	4	11点	5	8	13点
緑	2	4	6点	6	8	14点

<子供たちのやる気を引き出すために>

・得点板を用いて、常に得点の積み重ねが分かるようにする。
・得点の積み重ねをチームで認め合い、励まし合いながら行っていく。
・負けているチームでも自己ベストを出せばまだ逆転があることを伝え、意欲をもたせる。

本時案

記録会で自己最高記録を目指そう

6/6

本時の目標

練習で意識してきたポイントを確認し、記録会を行うことができるようにする。

評価のポイント

第１時で計測した「はじめの記録」を超えるように４つの技能ポイントを意識して目標達成に向けて取り組むことができたか。

週案記入例

[目標]
技能ポイントを意識して跳び、自分の記録を超える。

[活動]
記録会をする。

[評価]
「はじめの記録」を超えられるように４つの技能ポイントを意識して跳ぶことができたか。

[指導上の留意点]
目標の記録に挑戦する楽しさや喜びに触れることができるように、みんなで認め合える雰囲気をつくる。

本時の展開

	時	子供の活動
はじめ	2分	**集合・あいさつ** 本時の学習内容を知る
準備運動 ベーシック運動	5分	**走り幅跳びにつながる準備運動を行う** ○体の各部位の運動をする（膝や足首等の運動に重点を置く）。 ○走り幅跳びに関わる補助的な運動をする。
走り幅跳び （最後の計測）	30分	**走り幅跳びの計測をする** 1 ○走り幅跳びの技能ポイントを意識しながら計測する。 ○跳躍する前に必ず安全を確認してから行う（計測の仕方は第１時と同様） ○待っている時間は、自分の課題解決に応じた場で練習をする。 ○計測するグループと練習するグループに分け、終了後に交代する。 ○練習で意識してきたポイントを確認して記録会を行う。 ○自分の目標プレートを置き、その目標を跳び越す意識をもたせながら取り組む。
整理運動	2分	**運動で使った部位をゆったりとほぐす** ○特に手首、足首を中心に動かす。
学習の まとめ	6分	**学級全体で本単元の学習について振り返る** 2 ○単元を通して、学習を振り返る。 ○頑張ったことをみんなで認め合う。

1 レベルアップタイムの教材・教具の紹介

○技能の向上を促すための場づくり以外に活用するとよい物

①学習掲示板の活用

学習課題や既習内容の確認をするためだけではなく、児童の記録の伸びや効果的な言葉かけなどを掲示することで意欲を高めることができる。

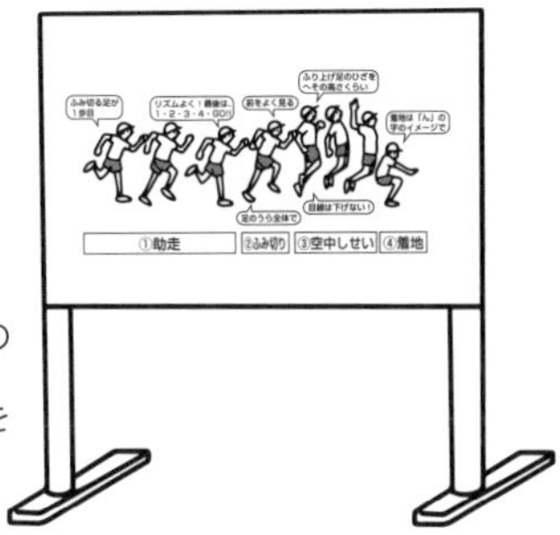

掲示板で、子供の気付きをまとめ、全体でよい動きを共有する。

② ICT の活用

映像を撮影することで自分の動き方を確認することができる。ただし、見ることができても、「できるようになる」わけではないが、グループ等での教え合いで使用すると、助言に説得力が出る。補助的な活用が効果的である。

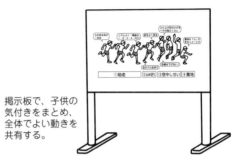

見合うことで教え合いが深まってくる。
動画を撮影すると、証拠になって理解ができます。

踏み切りのとき、膝が高く上がっているな。後で動画を一緒に見よう。
よかったね。踏み切りがぴったりだったよ！
私、記録が伸びたよ！スタート位置がよかったみたい！

③ピクトグラム

自分の姿勢を確認したり、友達の様子を具体的に伝えたりできる。

2 学習のまとめをする

○「練習で意識したこと」や「友達から悩みを言われたらどう答えてあげるか」など、子供が今までの学習を振り返って考えられるとよい。

	悩み	自分なりの解決策・言葉かけ
1	助走距離はどれくらいにしたらいいの。	15～20mくらいがよいでしょう。走力のある子は助走距離・歩数を多くし、走力のない子は少なくした方がいい。踏み切る手前でスピードが落ちてしまっては、記録は伸びないよ。
2	力強く踏み切ることができない。	踏み切りゾーンに跳び箱で使う踏み切り板（以下「踏み切り板」と表記）を置いて、「ふわっ」と跳ぶ感覚を身に付けよう。
3	着地のときに、足をかかえこむのが難しい。	踏み切り板を使って、滞空時間を長くし、空中動作後半に振り上げ脚に踏み切り脚を追いつかせることで、両足をかかえこむ動きができるようになってくるよ。

DVD 収録資料

「走り幅跳び」学習カード＆資料

使用時 **第1～6時**

本カードは、第１時から第６時まで、単元全体を通して使用する。走り幅跳びの運動に対する「知識及び技能」「思考力、判断力、表現力等」「学びに向かう力、人間性等」の変容を見取るカードである。自己の記録だけや友達との競争に固執してしまわないよう、自分の記録をどのようにして伸ばしていったかという点や、友達と協力してよかったと思えるように配慮したい。

収録資料活用のポイント

①使い方

まず、授業のはじめに学習カードを子供一人一人に配布する。授業の終わりに、学習の振り返りが行えるように指示する。学習カードを効果的に活用することは、一人一人の子供が、自分に合った明確な課題をもち、自己評価したり、相互評価したりする活動を通して、自ら進んで学習することにつながる。

②留意点

学習カードは、子供たちにとっては、主体的に学ぶ力を身に付けることができるツールと言える。教師にとっては、指導力の向上につながる。教師は、記述から、子供の思いや願いを感じ取り深く見つめることで、教師自身の指導のあり方を振り返ることができ、自らの授業改善を図ることができる。しかしながら、記入するために時間を多く設けると運動量が減ってしまうので、運動量を保障しながら、時間を確保することが必要である。

学習カード 5-9-1（1～6時）

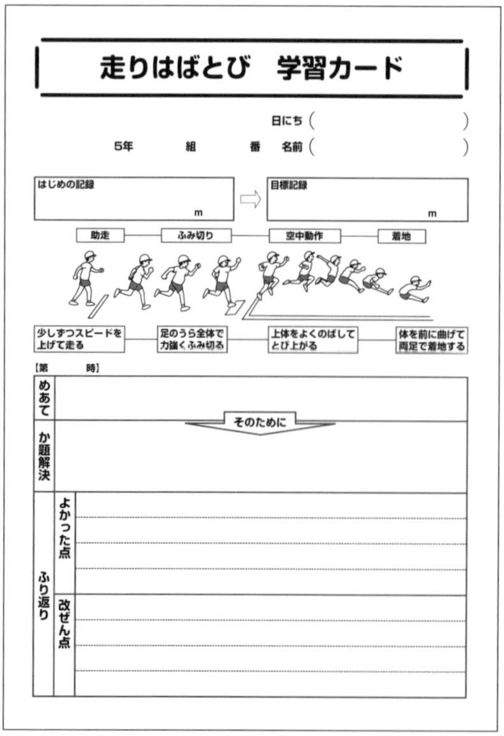
走りはばとび　学習カード

日にち（　　　　）
5年　　組　　番　名前（　　　　）

はじめの記録　　m ⇨ 目標記録　　m

【第　　時】
めあて
そのために
か題解決
ふり返り　よかった点
改ぜん点

【単元前半】

学習カード 5-9-2（1～6時）

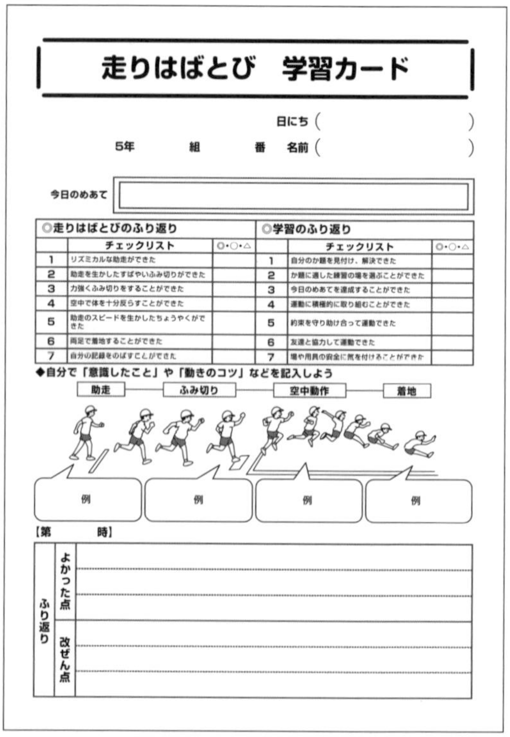
走りはばとび　学習カード

日にち（　　　　）
5年　　組　　番　名前（　　　　）

今日のめあて

◎走りはばとびのふり返り

	チェックリスト	◎・○・△
1	リズミカルな助走ができた	
2	助走を生かしたすばやいふみ切りができた	
3	力強くふみ切りをすることができた	
4	空中で体を十分反らすことができた	
5	助走のスピードを生かしたちょうやくができた	
6	両足で着地することができた	
7	自分の記録をのばすことができた	

◎学習のふり返り

	チェックリスト	◎・○・△
1	自分のか題を見付け，解決できた	
2	か題に適した練習の場を選ぶことができた	
3	今日のめあてを達成することができた	
4	運動に積極的に取り組むことができた	
5	約束を守り助け合って運動できた	
6	友達と協力して運動できた	
7	場や用具の安全に気を付けることができた	

◆自分で「意識したこと」や「動きのコツ」などを記入しよう

【第　　時】
ふり返り　よかった点
改ぜん点

【単元後半】

走りはばとび「運動のポイント＆レベルアップマップ」

日にち（　　　　　　　　　　　）

5年　　　　組　　　　番　名前（　　　　　　　　　　　）

○運動のポイント

リズミカルな助走　最後は「タン・タ・タン！」と
リズムアップと力強いふみきり　し線は前方に
両手をふり上げる　両ひざはかかえこんで
両足で着地する

☆助走とふみ切りの練習

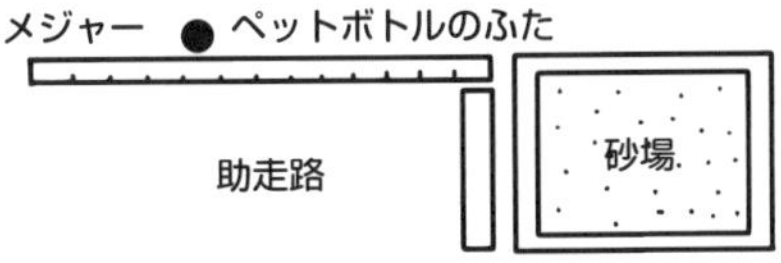

メジャーを横に置いて15～20mの助走路をつくる。自分の助走位置にマーク（ペットボトルのふた等）を置いて目印にする。

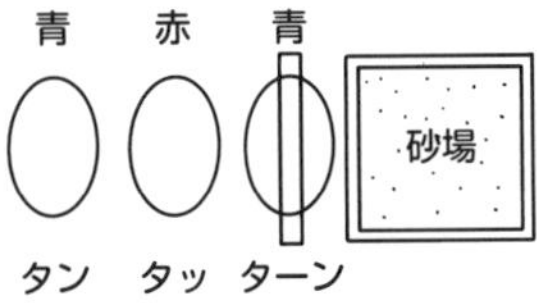

「ケンステップ」などの小さな輪をふみ切りの4歩のところに置き、リズムを意識してふみ切る。

4歩助走

4歩助走

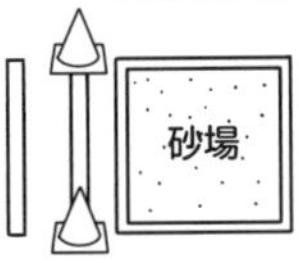

すな場の前にふみ切り板を置いたり、平ゴムを張った三角コーンを置いたりする。ふみ切り板では、足のうらで「ドン」と音がするくらい力強くふみ切る。平ゴムでは、そこをとびこえて上方向へふみ切る。

☆空中動作と着地の練習

4歩助走

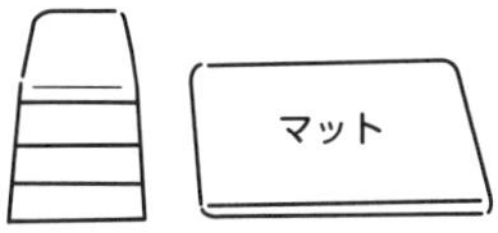

マットの前に1～3段のとび箱を置く。とび箱を片足でふみ切り、両うでを大きくふり上げる。

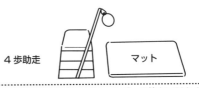

4歩助走

マットの前に先に風船やビニールボール等をつけた1mほどの棒を取り付けたとび箱を置く。とび箱を片足でふみ切りながら、目標物を両手でタッチする。

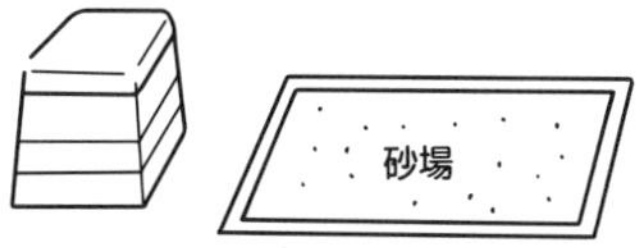

すな場の前にとび箱を置き、とび箱の上から両うでをふって勢いをつけて砂場にとび下りる。ひざをやわらかく曲げて着地する。

いろいろな練習方法があるはず！
自分の目標達成に向けて、課題を
解決していこう！

器械運動

10 マット運動

6時間

【単元計画】

1時	2・3時
[第1段階] 回転系、巧技系の技の行い方を知り、身に付けたい技を決める。	
単元の学習内容を知り、既習の技を振り返るとともに、技の系統性を知る。	回転系、巧技系の発展技の行い方を知り、身に付けたい技を決める。
1　学習の進め方を知ろう POINT：既習の学習を振り返り、マット運動の学習を進めていく上で大切なこと、技の系統を知る。 **[主な学習活動]** ○集合・あいさつ ○単元を通した学習の流れの確認 ○準備運動 ○感覚づくりの運動 ○既習の技（基本的な技）に取り組む ・マット運動に必要な技能を知る ○整理運動・学習の振り返り	**2・3　自分の課題を見付けよう①②** POINT：固定したグループで発展技の行い方を知り、身に付けたい技を決め、課題に応じて、4～6時に取り組む技を選択する。 **[主な学習活動]** ○集合・あいさつ ○今日の学習の流れの確認 ○準備運動 ○感覚づくりの運動 ○回転系・巧技系の発展技に取り組む ・身に付けたい技を決める ○組み合わせ、繰り返しの仕方を知り、学習の計画を立てる（第3時） ○整理運動・学習の振り返り

授業改善のポイント

主体的・対話的で深い学びの実践に向けて

子供が主体的に学ぶためには、自己の能力に適した学習課題をもつことが重要となる。学習の第1段階で、技の系統を示し、経験させた上で、身に付けたい技を子供に決めさせる。そうすることで、子供は、目標に向けて主体的に学ぶことができるようになる。

更に、技を習得していくために、グループによる対話的な学習が必要となる。技の見合う視点を学習カード等で明確にしておくことで、対話的な学習がより効果的に行われる。

系統や技を知る第1段階では、技能が異なる固定の3～4人を1グループとし、学習を進める。

第2段階の自分の学習課題に取り組む段階では、同じ学習課題（技）をもつ子供同士でグループを組み、対話的な学習を進める。

対話的な学習を進める際には、できていない点だけを伝えるのではなく、できている点も伝えることにより、学びに向かう力も向上してくる。また、自分の動きを自分自身も確認できるようにするために、タブレット等の活用も積極的に取り入れるとよい。

単元の目標

○知識及び技能

・行い方を理解し、自己の能力に適した回転系や巧技系の基本的な技を安定して行ったり、その発展技を行ったり、それらを繰り返したり組み合わせたりすることができる。

○思考力、判断力、表現力等

・課題の解決の仕方や技の組み合わせ方を工夫するとともに、自己や仲間の考えたことを他者に伝えることができる。

○学びに向かう力、人間性等

・運動に積極的に取り組み、約束を守り助け合って運動をしたり、仲間の考えや取組を認めたり、場や器械・器具の安全に気を配ったりすることができる。

4・5時	6時
[第2段階] **仲間と互いの動きを見合い、自分の学習課題を達成する。**	
自己の能力に適した回転系や巧技系の基本的な技や発展技に取り組み、技を身に付ける。	
4・5　自分の課題を解決しよう①② POINT：課題の解決に向けて、対話的な学びが行いやすいように、同じ課題（技）に取り組む子供同士でグループを組み、運動に取り組む。 **[主な学習活動]** ○集合・あいさつ ○今日の学習の流れの確認 ○準備運動 ○感覚づくりの運動 ○回転系の技に取り組む 　・自分の課題の解決に取り組む ○巧技系の技に取り組む 　・自分の課題の解決に取り組む ○組み合わせ、繰り返しの技を決める（第4時） ○整理運動・学習の振り返り	**6　伸びたところを伝え合おう** POINT：固定グループで発表し合うことで、互いの成長を確かめる。 **[主な学習活動]** ○集合・あいさつ ○今日の学習の流れの確認 ○準備運動 ○感覚づくりの運動 ○回転系・巧技系の技に取り組む 　・自分の課題の解決に取り組む ○グループで発表会 ○整理運動・学習の振り返り

子供への配慮の例

①運動が苦手な子供

マット運動が苦手な子供には、その技の系統の運動遊びに取り組ませ、必要な基本的な感覚や動きを身に付けることができるようにする。

回転系の技を行う際に、回転に勢いがない子供には、マットの下に跳び箱の踏切板などを敷き、傾斜を利用して、勢いをつけて回転する動きが身に付くようにする。

倒立回転グループの技に取り組む際には、壁登り逆立ちや壁倒立、ブリッジなどの逆さになる運動遊びや、手や足を着く場所が分かるように目印を置くなどして練習できるようにする。

②意欲的でない子供

痛みへの不安感や技への恐怖心をもつ子供には、ぶつかったり、倒れたりしても痛くないように、マットを多めに敷いたり、補助者を付けたりする。

仲間とうまく関わって学習を進めることが難しい子供には、技を観察するポイントや位置を示し、気付いたことなどを仲間に伝える時間や場を設定する。

基本的な技を安定して行えるようになった子供には、発展技に挑戦するなど、新たな学習課題に取り組むことができる時間や場を設定する。

本時案

学習の進め方を知ろう

1/6

本時の目標

単元の学習内容を知り、既習の技を振り返るとともに、マット運動に必要な技能を知ることができるようにする。

評価のポイント

学習の進め方や技系統を理解することができたか。

週案記入例

[目標]
学習の進め方や技の系統を知る。

[活動]
約束を確認し、既習の技に取り組む。

[評価]
マット運動に必要な技能が理解できたか。

[指導上の留意点]
各技の系統について確認し、マット運動に必要な技能を理解させる。

本時の展開

	時	子供の活動
はじめ	5分	**集合・あいさつ** ○学習内容を知る。
準備運動	2分	**本時の学習で使う部位をよくほぐす** ○足や足首、手や手首、首、肩のストレッチ運動をする。 →伸ばしている部分を意識させるよう言葉掛けをする。
場の準備	2分	**安全に気を付け準備をする** 1 ○声を掛け合って準備をするように言葉掛けをする。
感覚づくりの運動	3分	**技につながる基本的な感覚を養う運動に取り組む** 2 ○技へのつながりを意識させながら取り組むよう言葉掛けをする。
マット運動	25分	**中学年で取り組んだ技について運動しながら振り返る** ○［回転系接転技群］ ・前転　・易しい場での開脚前転　・後転　・開脚後転 ○［回転系ほん転技群］ ・補助倒立ブリッジ　・側方倒立回転　・首はね起き ○［巧技系平均立ち技群］ ・壁倒立　・頭倒立 ○既習の振り返りを基にして、マット運動に必要な技能を知る。 ○技の系統性を確認し、技の行い方や技能ポイントを確認する。 3
後片付け	2分	**安全に気を付け片付けをする** ○声を掛け合って片付けるように言葉掛けをする。
整理運動	2分	**運動で使った部位をゆったりとほぐす** ○よく使った部位を中心にほぐす。
まとめ	4分	**今日の学習を振り返り、学習カードに記入する** ○学習カードの記入方法を知る。 ○今日の課題について、次の時間の課題について記入させる。 ○次時の学習内容を予告する。

1 安全面に関わる注意事項

安全面に関しては単元を通して、指導をしていく。

・マットは大きさに応じて、２人または４人で持ち運びをさせる。
・持ち手は必ずマットの下に入れる。
・マットを並べる際、隣の場との間隔を２～３ｍ空ける。
・移動する際に、マットを横切らせない。
・試技の後、マットがずれたら直す。

●マットのはこび方

2 感覚づくりの運動

単元全体を通して、下図や表のような感覚づくりの運動を行う。

ゆりかご

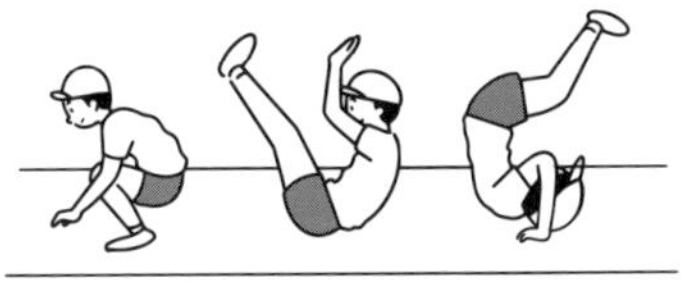

かえるの足打ち

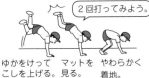

うさぎとび

せなかでとう立

かえる倒立

動物歩き

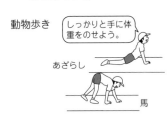

支持感覚	接転感覚	倒立感覚	締めの感覚
動物歩き 手押し車 うさぎ跳び	ゆりかご 背支持倒立からゆりかご またのぞき前転	かえるの足打ち 壁登り逆立ち ブリッジ	アンテナ 手押し車 石の地蔵さん 人運び

3 技の系統

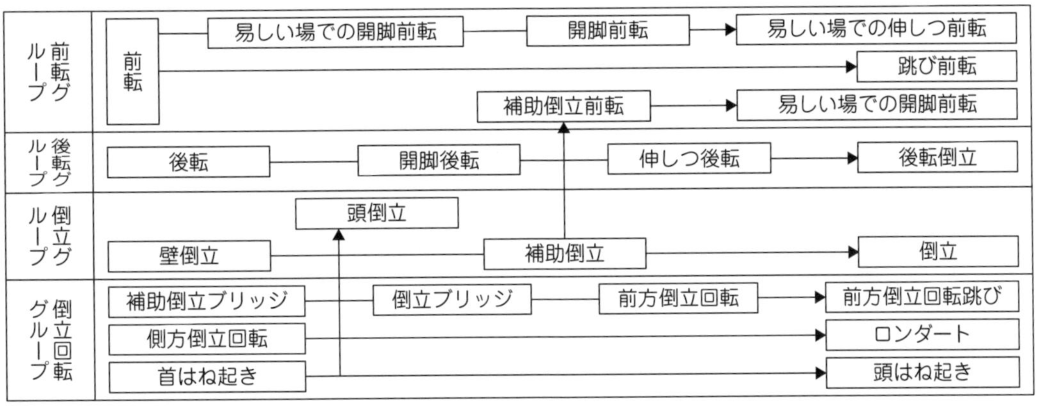

本時案

自分の課題を見付けよう①

2/6

本時の目標

発展技の行い方を知り、身に付けたい技を決めることができるようにする。

評価のポイント

発展技の行い方やポイントを理解し、自己の能力に適した身に付けたい技を見付けることができたか。

週案記入例

[目標]
発展技の行い方を知り、身に付けたい技を見付ける。

[活動]
安全や約束を確認し、発展技に取り組む。

[評価]
自己の能力に適した身に付けたい技を見付けることができたか。

[指導上の留意点]
発展技の行い方を指導するが、その前段階の技を身に付けていない子供には、基本的な技に取り組ませるようにする。

本時の展開

	時	子供の活動
はじめ	2分	**集合・あいさつ** ○今日の学習内容を知る。
準備運動	2分	**本時の学習で使う部位をよくほぐす** ○足や足首、手や手首、首、肩のストレッチ運動をする。 →伸ばしている部分を意識させるよう言葉掛けをする。
場の準備	2分	**安全に気を付け準備をする** ○声を掛け合って準備をするように言葉掛けをする。
感覚づくりの運動	3分	**技につながる感覚を養う運動に取り組む** ○技へのつながりを意識させながら取り組むよう言葉掛けをする。
マット運動	29分	**発展技の行い方や練習方法を知り、取り組む** ○［回転系接転技群前転グループ］ ・「開脚前転」の行い方を知り、取り組む。1 ○［巧技系平均立ち技群倒立グループ］ ・「補助倒立」の行い方を知り、取り組む。2 ○［回転系ほん転技群はね起きグループ］ ・「頭はね起き」の行い方を知り、取り組む。3
後片付け	2分	**安全に気を付け片付けをする** ○声を掛け合って片付けるように言葉掛けをする。
整理運動	2分	**運動で使った部位をゆったりとほぐす** ○よく使った部位を中心にほぐす。
まとめ	3分	**今日の学習を振り返り、学習カードに記入する** ○今日の課題について、次の時間の課題について記入させる。 ○次時の学習内容を予告する。

1 「開脚前転」の行い方

「両手と後頭部を着きながら腰を高く上げ前方へ回転し、膝を伸ばして足を左右に大きく開き、接地するとともに素早く両手を股の近くに着いて膝を伸ばしたまま開脚立ちをすること」

両手を開いて着き、強くける。
腰を大きく開いてまっすぐ回転する。
足を左右に開き、両手をマットに着いて立つ。

ポイント
・足はマットに着く直前で開く。
・立つときは手でマットを強く押す。

2 「補助倒立」の行い方

「体を前方に振り下ろしながら片足を振り上げ両手を着き、体を真っ直ぐに伸ばして逆さの姿勢になり、補助者の支えで倒立すること」

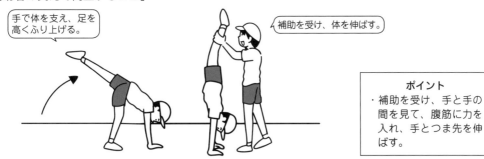

手で体を支え、足を高くふり上げる。
補助を受け、体を伸ばす。

ポイント
・補助を受け、手と手の間を見て、腹筋に力を入れ、手とつま先を伸ばす。

3 「頭はね起き」の行い方

「両手で支えて頭頂部を着いて屈身の姿勢の頭倒立を行いながら前方に回転し、尻が頭を越えたら腕と腰を伸ばし、体を反らせながらはね起きること」

体を反らして立つ。（しゃがみ立ちでもよい）
ひざをのばした頭倒立を行いながら、前方に回転する。
おしりが頭をこえたら、腰と腕をのばす。

ポイント
・首はね起き、頭はね起きともに、跳ね動作は腰が支持している面よりも少し前に移るときに行う。

本時案

自分の課題を見付けよう②

3/6

本時の目標

発展技の行い方を知り、身に付けたい技を決めるとともに、技の組み合わせ、繰り返しの仕方を知ることができるようにする。

評価のポイント

発展技の行い方やポイントを理解し、技の組み合わせや繰り返しの仕方が理解できたか。

週案記入例

[目標]
技の組み合わせ、繰り返しの仕方を知る。

[活動]
安全や約束を確認し、発展技に取り組む。

[評価]
技の組み合わせや繰り返しの仕方が分かったか。

[指導上の留意点]
発展技の行い方を指導するが、その前段階の技を身に付けていない子供には、基本的な技に取り組ませるようにする。

本時の展開

	時	子供の活動
はじめ	2分	**集合・あいさつ** ○今日の学習内容を知る。
準備運動	2分	**本時の学習で使う部位をよくほぐす** ○足や足首、手や手首、首、肩のストレッチ運動をする。 →伸ばしている部分を意識させるよう言葉掛けをする。
場の準備	2分	**安全に気を付け準備をする** ○声を掛け合って準備をするように言葉掛けをする。
感覚づくりの運動	3分	**技につながる感覚を養う運動に取り組む** ○技へのつながりを意識させながら取り組むよう言葉掛けをする。
マット運動	29分	**発展技の行い方や練習方法を知り取り組む** ○［回転系接転技群後転グループ］ ・「伸膝後転」の行い方を知り、取り組む。1 ○［回転系ほん転技群倒立回転グループ］ ・「倒立ブリッジ」「ロンダート」の行い方を知り、取り組む。2 3 ○技の組み合わせや繰り返しの方法を知る 4 ○回転系から1つ、巧技系から1つ身に付けたい技を選択する。
後片付け	2分	**安全に気を付け片付けをする** ○声を掛け合って片付けるように言葉掛けをする。
整理運動	2分	**運動で使った部位をゆったりとほぐす** ○よく使った部位を中心にほぐす。
まとめ	3分	**今日の学習を振り返り、学習カードに記入する** ○今日の課題について、次の時間の課題について記入させる。 ○次時の学習内容を予告する。

1 「伸膝後転」の行い方

「直立の姿勢から前屈しながら後方へ倒れ、尻を着き、膝を伸ばして後方に回転し、両手でマットを押して膝を伸ばしたまま立ち上がること。」

体を前にたおしながらおしりをつく。
ひざをのばしたまま、足をふり上げて回る。
両手でマットをおしてひざをのばして立つ。

ポイント
- 手とお尻を同時につける
- マットを強く押し、頭の近くに足をつける

2 「倒立ブリッジ」の行い方

「倒立位から前方へ体を反らせ、ゆっくりと足を下ろしながらブリッジの姿勢をつくること」

倒立の姿勢になる。
体がたおれはじめたら、背中を反らして足を着き、とまる。

ポイント
- 手の方に足を着ける
- 足を着くとき、つま先とひざを開く

3 「ロンダート」の行い方

「助走からホップを行い、片足を振り上げながら片手ずつ着き、体を2分の1ひねり、両足を真上で揃え、両手で押しながら両足を振り下ろし、空中で回転して立ち上がること」

助走からホップして、勢いをつける。
側方倒立回転の姿勢から、足が高く上がったら両足をそろえる。
両足を振り下ろして後ろ向きで立ち上がる。

ポイント
- 振り上げた足をまっすぐに伸ばす
- 手を着きはなして足をそろえて立つ

4 組み合わせや繰り返し

組み合わせや繰り返しの動き方の例

○組み合わせる技や技の数によってスタート（S）やゴール（G）の位置を変える。

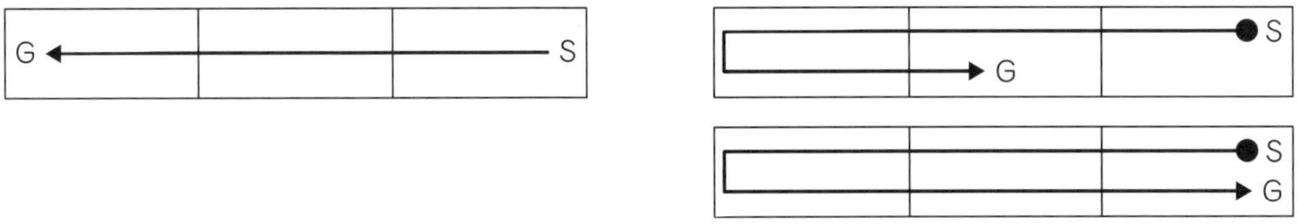

本時案

自分の課題を解決しよう①

4/6

本時の目標

自己の能力に適した技に取り組み、その習得に向けた練習の場や段階を選んで取り組むことができるようにする。

評価のポイント

技の習得に向けて、練習方法を工夫したり、仲間と助け合って練習に取り組んだりすることができたか。

週案記入例

[目標]
自己の能力に適した技に取り組む。

[活動]
練習の場や段階を選んで取り組む。

[評価]
練習を工夫し、助け合って練習に取り組めたか。

[指導上の留意点]
望ましい練習や学び合いをしているグループの姿を全体に価値付け、手本とするようにしていく。

本時の展開

	時	子供の活動
はじめ	2分	**集合・あいさつ** ○今日の学習内容を知る。
準備運動	2分	**本時の学習で使う部位をよくほぐす** ○足や足首、手や手首、首、肩のストレッチ運動をする。 →伸ばしている部分を意識させるよう言葉掛けをする。
場の準備	2分	**安全に気を付け準備をする** ○声を掛け合って準備をするように言葉掛けをする。
感覚づくりの運動	3分	**技につながる感覚を養う運動に取り組む** ○技へのつながりを意識させながら取り組むよう言葉掛けをする。
マット運動	29分	**課題解決に向けて、自分が選択した技に取り組む** 1 ○回転系接転技群の技に取り組む。 2 ・前転グループ、後転グループのどちらか1つの技を選択する。 →3～4人の課題別グループで取り組む。 ○回転系ほん転技群、巧技系平均立ち技群の技に取り組む。 ・どちらか1つの群から技を選択して取り組む。 →3～4人の課題別グループで取り組む。
後片付け	2分	**安全に気を付け片付けをする** ○声を掛け合って片付けるように言葉掛けをする。
整理運動	2分	**運動で使った部位をゆったりとほぐす** ○よく使った部位を中心にほぐす。
まとめ	3分	**今日の学習を振り返り、学習カードに記入する** ○今日の課題について、次の時間の課題について記入させる。 ○次時の学習内容を予告する。

1 効果的なグループ学習について

技の習得に向け、お互いが見合い、教え合えるグループ学習を展開していく。
3～4人でグループを組み「運動に取り組む子供」と「見てアドバイスをする子供」に分かれる。
数回取り組んだら入れ替わると運動する時間の無駄が少なくなる。

課題を伝えて、スタートする。
安全を確かめ、技に取り組む人に向かって手を挙げ、合図をする。
マットの横で技のできばえを見て、課題を達成していることを確認したり、補助をしたりする。
※グループ編成は、子供の課題を確認して、教師が編成したり、授業中に課題別に分かれて、その場で編成したりする。

2 回転系接転技群の技能のポイント

回転力を高めて、起き上がる動き方が同じグループの発展技を身に付けるために不可欠となる。

回転力を高めるための動き

[前転グループ]

図1は、着手の位置が近いため、腰が開かず、回転に勢いが生まれない。

図1

図2

図2は、手を遠くに着くことで、腰が開く。着地の際にかかとを体に引き付けることで、更に回転が加速し、発展技につながる。

[後転グループ]

腰が頭の上を越すところ（頭越し局面）に大きな課題や発展の要素が含まれる

図3は腰の角度が開かず体の柔軟性を活かした回転となっている。図4は、膝を伸ばして上体を勢いよく後ろに倒すことにより、腰の角度が開く。それに合わせて一気に脚を振り上げることで回転に勢いが生まれ、手の押しと腰の開きを同調させることで頭を抜きやすくなる。

図3

図4

本時案

自分の課題を解決しよう② 5/6

本時の目標

自己の能力に適した技に取り組み、その習得に向けた練習の場や段階を選んで取り組むことができるようにする。

評価のポイント

技の習得に向けて、練習方法を工夫したり、仲間と助け合って練習に取り組んだりすることができたか。

週案記入例

[目標]
自己の能力に適した技に取り組む。

[活動]
練習の場や段階を選んで取り組む。

[評価]
練習を工夫し、助け合って練習に取り組めたか。

[指導上の留意点]
試技をする前には、自分の課題をグループの仲間に伝えるようにさせ、対話的な学習が効果的に行われるようにする。

本時の展開

	時	子供の活動
はじめ	2分	**集合・あいさつ** ○今日の学習内容を知る。
準備運動	2分	**本時の学習で使う部位をよくほぐす** ○足や足首、手や手首、首、肩のストレッチ運動をする。 →伸ばしている部分を意識させるよう言葉掛けをする。
場の準備	2分	**安全に気を付け準備をする** ○声を掛け合って準備をするように言葉掛けをする。
感覚づくりの運動	3分	**技につながる感覚を養う運動に取り組む** ○技へのつながりを意識させながら取り組むよう言葉掛けをする。
マット運動	29分	**課題解決に向けて、自分が選択した技に取り組む** ○回転系接転技群の技に取り組む。 ・前転グループ、後転グループのどちらか１つの技を選択する。 →３〜４人の課題別グループで取り組む。 ○回転系ほん転技群、巧技系平均立ち技群の技に取り組む 1 ・どちらか１つの群から技を選択して取り組む。 →３〜４人の課題別グループで取り組む。 ○組み合わせ、繰り返しの技を決める 2
後片付け	2分	**安全に気を付け片付けをする** ○声を掛け合って片付けるように言葉掛けをする。
整理運動	2分	**運動で使った部位をゆったりとほぐす** ○よく使った部位を中心にほぐす。
まとめ	3分	**今日の学習を振り返り、学習カードに記入する** ○今日の課題について、次の時間の課題について記入させる。 ○次時の学習内容を予告する。

1 回転系ほん転技群の練習

ほん転技群の技は、回転力を高めて起き上がるために腰における屈伸動作に、手の押しを同調させることが大切である。腰を曲げて、一気に体を伸ばす動きの感覚がつかめるよう、段階を踏んで練習をする必要がある。

3人組ではね動作から立つ練習

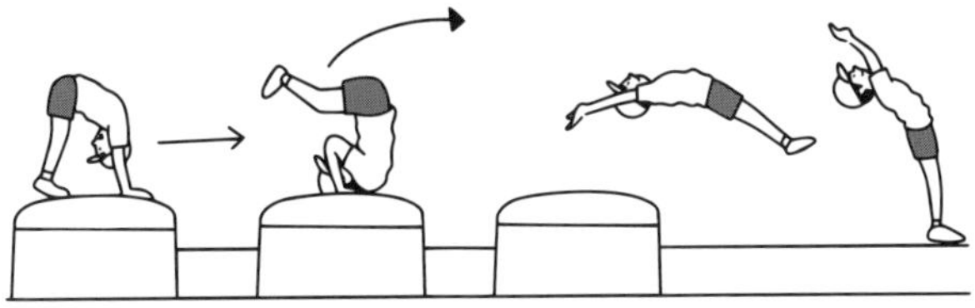

落差を利用したはね起きおり

2 技の組み合わせ方

[バランスやジャンプの例]

技と技をつなげるためのつなぎ技や動きの例

バランス系	水平バランス 	V字バランス 	背支持倒立 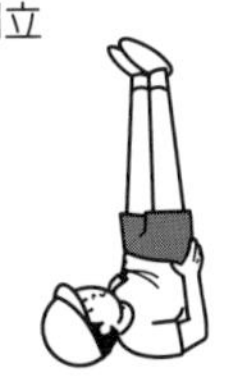
体の向きを変える動き	跳びひねり  ジャンプして180度回転	足交差  足交差→向きを変える	足をずらして回転  足をずらして着地→回転

同じ方向への組み合わせ	・前転グループの技は前転グループの技につながりやすい。 ・後転グループの技は後転グループの技につながりやすい。
体の向きを変える組み合わせ	・跳びひねりは、静止した状態からでも体の向きを変えられる。 ・足交差は、スムーズに体の向きが変えられるので、よりなめらかに次の技につなげやすい。 ・足をずらして回転すると、立ち上がりやすいので、側方倒立回転やロンダートにつなげやすい。
バランス系の技の組み合わせ	・技の始まりや終わり、技の間など、どこにでも入れることができるので、演技の幅が広がる。 ・技に繋げて入れる場合、技のスピードのコントロールも必要になるので、より安定した技の習得が求められる。

本時案

伸びたところを伝え合おう 6/6

本時の目標

自己の能力に適した技を組み合わせたり、繰り返したりすることができるようにする。

評価のポイント

自己の能力に適した技を組み合わせたり、繰り返したりすることができたか。

週案記入例

[目標]
自己の能力に適した技を選択し取り組む。

[活動]
技を組み合わせたり、繰り返したりする。

[評価]
できる技を組み合わせたり、繰り返したりできたか。

[指導上の留意点]
グループの発表会では、見る視点を明確にし、個々の伸びを伝え合えるようにする。

本時の展開

	時	子供の活動
はじめ	2分	**集合・あいさつ** ○今日の学習内容を知る。
準備運動	2分	**本時の学習で使う部位をよくほぐす** ○足や足首、手や手首、首、肩のストレッチ運動をする。 →伸ばしている部分を意識させるよう言葉掛けをする。
場の準備	2分	**安全に気を付け準備をする** ○声を掛け合って準備をするように言葉掛けをする。
感覚づくりの運動	3分	**技につながる感覚を養う運動に取り組む** ○技へのつながりを意識させながら取り組むよう言葉掛けをする。
マット運動	29分	**課題解決に向けて、自分が選択した技に取り組む** ○回転系接転技群、回転系ほん転技群、巧技系平均立ち技群の技に取り組む。 ・発表会を意識させ、できるようになった技、もう少しでできそうな技に取り組ませる。 →3～4人の課題別グループで取り組む。 ○第1～3時の固定グループで発表会を行う。 1 ・できるようになった技をお互いに見せ合い、単元を通してお互いの伸びを確認できるようにする。
後片付け	2分	**安全に気を付け片付けをする** ○声を掛け合って片付けるように言葉掛けをする。
整理運動	2分	**運動で使った部位をゆったりとほぐす** ○よく使った部位を中心にほぐす。
まとめ	3分	**今日の学習を振り返り、学習カードに記入する** ○学習全体の振り返りを行う。 2

1 発表会の仕方

技ができるようになった楽しさや喜びを味わうために発表会を行う。互いの学習の成果を認め合える場になるようにする。学級全体の前で発表となると時間がかかるため、グループ内やグループ同士での発表会を行うとよい。

前転と後転と伸膝後転をします。
伸膝後転のとき、膝がしっかり伸びていてよかったよ。
回り方に勢いがあったね。

技の組み合わせ例

できるようになった技を選び、それらにバランスやジャンプなどを加えて組み合わせたり、繰り返したりする。

[組み合わせる技の例]

①前転 ― 開脚前転 ― 前転

②前転 ― 足交差 ― 後転 ― 開脚後転

③前転 ― 前転 ― 跳びひねり ― 後転
④後転 ― 足交差 ― 前転 ― 大きな前転
⑤前転 ― 跳びひねり ― 後転 ―側方倒立回転
⑥倒立前転 ― 前転 ― 片足ターン―伸膝後転

2 学習のまとめ（マット運動の学習を終えての感想を書く）

○第１時からの自分の変容が分かるように、振り返りをさせる。
○努力の様子や技能の伸びなどについて、教師の評価を記入し、６年生のマット運動に向けて意欲をもって学習を終えられるようにする。

DVD
収録資料

「マット運動」学習カード＆資料

使用時 **第1～6時**

本カードは第１時から第６時まで、単元全体を通して使用する。技の系統表を活用して、子供に身に付けたい技を明確にさせると共に、その技に至るまでの身に付けていかなければならない技も明確にすることができる。子供がどのような技に挑戦して技を身に付けていったのか見取ると共に、学習課題や課題解決の変容も見取ることができるカードである。

収録資料活用のポイント

①使い方

まず、単元のはじめに本カードを子供たち一人一人に板目紙と一緒に配布する。板目紙の裏側にはマット運動の技の系統図を貼り、いつでも自分の身に付けたい技、そこまでの系統を確認できるようにしておく。学習課題の書き方や学習の振り返りを書く視点も説明をする。

②留意点

本カードは子供の課題の変容を記録するものである。子供が、自己の能力に合っていない技に取り組んでいたり、課題に合っていない練習方法などに取り組んでいたりする場合は、コメントを残して積極的に課題の修正をしていきたい。記入する欄が多いが、記入の時間を多く設けることはせず、できるだけ運動の時間を確保できるようにしていきたい。

学習カード 5-10-1（1～6時）

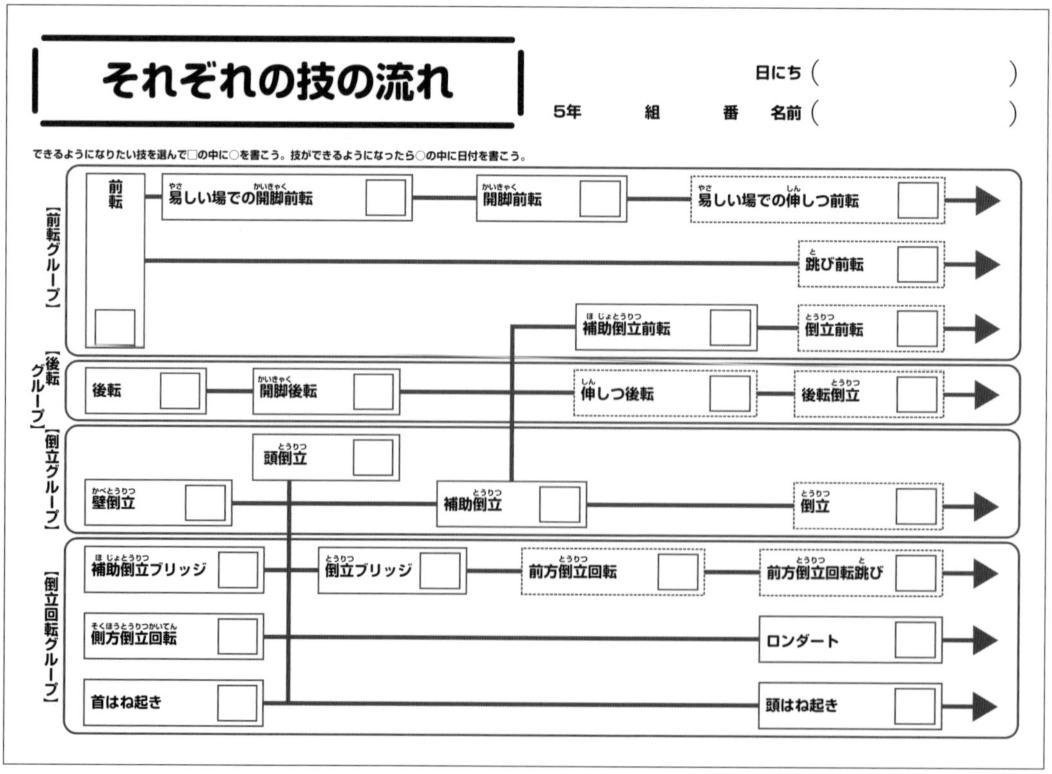

マット運動学習カード

日にち（　　　　　　）

5年　　組　　番　名前（　　　　　　）

	1（　／　）	2（　／　）	3（　／　）		4（　／　）	5（　／　）	6（　／　）
めあて	学習の進め方を知る	発展技の行い方や練習方法を知り、取り組む	発展技の行い方や練習方法を知り、取り組む	回転系接転技	技名	技名	技名
	[前・後転グループ] ・前転 ・易しい場での開脚前転 ・後転　・開脚後転	[前転グループ] 開脚前転	[後転グループ] 伸膝後転		ポイント	ポイント	ポイント
	[倒立回転ほん転技グループ] ・補助倒立ブリッジ ・側方倒立回転 ・首はね起き	[倒立グループ] 補助倒立	[倒立回転グループ] 倒立ブリッジ		練習方法・場	練習方法・場	練習方法・場
	[倒立グループ] ・壁倒立　・頭倒立	[はね起きグループ] 頭はね起き	[倒立回転グループ] ロンダート	本転技・平均立ち技群	技名 ポイント 練習方法・場	技名 ポイント 練習方法・場	発表会（できるようになった技）
ふり返り（◎　○　△）				ふり返り（◎　○　△）			ふり返り（1時間目の自分と比べて）
	くり返し取り組めた	くり返し取り組めた	くり返し取り組めた		くり返し取り組めた	くり返し取り組めた	
	約束を守って取り組めた	約束を守って取り組めた	約束を守って取り組めた		約束を守って取り組めた	約束を守って取り組めた	
	安全に気を付けて取り組めた	安全に気を付けて取り組めた	安全に気を付けて取り組めた		安全に気を付けて取り組めた	安全に気を付けて取り組めた	

ボール運動

11 ゴール型（サッカー）

10時間

【単元計画】

1時	2・3・4時	5時
[第1段階] ボール操作の技能を高め、サッカーを楽しむ。		
サッカーの学習内容と進め方を知り、学習の見通しをもつことができるようにする。	ボール操作の行い方を知り、ドリブルやパスの技能を高めることができるようにする。	ボール操作の行い方を知り、パスを受けてシュートをし、ゲームを楽しむ。
1　サッカーの学習内容や進め方を知り、チームの特徴や自己の課題を見付けよう POINT：サッカーの基本のルールを知り、サッカーの楽しさや難しさを実感しながら自己やチームの課題を見付ける。 **【主な学習活動】** ○集合・あいさつ・学習の進め方を知る ○準備運動 ○ボール慣れ ○試しのゲーム ○整理運動 ○まとめ ①学習を振り返る。 ②次時の学習内容を知る。	**2～4　ゴールに向かうためのドリブルやパスを意識して練習に取り組もう①～③** POINT：得点を取るために、ゴールに向かうことを意識したドリブルやパスの技能向上を図る。 **【主な学習活動】** ○集合・あいさつ ○準備運動 ○ボール慣れ ○ゲーム①（チーム内ゲーム） ○ゲーム②（メインゲーム） ○整理運動 ○まとめ ①学習を振り返る。 ②次時の学習内容を知る。	**5　ゴールに向かうことを意識し、パスを受けてシュートをする練習に取り組もう** POINT：パスを受けてシュートをする技能向上を図る。 **【主な学習活動】** ○集合・あいさつ ○準備運動 ○ボール慣れ ○ゲーム①（チーム内ゲーム） ○ゲーム②（メインゲーム） ○整理運動 ○まとめ ①学習を振り返る。 ②次時の学習内容を知る。

授業改善のポイント

主体的・対話的で深い学びの実践に向けて

ボール運動は、ルールや作戦を工夫したり、集団対集団の攻防によって仲間と力を合わせて競い合ったりする楽しさや喜びを味わう運動である。

単元前半では、ボールを蹴る・止める、ドリブルで運ぶなどのボール操作を中心とした学習を展開し、課題解決に向けて粘り強く、仲間と協力しながら主体的に学習に取り組むようにする。単元後半では、ボールを持たない動きに重点を置いた学習を展開する。ICT機器を活用し、他者との対話からチーム内で動き方を高めていくよりよい解決策を見いだしていく。単元全体を通して、見通しをもたせ、課題解決に取り組もうとする姿勢を大切にする。

また、「学習カード」を活用し、自身での気付きを簡潔にまとめることが主体的・対話的な学習になり、試行錯誤を繰り返しながら深い学びへとつなげる。

単元の目標

○知識及び技能

・サッカーの行い方を知り、パスをつないで攻めたり守ったりして、ゲームができる。

○思考力、判断力、表現力等

・ルールを工夫したり、自己のチームの特徴に応じた作戦を選んだりすることができる。

・課題の解決のために、考えたことを友達に伝えることができる。

○学びに向かう力、人間性等

・ルールを守り、友達と助け合って運動ができる。

<table>
<tr><th>6・7・8時</th><th>9時</th><th>10時</th></tr>
<tr><td colspan="3">[第2段階]
ボールを持たないときの動きを高め、チームで協力してサッカーを楽しむ。(オフ・ザ・ボール)</td></tr>
<tr><td>ボールを持たないときの動きを知り、得点しやすい場所に移動してゲームを楽しむ。</td><td colspan="2">チームの特徴に応じた作戦を選んで、ゲームを楽しむ。</td></tr>
<tr><td>6～8　ボールを持たないときの動きを身に付ける練習にチームで取り組もう①～③
POINT：フリーになったり、ボールを受けることのできる場所に動いたり、ボールを持たないときの動きの向上を図る。

【主な学習活動】
○集合・あいさつ
○準備運動
○ボール慣れ
○ゲーム①（チーム内ゲーム）
○ゲーム②（メインゲーム）
○整理運動
○まとめ
①学習を振り返る。
②次時の学習内容を知る。</td><td colspan="2">9・10　チームの特徴に応じた作戦を選んでサッカー大会に取り組もう①②
POINT：身に付けたボール操作や、ボールを持たないときの動きを生かし、選んだ作戦を意識してゲームに取り組む。

【主な学習活動】
○集合・あいさつ
○ボールを使った準備運動
○ボール慣れ
○サッカー大会
○整理運動
○まとめ
①学習を振り返る。
②次時の学習内容を知る。</td></tr>
</table>

子供への配慮の例

①運動が苦手な子供

ボール操作が苦手な子供に対しては、シュートを狙いやすい場所を設定したり、ボールを保持した際に、最初にゴールの位置を見て確認することをアドバイスしたりする。また、得点しやすい場所に移動することが難しい子供に対しては、仲間がゴールの位置を教え、ボール保持者とゴールの間や相手の人数が少ない場所へ移動することをアドバイスする。子供の実態に合った学習課題を立てるようにする。

②意欲的でない子供

ボールに対して恐怖がある子供には、柔らかいボールや少し大きめのボールを用意し、ボールに対する意識を変えられるようにする。動きが分からないために意欲的に取り組めない子供には、他のチームを観察したり、動きを動画で確認する場を設定したりする。また、仲間と上手く関わることができない子供には、チーム内の役割を明確にして取り組むように助言する。

本時案

サッカーの学習内容や進め方を知り、チームの特徴や自己の課題を見付けよう

1/10

本時の目標

サッカーの学習内容を把握し、ねらいや進め方を知り、ゲームを通して基本的なルールやチームのよさ、自己の課題を見付けることができるようにする。

評価のポイント

サッカーの学習内容や進め方を知り、楽しくゲームに取り組む中で、チームのよさや自己の課題を見付けることができたか。

週案記入例

[目標]
サッカーの学習の行い方を知り、楽しくゲームに取り組む。

[活動]
ゲームに楽しく取り組み、活動を振り返り、課題を見付ける。

[評価]
ゲームに楽しく取り組み、チームや自分の課題に気付くことができたか。

[指導上の留意点]
ゲームの時間をなるべく多く確保し、その中での気付きを大切にする。

本時の展開

	時	子供の活動
はじめ	3分	⑴ **集合・あいさつ** ○集合・整列・学習の進め方の確認をする。 ⑵ **本時の学習内容を知る** 1
準備運動	3分	**本時の運動につながる準備運動をする** ○よく使う部位を中心にほぐすようにする。
ボール慣れ（ミニゲーム含む）	15分	⑴ **ボール慣れ（ミニゲーム）を行う** ○ボールタッチ　　**第2時** 1 ・インサイドやアウトサイド、足の裏など、様々な面を使ってボールを扱うことを意識したボール慣れに取り組む。 ○ナンバリングパス　　**第3時** 1 ・ゼッケンの番号順にパスをまわす。制限時間内に何本のパスをまわすことができたかをチームで競い合う。慣れてきたら動きながらパスをまわすようにする。
試しのゲーム	16分	⑵ **試しのゲーム** 2 ○基本的なルールやゲームの進め方を確認しながら、ゲームを行う。 ・1チーム4～6人で行う。全チーム一斉に行い、相互審判をする。 ・前後半7分で行い、インターバル中にチームで攻め方の工夫を話し合う。
整理運動	3分	**体をほぐす** ○運動で使った部位をゆっくりと動かし、ほぐす。
まとめ	5分	⑴ **本時の学習を振り返り、まとめを行う**　　**第4時** 2 ①パス・ドリブル・チームについて振り返る。 ②次時の学習課題を記録する。 ⑵ **次時の学習内容を確認する**

1 基本的なゲームの進め方について

あいさつで始まり、あいさつで終わる。

ハーフウェイラインからキックオフでゲームを始める。
得点後も同様に再開する。

ボールがコート外に出たときはライン上にボールを置いてコート内へ蹴り入れる。

ゴールラインからボールが出たときはキーパーが投げてゲームを再開する。

守備側がゴールラインよりボールを出したときはコーナーキックで再開する。

ゲームの前には円陣を組み、チームの士気を高める。

2 基本的なルールについて

【コートについて】

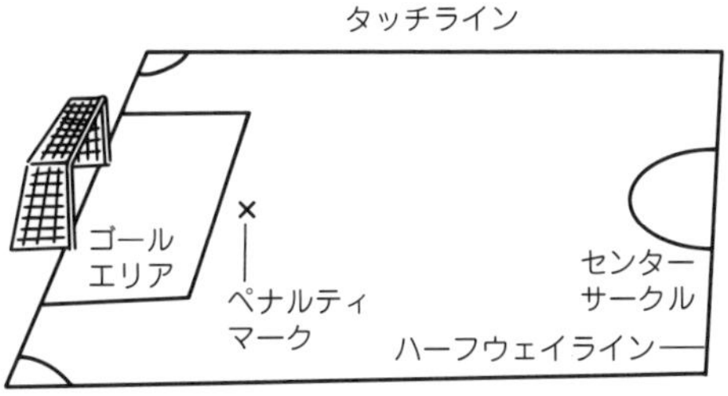

・縦15m、横20m程度
・ゴールはハンドボール用もしくは簡易組み立てゴールを使用する。

【基本のルールについて】

・１チーム４～６人で編成する。
・キャプテンを選出し、キャプテン同士でチームを決めてもよい。
・得点は１点。始めの得点は２点等の工夫をしてもよい。
・得点を決めた子供の紅白帽を白から赤へ変え、得点する楽しさを味わわせていく。
・基本はサッカーボールの４号球を使用する。実態によっては柔らかい物や大きなボールに変えて行ってもよい。

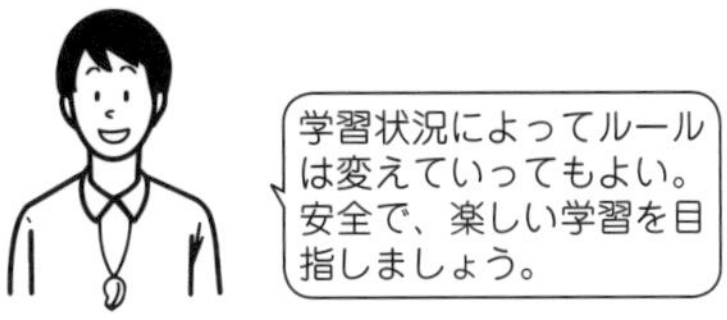

学習状況によってルールは変えていってもよい。安全で、楽しい学習を目指しましょう。

【反則について】

以下の事が行われた場合は、相手チームのフリーキックから再開する。

ハンド

プッシング

キッキング

ハイキック

ショルダーチャージ

本時案

ゴールに向かうための ドリブルやパスを 意識して取り組もう①

2/10

本時の目標

得点を取るために相手ゴールを意識し、自陣より前にボールを運ぶドリブルやパスの技能を高める練習に取り組むことができるようにする。

評価のポイント

得点を取るための相手のゴールに向かうドリブルや、味方へのパスを意識してゲームに取り組み、技能を高めることができたか。

週案記入例

[目標]
相手のゴールを意識したドリブルやパスの技能を高める。

[活動]
ドリブルやパスを意識したゲームに取り組む。

[評価]
ドリブルやパスを生かしたゲームに取り組み、技能を高めることができたか。

[指導上の留意点]
学習の発展を見通し、相手との距離が離れていればドリブル、距離が詰められていればパスなどの判断面においても言葉掛けを行う。

本時の展開

	時	子供の活動
はじめ	3分	**(1) 集合・あいさつ** ○集合・整列・学習課題の確認をする。 **(2) 本時の学習内容を知る**
準備運動	3分	**本時の運動につながる準備運動をする** ○よく使う部位を中心にほぐすようにする。
ボール慣れ（ミニゲーム）	10分	**(1) ボール慣れ（ミニゲーム）を行う（運動例から２つ選択）** 1 2 ○ナンバリングパス　第３時 1 ・ゼッケンの番号順にパスをまわす。制限時間内に何本のパスをまわすことができたかをチームで競い合う。慣れてきたら動きながらパスをまわすようにする。 ○じゃんけんボール集め ・ペアを作り、１人がボールを集めにいく。じゃんけんをし、勝ったらドリブルをしてペアのところまで運び、何個集めることができたかを競う。
ゲーム①	10分	**(2) チーム内ゲーム（２対１）　第３時** 2 ・チーム内でローテーションをし、攻めと守りを交互に行う。 ・ドリブルとパスを組み合わせ、得点をあげる楽しさを味わう。
ゲーム②	10分	**(3) メインゲーム** ・始める前にチームでポジショニング等の確認を行う。 ・数的優位の状況を見付け、得点を取るためドリブルやパスを適用させる。
整理運動	3分	**体をほぐす** ○運動で使った部位をゆっくりと動かし、ほぐす。
まとめ	6分	**(1) 本時の学習を振り返り、まとめを行う** ①パス・ドリブルを中心に自分自身を振り返る。 ②次時の学習課題を記録する。 **(2) 次時の学習内容を確認する**

1 ボール慣れの運動例

【足裏でボールタッチ】

（STEP 1）足の裏を使い、右足・左足を交互に素早く入れ替えてリズムよくボールに触れるようにする。

（STEP 2）片方の足裏タッチを２回連続で行ってから、もう片方の足裏で１回タッチする。右が「ワン、ツー」左で「スリー」と声を出しながらリズムよく行う。

（STEP 3）足の裏での操作に慣れてきたら、インステップやアウトサイド等の色々な部分を使って試してみる。

☆ここがポイント☆
姿勢をまっすぐに！ボールに体重をかけない！

【頭でボールタッチ】

☆ここがポイント☆
目をつぶらずに額にボールを当てること！

【ももでボールタッチ】

☆ここがポイント☆
ももの中心で触れること！

【胸でボールタッチ】

☆ここがポイント☆
胸の中心より少しずらし、膝を曲げて勢いを吸収すること！

2 基本的なボール操作について

【ボールを蹴る】

インサイドキック
近くの味方に正確なパスを出すときなどに使う。

○立ち足のひざを曲げたままでけり出す。

インステップキック
ロングパスなど遠くにパスを出すときに使う。

○ボールをよく見て、ボールの横にふみこみ、足のこうでける。

☆ここがポイント☆
ボールと足の方向

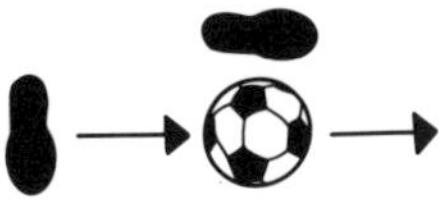

立ち足は、ける方向に足先を向ける。

【ボールを止める】

足のうらで
上からふむのではなく、つま先を上げ、地面と足のうらの間にボールが入ってくるようにする。

足の内側で
ボールを受けた後、すぐにけることができる場所にボールを置くようにする。

☆ここがポイント☆
ボールに触れる瞬間に足を引くようにする。

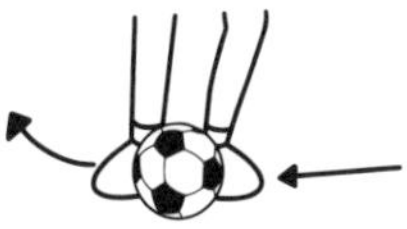

本時案

ゴールに向かうための ドリブルやパスを 意識して取り組もう②

3/10

本時の目標

得点を取るために相手ゴールを意識し、自陣より前にボールを運ぶドリブルやパスの技能を高める練習に取り組むことができるようにする。

評価のポイント

得点を取るための相手のゴールに向かうドリブルや、味方へのパスを意識してゲームに取り組み、技能を高めることができたか。

週案記入例

[目標]
相手のゴールを意識したドリブルやパスの技能を高める。

[活動]
ドリブルやパスを意識したゲームに取り組む。

[評価]
ドリブルやパスを生かしたゲームに取り組み、技能を高めることができたか。

[指導上の留意点]
学習の発展を見通し、相手との距離が離れていればドリブル、距離が詰められていればパスなどの判断面においても言葉掛けを行う。

本時の展開

	時	子供の活動
はじめ	3分	(1) **集合・あいさつ** ○集合・整列・学習課題の確認をする。 (2) **本時の学習内容を知る**
準備運動	3分	**本時の運動につながる準備運動をする** ○よく使う部位を中心にほぐすようにする。
ボール慣れ（ミニゲーム）	10分	(1) **ボール慣れ（ミニゲーム）を行う（運動例から２つ選択）** ○ナンバリングパス 1 ・ゼッケンの番号順にパスをまわす。制限時間内に何本のパスをまわすことができたかをチームで競い合う。慣れてきたら動きながらパスをまわすようにする。 ○ドリブル鬼ごっこ 1 ・コート内で、鬼以外はボールを１個所持し、鬼に取られないようにドリブルをする。
ゲーム①	10分	(2) **チーム内ゲーム（２対１）** 2 ・チーム内でローテーションをし、攻めと守りを交互に行う。 ・敵のいない方向へのドリブルやパスを意識して取り組む。
ゲーム②	10分	(3) **メインゲーム** 3 ・始める前にチームでポジショニング等の確認を行う。 ・数的優位の状況を見付け、得点を取るためドリブルやパスを適用させる。
整理運動	3分	**体をほぐす** ○運動で使った部位をゆっくりと動かし、ほぐす。
まとめ	6分	(1) **本時の学習を振り返り、まとめを行う** ①パス・ドリブルを中心に自分自身を振り返る。 ②次時の学習課題を記録する。 (2) **次時の学習内容を確認する**

1 ミニゲームの運動例①

【ナンバリングパス】

ゼッケンの番号順にパスを回す。慣れてきたら相手との距離を遠くしたり、動いたりしながら行うようにする。

【じゃんけんボール集め】

まわりを見て、近い場所や人の少ない場所を見て、ボールを取りに行く。

【ドリブル鬼ごっこ】

左右に動いたり、鬼の位置を確かめたりして、ボールをとられないポジショニングをとる。

2 チーム内ゲームの運動例について

【2対1】

２対１で攻撃側の人数が多い状態でハーフウェイラインからスタート。パスやドリブルでボールキープしながらゴールにシュートする。一定時間内で何点取れるかを競う。

【3対2】

サークル
前に走るよ。
パスをしたら、どこへ動こうかな。

３対２で攻撃側の人数が多い状態でスタート。ゴールの代わりにサークルをつくり、その中にボールを運ぶことができれば１点。数的優位な状況からフリーの味方にパスをつなげたり、ドリブルするためのスペースを作り出したりすることを意識しながら取り組むようにする。

3 メインゲームの進め方について

第２時から第６時までは、１単位時間内で、１チームと試合を行う。その時間の中で意識してきたことが試合で発揮できるように、攻め方を意識してゲームに取り組む。第７・８時については、これまで試合をしたチームの中からキャプテン同士で相談し、相手を決定する。第９・10時以外は相互審判で行う。

本時案

ゴールに向かうためのドリブルやパスを意識して取り組もう③

4/10

週案記入例

[目標]
相手のゴールを意識したドリブルやパスの技能を高める。

[活動]
ドリブルやパスを意識したゲームに取り組む。

[評価]
ドリブルやパスを生かしたゲームに取り組み、技能を高めることができたか。

[指導上の留意点]
学習の発展を見通し、相手との距離が離れていればドリブル、距離が詰められていればパスなどの判断面においても言葉掛けを行う。

本時の目標

得点を取るために相手ゴールを意識し、自陣より前にボールを運ぶドリブルやパスの技能を高める練習に取り組むことができるようにする。

評価のポイント

得点を取るための相手のゴールに向かうドリブルや、味方へのパスを意識してゲームに取り組み、技能を高めることができたか。

本時の展開

	時	子供の活動
はじめ	3分	**(1) 集合・あいさつ** ○集合・整列・学習課題の確認をする。 **(2) 本時の学習内容を知る**
準備運動	3分	**本時の運動につながる準備運動をする** ○よく使う部位を中心にほぐすようにする。
ボール慣れ（ミニゲーム）	10分	**(1) ボール慣れを行う（運動例から2つ選択）** ○ボールキープ＆サイドアウト 1 ・コート内でボールを1個所持し、相手に取られないようにドリブル、ボールキープをする。相手のボールをコート外に蹴り出す。 ○パスゲーム 1 ・1チーム3人で行う。交互に得点ゾーンに入り、時間内に何点取れるかを競う。
ゲーム①	10分	**(2) チーム内ゲーム（3対2） 第3時** 2 ・チーム内でローテーションをし、攻めと守りを交互に行う。 ・敵のいない方向へのドリブルやパスを意識して取り組む。
ゲーム②	10分	**(3) メインゲーム** ・始める前にチームでポジション等の確認を行う。 ・数的優位の状況を見付け、得点を取るためドリブルやパスを適用させる。
整理運動	3分	**体をほぐす** ○運動で使った部位をゆっくりと動かし、ほぐす。
まとめ	6分	**(1) 本時の学習を振り返り、まとめを行う** ①パス・ドリブルを中心に自分自身を振り返る。 ②次時の学習課題を記録する。 **(2) 次時の学習内容を確認する**

1 ミニゲームの運動例②

【ボールキープ＆サイドアウト】

１人１個ボールを所持し、ドリブルをする。ドリブルをしながら相手のボールをコート外へ蹴り出す。自分の体の近くにボールを置きながらボールをキープすること。

【パスゲーム】

ボール保持者と相手との一直線上にならない場所でボールを受けようとすること。守る方は、ボール保持者とパスの受け手の直線上に入ることを意識する。

2 個人用学習カード①の活用について

サッカー学習カード（個人用①）

サッカー学習カード①（個人用第１時～第５時）

日にち（　　　　　　　　　　）

5年　　　組　　　番　名前（　　　　　　　　　　）

◎・・・よくできた　○・・・できた　△・・・もう少し

	今日の活動・めあて	学習をふり返って			
①	【活動】 サッカーの学習内容や進め方を知り、基本的なルールやチームのよさ、自己のか題を見付けよう	楽しく活動できた	ルールやマナーを守って活動できた	チームのよさや自分のか題を見付けることができた	ドリブルやパス・シュートなどが上手になった
月 日	【めあて】	【ふり返り】			

カードを使用する際は、できるだけ時間のかからないようにしていくことが望ましい。ただし、必要な要素（めあてとその振り返り、新たな気付きや理解の深まりを残せる学習感想等）を盛り込んだカードを作成し、教師も事前に把握できることはしておくことが大切。

※第１時から毎時間個人用学習カードを活用していく。個人用学習カード①では、ボール操作に関する内容を中心に活動を振り返っていく。

本時案

ゴールに向かうことを意識し、パスを受けてシュートをする練習に取り組もう 5/10

本時の目標

ドリブルやパスを受け、なるべく相手に防がれにくい位置に移動し、シュートにつなげるためのゲームに取り組むことができるようにする。

評価のポイント

ドリブルやパスを受け、シュートゲームに取り組み、技能を高めることができたか。

週案記入例

[目標]
ドリブルやパスを受けて、シュートをする技能を高める。

[活動]
シュートができる位置に移動し、ドリブルやパスを受けてシュートする練習に取り組む。

[評価]
ドリブルやパスを生かし、シュートする技能を高めることができたか。

[指導上の留意点]
学習の発展を見通し、ボールを受けることのできるスペースを意識したゲームを考えさせる。

本時の展開

	時	子供の活動
はじめ	2分	**(1) 集合・あいさつ** ○集合・整列・学習課題の確認をする。 **(2) 本時の学習内容を知る**
準備運動	3分	**本時の運動につながる準備運動をする** ○よく使う部位を中心にほぐすようにする。
ボール慣れ（ミニゲーム）	7分	**(1) ボール慣れ（ミニゲーム）を行う（運動例から2つ選択）** ○ボールキープ＆サイドアウト ・コート内でボールを1個所持し、相手に取られないようにドリブル、ボールキープをする。相手のボールをコート外に蹴り出す。
ゲーム①	15分	**(2) チーム内ゲーム（シュートゲーム）** ◀1 ・チーム内で順番を決め、決められた得点を競い合う。 ・走ってくる味方に合わせてパスを出し、シュートにつなげる。
ゲーム②	10分	**(3) メインゲーム** ◀2 ・始める前にチームでシュートしやすい位置や、ポジション等の確認を行う。 ・数的優位の状況を見付け、得点を取るためドリブルやパスを適用させる。
整理運動	3分	**体をほぐす** ○運動で使った部位をゆっくりと動かし、ほぐす。
まとめ	5分	**(1) 本時の学習を振り返り、まとめを行う** ①パス・ドリブルを中心に自分自身を振り返る。 ②次時の学習課題を記録する。 **(2) 次時の学習内容を確認する**

1 シュートゲームの運動例

前にいる味方にパスをして、ゴールに向かって走る。
味方からパスをもらってシュート。

横にボール
を動かす。
パスしたら、
前に走るよ。

※シュートした人がポストになる。

☆ここがポイント☆
パスを出したら次の行動に移る「パスアンドゴー」を意識する。ボールを体の正面で捉えてシュートをする。ダイレクトが難しい子供には、一度トラップやドリブルをしてからシュートしてもよいことを伝える。

コーナーやタッチラインからパスをもらってシュート。

コーナー
からパス
タッチライン
からパス

※シュートした人がサイドのパスへ

☆ここがポイント☆
シュートをする人は、その場で待つのではなく、真っ直ぐ走りこむようにする。サイドからパスを出す人の目印としてケンステップ等を置いてもよい。この練習ではトラップせずにダイレクトでのシュートを意識付けたい。

2 ボール操作が苦手な子供への支援例

◎パスを受けることが苦手な子供

トラップをする際に、ボールが足に当たるときに、膝の力を抜いて、ボールの勢いを吸収するようにする。丁寧にボールを迎え入れる意識で扱うことを心がけるようにする。

慣れない子供へは、ボールを手で転がしてあげてもよい。

◎パスをすることが苦手な子供

軸足を相手方向に向け、蹴る足は足首を固定する。足の内側の面にボールを当て、足をしっかり振る。軸足と蹴り足が90度になるように心がけるようにする。

足にボールが当たった瞬間、前に押し出すような感覚で行う。

◎シュートすることが苦手な子供

シュートが入りやすい場所に目印を付けたり、最初にゴールを見たりすることを意識付ける。蹴りやすい位置にボールを移動させ、パスをするときよりも足の振りを速くする。

足の甲でボールを蹴ることができれば、強いシュートになる。

本時案

ボールを持たないときの動きを身に付ける練習にチームで取り組もう①

6/10

本時の目標

味方がボールを持っているとき、相手にボールを取られず、味方のパスコースを確保するためのポジショニングを意識し、協力してボールを前に運ぶことができるようにする。

評価のポイント

相手のいないスペースやパスを受けやすい位置を見付けて動くことを意識してゲームに取り組むことができていたか。

週案記入例

[目標]
ボールを持たないときの効果的な動き方を高める。

[活動]
ボールを持たないときの動き方を意識してゲームに取り組む。

[評価]
ボールを持たないときの動き方を工夫してゲームに取り組むことができたか。

[指導上の留意点]
チームのよさを生かした攻め方を工夫できるように、動き方のポイントを具体的に声かけしていくことを意識する。

本時の展開

	時	子供の活動
はじめ	2分	**(1) 集合・あいさつ** ○集合・整列・学習課題の確認をする。 **(2) 本時の学習内容を知る**
準備運動	3分	**本時の運動につながる準備運動をする** ○よく使う部位を中心にほぐすようにする。
ボール慣れ（ミニゲーム）	10分	**(1) ボール慣れ（ミニゲーム）を行う（運動例から２つ選択）** 1 ○スペース鬼 ・空いているコーンを見付け、素早く移動することを意識する。 ○４ゴールゲーム ・カラーコーンでゴールをコートの端に２か所ずつつくる。どちらのゴールに決めてもよい。有利な状況を判断する。
ゲーム①	12分	**(2) チーム内ゲーム（トライアングルゲーム）** 2 ・ボール保持者を頂点とし、三角形をつくりながらパスをまわしたり、ドリブルに合わせて移動したりする動き方をつかむ。
ゲーム②	10分	**(3) メインゲーム** 3 ・ボールを持たないときの動きを意識して取り組む。 ・両サイドにフリースペースを設定する。
整理運動	3分	**体をほぐす** ○運動で使った部位をゆっくりと動かし、ほぐす。
まとめ	5分	**(1) 本時の学習を振り返り、まとめを行う　第８時** 2 ①ボールを持たないときの動き方を中心に自分自身を振り返る。 ②チームについて振り返る。 ③次時の学習課題を記録する。 **(2) 次時の学習内容を確認する**

1 ミニゲームの運動例③

【スペース鬼】

鬼は空いているコーンにタッチすることができる。ただし、鬼以外がタッチしているコーンには触れることができない。鬼以外のメンバーはコーンにタッチできないように移動する。守ることができるコーンは1人1つだけとする。

【4ゴールゲーム】

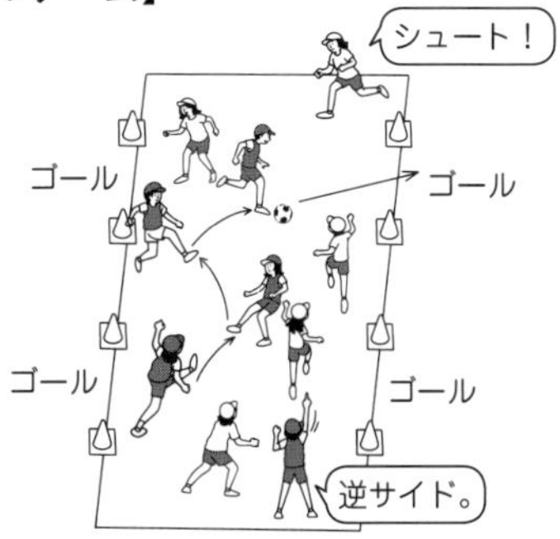

ハーフコートで行う。ゴールを2か所ずつ設置し、どちらのゴールにシュートしてもよいこととする。相手のいない方のゴールを意識したり、相手を引き付けてゴールに近いフリーの味方にパスを出したりしてゴールを狙う。

2 トライアングルゲームの運動例

【三角パスゲーム】

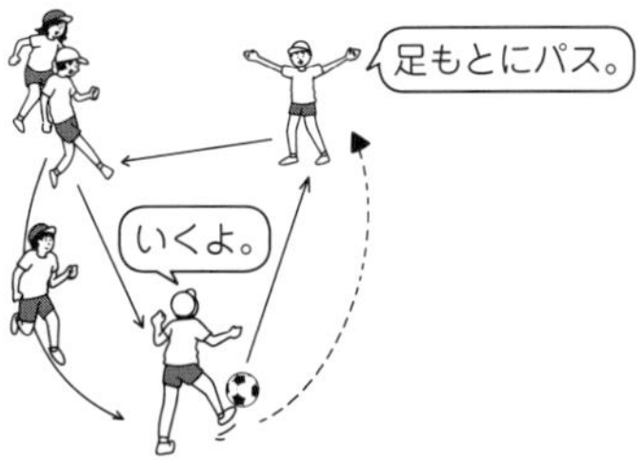

パスをしたら、パスを受けた人の後ろに並ぶ。決められた時間内に何回のパスをまわすことができたかを記録していく。右回りが慣れてきたら、ボールの回し方の方向を逆に変えて行ってもよい。

【トライアングルボールキープ】

パスを受けることができる場所へと動く。パスを受けることができる場所は、ボールと自分との間に相手がいないところである。ボールを受けることができる位置を探し、徐々にボールキープできる時間を増やしていく。

3 ボールを持たないときの動き（オフ・ザ・ボール）について

本時からは、ボールを持たないときの動きに重点を置くようにする。第5時までに十分にボールに触る機会を多く確保し、ドリブルやパス、シュート等の基本技能の向上を図ってきた。ここからは、ゲームをスムーズに行うことができるようにパスの受け方に重点を置いていく。大切なことは、ボールを持っていないとき、もしくは、パスを出した後にどこへ、どのように動くかである。まずは、人のいないところへ移動する意識をもつことから始め、味方の位置と相手の位置を確かめて、効果的な動きができるようになることを目指していきたい。上記のオフ・ザ・ボールの動きにつながる運動を多く取り入れながら、ICT機器を導入し、ゲームの合間や振り返りの時間に場面を想起させ、チームとしての動き方の質を向上させていく。

本時案

ボールを持たないときの動きを身に付ける練習にチームで取り組もう②

7/10

本時の目標

味方がボールを持っているとき、相手にボールを取られず、味方のパスコースを確保するためのポジショニングを意識し、協力してボールを前に運ぶことができるようにする。

評価のポイント

相手のいないスペースやパスを受けやすい位置を見付けて動くことを意識してゲームに取り組むことができていたか。

週案記入例

[目標]
ボールを持たないときの効果的な動き方を高める。

[活動]
ボールを持たないときの動き方を意識してゲームに取り組む。

[評価]
ボールを持たないときの動き方を工夫してゲームに取り組むことができたか。

[指導上の留意点]
チームのよさを生かした攻め方を工夫できるように、動き方のポイントの具体的な声かけを意識する。

本時の展開

	時	子供の活動
はじめ	2分	**(1) 集合・あいさつ** ○集合・整列・学習課題の確認をする。 **(2) 本時の学習内容を知る**
準備運動	3分	**本時の運動につながる準備運動をする** ○よく使う部位を中心にほぐすようにする。
ボール慣れ（ミニゲーム）	10分	**(1) ボール慣れを行う（運動例から2つ選択）** ○サークルパスゲーム 1 ・指定された場所でパスを受けることができれば得点が入り、決められた時間の中で何点取れるかを競う。 ○サイド＆ロングパスシュートゲーム 1 ・一連の流れの中でシュートをし、決められた時間の中で何点取れるかを競う。
ゲーム①	12分	**(2) トライアングルゲーム** ・前時より大きな三角形をつくることを意識してパスをまわしたり、ドリブルに合わせて移動したりする動き方をつかむ。
ゲーム②	10分	**(3) メインゲーム** 2 ・大きな三角形を意識して取り組む。 ・両サイドにフリースペースを設定する。
整理運動	3分	**体をほぐす** ○運動で使った部位をゆっくりと動かし、ほぐす。
まとめ	5分	**(1) 本時の学習を振り返り、まとめを行う** ①ボールを持たないときの動き方を中心に自分自身を振り返る。 ②チームについて振り返る。 ③次時の学習課題を記録する。 **(2) 次時の学習内容を確認する**

1 ミニゲームの運動例④

【サークルパスゲーム】

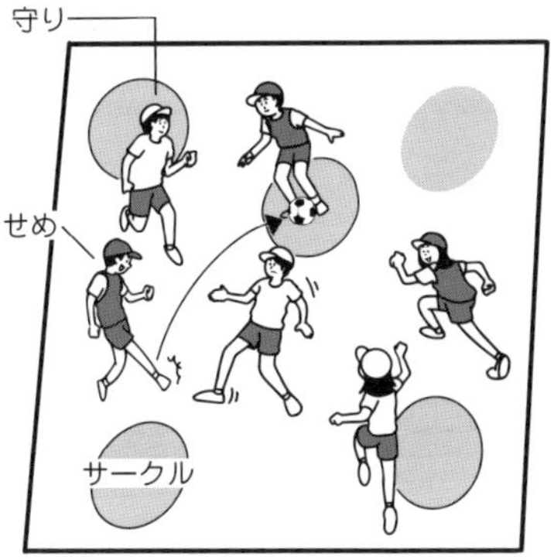

サークルの中でパスを受けることができれば得点。
ドリブルでの進入はなし。サークルからサークルへのパスもなし。攻めと守りに分けてゲームを行い、時間で攻守を交代する。

【サイド＆ロングパスシュートゲーム】

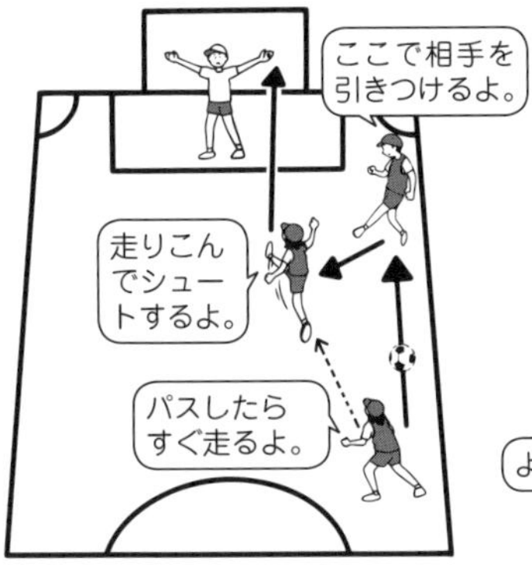

ここで相手を引きつけるよ。
走りこんでシュートするよ。
パスしたらすぐ走るよ。

※同サイドを意識した攻め方

ナイスアシストだ！
クロスを上げるよ。
ようし、ドリブルだ。
ロングパス、行くぞ。

※逆サイドを意識した攻め方

同サイド、逆サイドを意識した攻め方であり、攻撃に有効だと思われるサイドのスペースを利用したシュートゲーム。ある程度動き方を限定してしまうことになるが、攻め方の選択肢の１つとして取り組む。

2 メインゲームについて

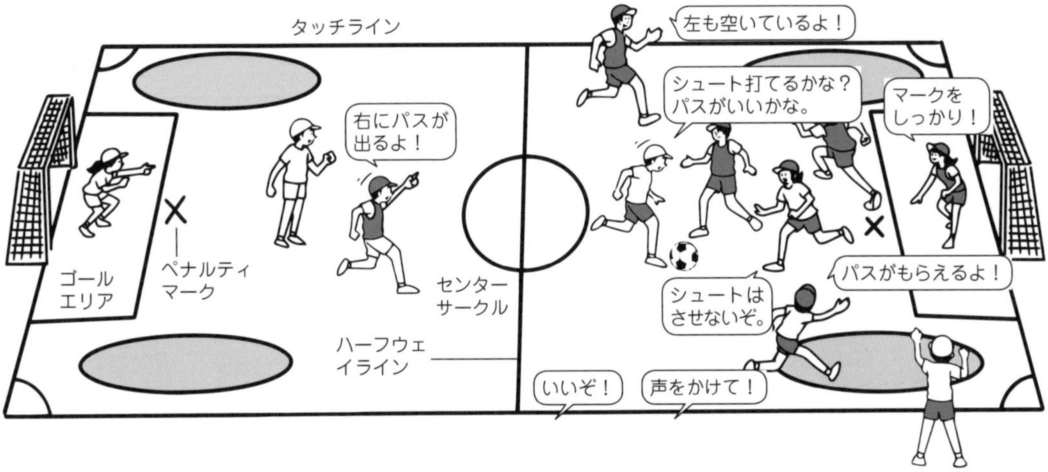

シュート打てるかな？パスがいいかな。

右にパスが出るよ！
ゴールエリア
ペナルティマーク
センターサークル

パスがもらえるよ！
シュートはさせないぞ。

コートの４角にフリースペースを設ける。フリースペースには守る側は入ることができない。攻める側がフリーでボールを持つことができ、相手に邪魔されずに味方をよく見てパスを出したり、センタリングをあげたりすることができる。これまでに行ってきたボール慣れ（ミニゲームを含む）や、チーム内ゲームの成果を発揮できる場にしたい。また、ゲームに取り組んでみて、チームの新たな課題を発見できる時間にしていきたい。

できるポイント
○せめるときにパスを受けやすいポジションの取り方

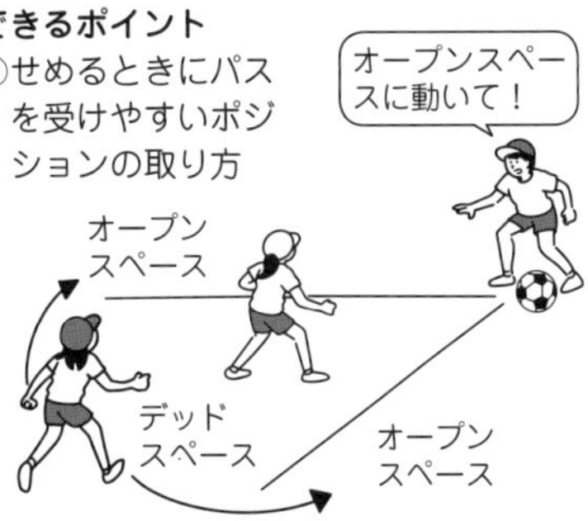

オープンスペースに動いて！
オープンスペース
デッドスペース
オープンスペース

本時案

ボールを持たないときの動きを身に付ける練習にチームで取り組もう③ 8/10

本時の目標

味方がボールを持っているとき、相手にボールを取られず、味方のパスコースを確保するためのポジショニングを意識し、協力してボールを前に運ぶことができるようにする。

評価のポイント

相手のいないスペースやパスを受けやすい位置を見付けて動くことを意識してゲームに取り組むことができていたか。

週案記入例

[目標]
ボールを持たないときの効果的な動き方を高める。

[活動]
ボールを持たないときの動き方を意識してゲームに取り組む。

[評価]
ボールを持たないときの動き方を工夫してゲームに取り組むことができたか。

[指導上の留意点]
チームのよさを生かした攻め方を工夫できるように、動き方のポイントの具体的な声かけを意識する。

本時の展開

	時	子供の活動
はじめ	2分	**(1) 集合・あいさつ** ○集合・整列・学習課題の確認をする。 **(2) 本時の学習内容を知る**
準備運動	3分	**本時の運動につながる準備運動をする** ○よく使う部位を中心にほぐすようにする。
ボール慣れ（ミニゲーム）	10分	**(1) ボール慣れを行う（運動例から2つ選択）** ○4ゴールゲーム ・カラーコーンでゴールをコートの端に2か所つくる。どちらのゴールに決めてもよい。有利な状況を判断する。 ○サークルパスゲーム ・指定された場所でパスを受けることができれば得点が入り、決められた時間の中で何点取れるかを競う。
ゲーム①	12分	**(2) トライアングルゲーム** ・大きな三角形をつくりながらパスをまわしたり、ドリブルに合わせて移動したりする動き方をつかむ。ディフェンスの人数を増やす。
ゲーム②	10分	**(3) メインゲーム** ・これまでに対戦したチームから1チーム選んでゲームに取り組む。 ・両サイドにフリースペースを設定する。
整理運動	3分	**体をほぐす** ○運動で使った部位をゆっくりと動かし、ほぐす。
まとめ	5分	**(1) 本時の学習を振り返り、まとめを行う** ①ボールを持たないときの動き方を中心に自分自身を振り返る。 ②チームについて振り返る。 ③次時の学習課題を記録する。 **(2) 次時の学習内容を確認する**

1 ボールを持たないときの動きが苦手な子供への支援例

◎パスを受ける場所に動くことが苦手な子供

サッカーは足でボール操作を行う。そのために視線がボールへいってしまい、目線が下がってしまうことが多い。パスを出す側はボールに意識がいってしまいがちである。そのためボールを受ける側が声やジェスチャーでアピールすることができれば、ズムーズにゲームが行うことができる。相手とパスを出す人との一直線上に入らず、受け手となる人がパスを出す人が見える位置に動くことが必要である。始めの段階では、人がいないスペースを見付けて移動することを意識させることから始めていくとよい。

できるポイント
○せめるときにパスを受けやすいポジションの取り方

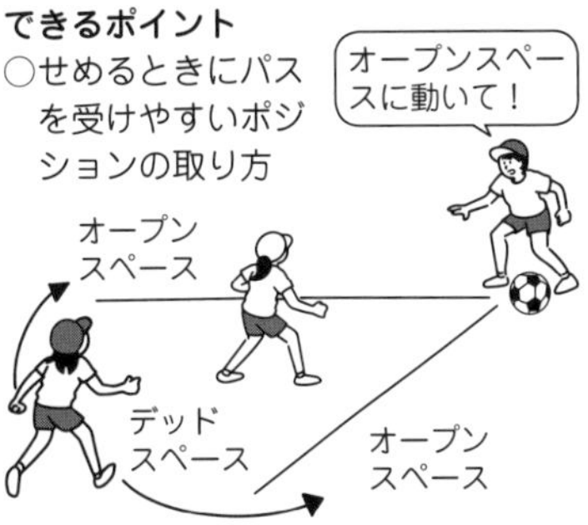

2 個人用学習カード②の活用について

サッカー学習カード（個人用②）

サッカー学習カード②（個人用第６時～第10時）

日にち（　　　　　　　　　　）

5年　　　組　　　番　名前（　　　　　　　　　　）

◎・・・よくできた　○・・・できた　△・・・もう少し

⑥	【活動】 ボールを持たないときの動きを身に付ける練習にチームで取り組もう①	楽しく活動できた	ルールやマナーを守って活動できた	ボールを持たないときの動きについて友達に伝えることができた	ボールを持たないときの動きが上手になった
月 日	【めあて】	【ふり返り】			

⑨	【活動】 チームの特ちょうに応じた作戦を選んで、サッカー大会に取り組もう①	楽しく活動できた	ルールやマナーを守って活動できた	チームのよさや生かした作戦を選ぶことができた	ボールそう作とボールを持たないときの動きが上手になった
月 日	【めあて】	【ふり返り】			

第６時以降の学習カードは個人用②を活用していく。第６時～第８時までは、ボールを持たないときの動きを中心に活動を振り返っていく。友達同士での学び合いに関する項目になっている。第９時・10時では、作戦を選ぶこと、そしてこれまでの学習全体の成果を振り返っていくことに重点を置いている。

本時案

チームの特徴に応じた作戦を選んでサッカー大会に取り組もう①

9/10

本時の目標

チームの特徴に合った作戦を選び、シュートにつなげるためのドリブルやパスを選択したり、味方を助ける動き方を工夫したりしてゲームに取り組むことができるようにする。

評価のポイント

これまでに身に付けたドリブルやパス、ボールを持たないときの動きなどの技能を生かしてゲームに取り組むことができたか。

週案記入例

[目標]
効果的なドリブルやパス、チームのよさを生かしてサッカー大会に取り組む。

[活動]
チームの特徴やこれまでに身に付けたことを生かした作戦を生かしサッカー大会に取り組む。

[評価]
チームの特徴に合った作戦を選び、楽しくサッカーに取り組むことができたか。

[指導上の留意点]
チームのよさを生かした攻め方を工夫できるように、動き方のポイントの具体的な声かけを意識する。

本時の展開

	時	子供の活動
はじめ	2分	**⑴ 集合・あいさつ** ○集合・整列・学習の進め方の確認をする。 **⑵ 本時の学習内容を知る　　第10時** 1
準備運動	3分	**本時の運動につながる準備運動をする** ○よく使う部位を中心にほぐすようにする。
ボール慣れ（ミニゲーム含む）	10分	**⑴ ボール慣れを行う** ○これまでに取り組んだものの中から2種類選んで取り組む。 ・チームで相談し、必要な技能を高めるための練習を選び、友達と協力して取り組む。
サッカー大会	22分	**⑵ サッカー大会** ○作戦の確認 1 ○1試合目（Aチームは審判） ・1番コート　B 対 E　　2番コート　C 対 D ○2試合目（Bチームは審判） ・1番コート　C 対 A　　2番コート　D 対 E ○3試合目（Cチームは審判） ・1番コート　D 対 B　　2番コート　A 対 E
整理運動	3分	**体をほぐす** ○運動で使った部位をゆっくりと動かし、ほぐす。
まとめ	5分	**⑴ 本時の学習を振り返り、まとめを行う** ①ゲームについて振り返る。 ②チームについて振り返る。 ③次時の学習課題を記録する。 **⑵ 次時の学習内容を確認する**

1 作戦の提示例

【サイドを使った攻撃】

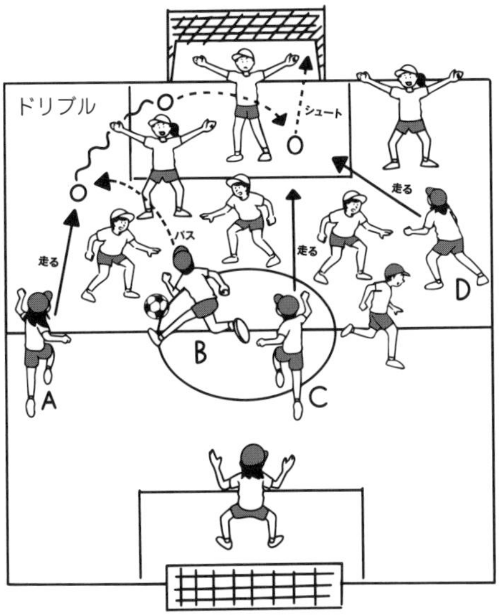

相手が守りを固めている場合、相手ゴールの両サイドを攻める。タッチライン際でボールを受けた人がセンタリングをゴール前に入れてゴールを狙う攻め方。

【相手のゴール前を攻める攻撃】

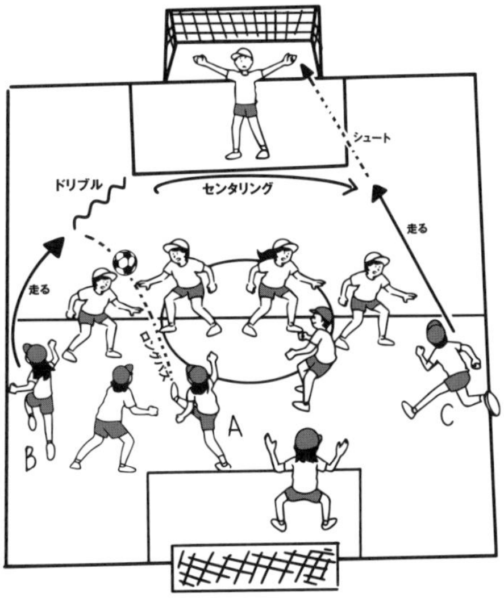

守っている相手とゴールキーパーとの間が空いている場合、空いているスペースにパスを出す。受けた人はそのままゴールに向かってドリブルし、シュートするか反対サイドから走ってきた味方にパスを出し、ゴールを狙う攻め方。

【中央のスペースを使った攻撃】

横に広がり、相手がバランスよく守っている場合、相手コートの中央のスペースにパスを出し、受けた人がシュートを狙う。もしくは、パスを受けた人が近くの味方にパスを出してゴールを狙う攻め方。

☆パスを味方につなげるポイント☆

前方をガードされて進めないとき……フリーのAさんにパス➡相手をかわしてAさんからパスをうける。

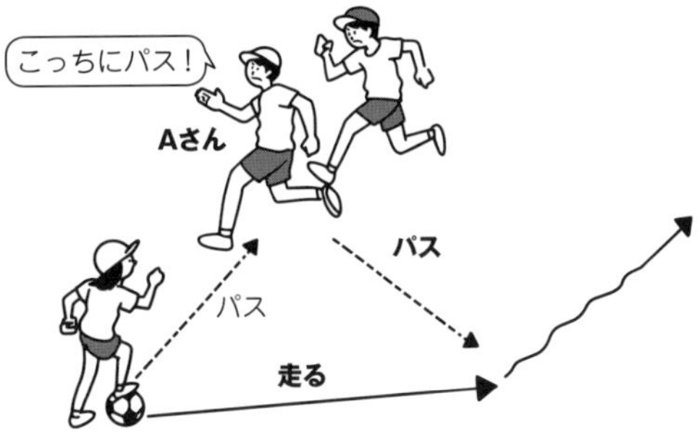

前方をガードの前に入ったAさんに一度パスを出す➡Aさんからパスをもらってガードをかわす。

本時案

チームの特徴に応じた作戦を選んでサッカー大会に取り組もう② 10/10

本時の目標

味方がボールを持っているとき、相手にボールを取られず、味方のパスコースを確保するためのポジショニングを意識し、協力してボールを前に運ぶことができるようにする。

評価のポイント

相手のいないスペースやパスを受けやすい位置を見付けて動くことを意識してゲームに取り組むことができていたか。

週案記入例

[目標]
効果的なドリブルやパス、チームのよさを生かしてサッカー大会に取り組む。

[活動]
チームの特徴やこれまでに身に付けたことを生かしてサッカー大会に取り組む。

[評価]
これまでの学習を生かし、楽しくサッカーに取り組むことができたか。

[指導上の留意点]
チームのよさを生かした攻め方を工夫できるように、動き方のポイントの具体的な声かけを意識する。

本時の展開

	時	子供の活動
はじめ	2分	**(1) 集合・あいさつ** ○集合・整列・学習課題の確認をする。 **(2) 本時の学習内容を知る**
準備運動	3分	**(1) 本時の運動につながる準備運動をする** ○よく使う部位を中心にほぐすようにする。
ボール慣れ（ミニゲーム）	15分	**(1) ボール慣れを行う** ○これまでに取り組んだものの中から2種類選んで取り組む。 ・チームで相談し、必要な技能を高めるための練習を選び、友達と協力して取り組む。
リーグ戦	15分	**(2) サッカー大会** ○1試合目（Dチームは審判） ・1番コート　C 対 E　　2番コート　A 対 B ○2試合目（Eチームは審判） ・1番コート　A 対 D　　2番コート　B 対 C
整理運動	3分	**体をほぐす** 運動で使った部位をゆっくりと動かし、ほぐす。
まとめ	7分	**(1) 本時の学習を振り返り、まとめを行う** ①ゲームについて振り返る。 ②チームについて振り返る。 **(2) 6年生の授業に向けて意欲を高める** ○どのような技能を高めていきたいかをまとめる。 ○どのようなチームづくりをしていきたいかをまとめる。 **(3) チーム解散式**

1 チーム用学習カードの活用について

サッカー学習カード（チーム用）

サッカー学習カード③（チーム用）

日にち（　　　　　　　　）

5年　　組　　番　名前（　　　　　　　　）

チーム名 [　　　]　　ゼッケンカラー [　　　]

【チームのめあて】

【チームの作戦】　→ 人の動き　……→ ボールの動き

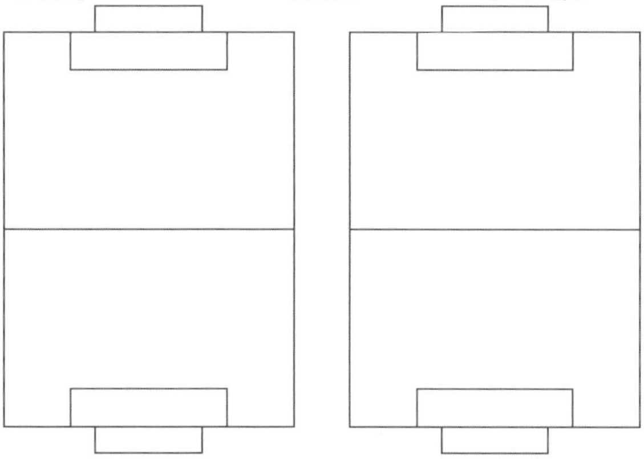

【学習をふり返って】

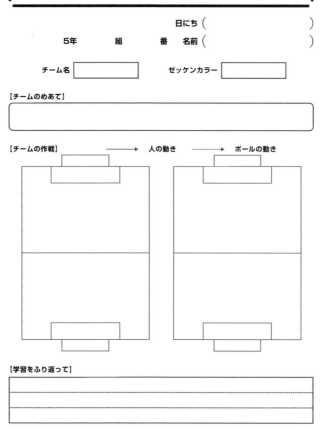

第９時・10時では、個人用カードに加え、チームごとにカードを活用していく。２時間分ではあるが、簡単な作戦を書き込むことができるスペースも確保する。５年生でチームカードにも触れておき、６年生の学習で十分に活用していくことができるようにする。

2 意欲的でない子供への支援例

◎チームの中で何をすれば分からない子供

⇒チームの中での役割分担をはっきりさせる。その役割は簡単で分かりやすい内容にする。

◎提示した動きが分からない子供

⇒ゲームの中でのポジションを確認する。上手な人のプレーを観察して真似したり、撮影した動画を基に動き方を確かめたりする。

◎技能が高いために意欲的に取り組めない子供

⇒チーム全員が活躍できるチーム作りのリーダーを任せる。自分ができる得意なプレーを仲間に伝えることの大切さを感じさせていける声掛けを行っていく。また、徐々にその子供の技能を生かせる作戦について工夫できるように、チーム力の向上を図っていく。

DVD 収録資料

「ボール運動　ゴール型(サッカー)」学習カード

使用時 **第1～10時**

個人用カードは単元全体を通して使用する。チームカードは第９時・10時で使用する。個人用カード①は第１時～第５時まで使用し、主に技能の振り返りに重点を置く。個人用カード②は、第６時～第10時まで使用し、友達との対話や作戦を選ぶ際など、思考・判断・表現に関する振り返りに重点を置く。

収録資料活用のポイント

①使い方

授業の初めに、カード①と②を両面印刷して配布する。カード③の裏面には、作戦をいくつか紹介する資料を印刷しておいてもよい。授業の終わりに、学習の振り返りを行い、それを受けて、自分の課題を見付け、自己の力に合った次時の課題を設定していく。

②留意点

単元を通して、目的意識をもって学習に取り組むことができるように、本時のねらいを明確にしていく。複雑な学習カードではないので、自分自身を振り返る時間とめあてを設定する時間にじっくりと向き合わせ、自己との対話を充実させていけるとよい。また、チームカードについては、６年生での学習に向けて簡単な記入式に触れさせておく。

学習カード 5-11-1(1～5時)

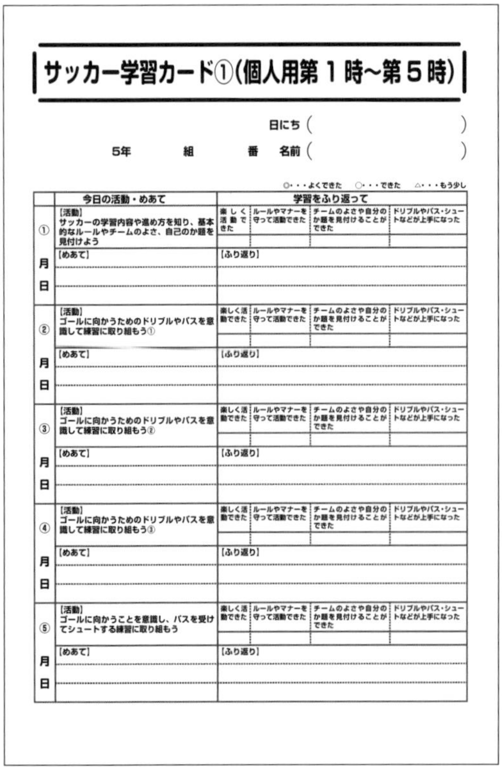

サッカー学習カード①(個人用第１時～第５時)

日にち（　　　　）

5年　　組　　番　名前（　　　　）

◎・・・よくできた　○・・・できた　△・・・もう少し

	今日の活動・めあて	学習をふり返って			
①	【活動】サッカーの学習内容や進め方を知り、基本的なルールやチームのよさ、自己のか題を見付けよう	楽しく活動できた	ルールやマナーを守って活動できた	チームのよさや自分のか題を見付けることができた	ドリブルやパス・シュートなどが上手になった
月　日	【めあて】	【ふり返り】			
②	【活動】ゴールに向かうためのドリブルやパスを意識して練習に取り組もう①	楽しく活動できた	ルールやマナーを守って活動できた	チームのよさや自分のか題を見付けることができた	ドリブルやパス・シュートなどが上手になった
月　日	【めあて】	【ふり返り】			
③	【活動】ゴールに向かうためのドリブルやパスを意識して練習に取り組もう②	楽しく活動できた	ルールやマナーを守って活動できた	チームのよさや自分のか題を見付けることができた	ドリブルやパス・シュートなどが上手になった
月　日	【めあて】	【ふり返り】			
④	【活動】ゴールに向かうためのドリブルやパスを意識して練習に取り組もう③	楽しく活動できた	ルールやマナーを守って活動できた	チームのよさや自分のか題を見付けることができた	ドリブルやパス・シュートなどが上手になった
月　日	【めあて】	【ふり返り】			
⑤	【活動】ゴールに向かうことを意識し、パスを受けてシュートする練習に取り組もう	楽しく活動できた	ルールやマナーを守って活動できた	チームのよさや自分のか題を見付けることができた	ドリブルやパス・シュートなどが上手になった
月　日	【めあて】	【ふり返り】			

学習カード 5-11-2(6～10時)

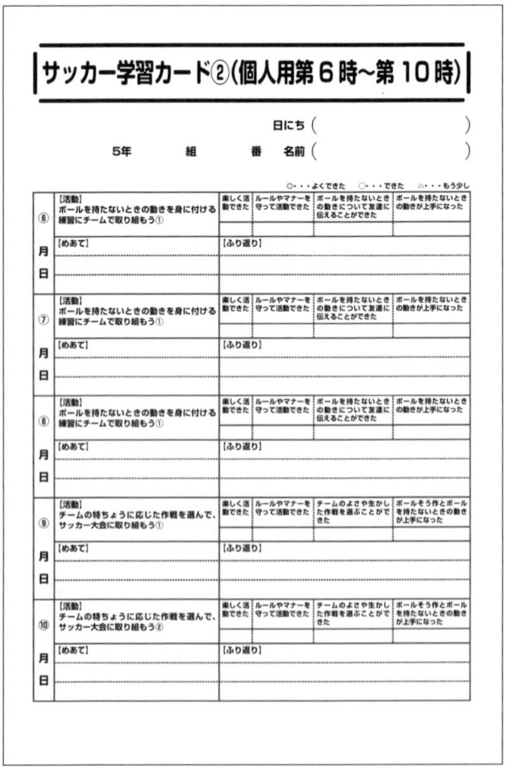

サッカー学習カード②(個人用第６時～第10時)

日にち（　　　　）

5年　　組　　番　名前（　　　　）

◎・・・よくできた　○・・・できた　△・・・もう少し

⑥	【活動】ボールを持たないときの動きを身に付ける練習にチームで取り組もう①	楽しく活動できた	ルールやマナーを守って活動できた	ボールを持たないときの動きについて友達に伝えることができた	ボールを持たないときの動きが上手になった
月　日	【めあて】	【ふり返り】			
⑦	【活動】ボールを持たないときの動きを身に付ける練習にチームで取り組もう①	楽しく活動できた	ルールやマナーを守って活動できた	ボールを持たないときの動きについて友達に伝えることができた	ボールを持たないときの動きが上手になった
月　日	【めあて】	【ふり返り】			
⑧	【活動】ボールを持たないときの動きを身に付ける練習にチームで取り組もう①	楽しく活動できた	ルールやマナーを守って活動できた	ボールを持たないときの動きについて友達に伝えることができた	ボールを持たないときの動きが上手になった
月　日	【めあて】	【ふり返り】			
⑨	【活動】チームの特ちょうに応じた作戦を選んで、サッカー大会に取り組もう①	楽しく活動できた	ルールやマナーを守って活動できた	チームのよさや生かした作戦を選ぶことができた	ボールそう作とボールを持たないときの動きが上手になった
月　日	【めあて】	【ふり返り】			
⑩	【活動】チームの特ちょうに応じた作戦を選んで、サッカー大会に取り組もう②	楽しく活動できた	ルールやマナーを守って活動できた	チームのよさや生かした作戦を選ぶことができた	ボールそう作とボールを持たないときの動きが上手になった
月　日	【めあて】	【ふり返り】			

サッカー学習カード③（チーム用）

日にち（　　　　　　　　　　）

5年　　　組　　　番　名前（　　　　　　　　　　）

チーム名 [　　　　　]　　ゼッケンカラー [　　　　　]

【チームのめあて】

【チームの作戦】　──→ 人の動き　┄┄→ ボールの動き

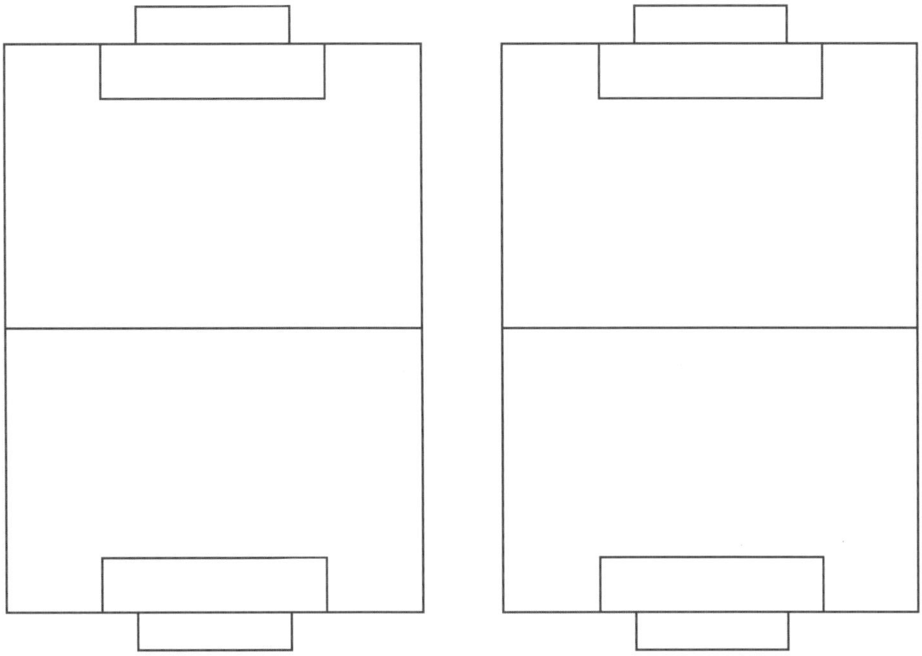

【学習をふり返って】

保健

12 けがの防止

4時間

【単元計画】

1時	2時
けがの発生	**交通事故の防止**
1　けがを防ぐためにできることを考えよう 統計データや体験によって、毎年多くの事故やけがが発生していることを理解させる。また、事例の分析によって、事故やけがは人の行動と周りの環境が要因で起こることを理解させる。 **[主な学習活動]** ○これまで、どのようなけがや事故を経験したか発表する。 ○小学生のけがや事故について調べ、グループで発表する。 ○けがや事故が起こる原因を考える。 ○振り返り	**2　交通事故を防ぐための工夫を考えよう** 隠れた危険を探すことによって、交通事故を防ぐためには、何が大切かを理解させる。また、交通安全施設の整備や交通規則などの意味を考えさせて、環境を安全に整えることが必要であることを理解させる。 **[主な学習活動]** ○前時を振り返り、交通事故を防ぐ学習を進める。 ○資料から隠れた危険を探し、交通事故の原因を考える。 ○交通事故を防ぐための工夫や努力について話し合う。 ○交通事故を防ぐ工夫を考え、学級で話し合う。

授業改善のポイント

主体的・対話的で深い学びの実践に向けて

保健領域「けがの防止」では、以下の項目が学習を進める上でのポイントとなる。

○主体的な学び

・自分の生活を振り返り、学習課題を自らもてるようにする。

・実践的な活動を通して、学習課題をつかみやすくしたり、課題解決が意欲的にできるようにする。

・対話的な学びにより、自己の課題解決を的確に図ることができるようにする。

○対話的な学び

・自分の生活を振り返り、自分の学習課題をつかんだり、学習カードを用いて自分の課題解決に向けての見通しを書くことで今後の生活に生かせるようにする。

・友達やグループでの話し合いを通して、自分の考えを広げたり深めたりしながら、課題解決を図っていく。

○深い学び

・主体的・対話的な学習を工夫し、子供が課題解決を図れるようにし、深い学びにつなげる。

単元の目標

◯知識及び技能

・けがの発生要因や防止の方法について理解できるようにする。また、けがなどの簡単な手当てができる。

◯思考力、判断力、表現力等

・自分の経験などから、けがの防止や手当に関する課題を見付け、解決する方法を考えたり選んだり伝えたりすることができる。

◯学びに向かう力、人間性等

・健康・安全の大切さに気付き、自己の健康の保持増進や回復に積極的に取り組むことができる。

3時	4時
学校や地域でのけがの防止	**けがの手当**
3　犯罪から身を守るためにどうすればよいか考えよう 学校や地域で隠れた危険を探すことによって、けがを防ぐためには何が大切であるかを理解させる。また、安全のための工夫や努力の意味を考えさせて、環境を安全に整えることが必要であることを理解させる。さらに、犯罪が起こりやすい場所や場面を知らせることによって、犯罪から身を守る方法を理解させる。 **[主な学習活動]** ◯前時を振り返り、けがを防ぐ学習を進める。 ◯資料から隠れた危険を探し、けがの原因を考える。 ◯けがを防ぐための工夫や努力について話し合う。 ◯警察署の方から話を聞き、自分の生活を振り返る。	**4　けがの対処の仕方について考えよう** 実習を通じて、簡単なけがの手当ができるようにする。その後、大きなけがや緊急時の通報の仕方について知り、友達と協力して練習する。 **[主な学習活動]** ◯本時の学習の進め方を知る。 ◯けが人が出たときの対処方法を話し合う。 ◯けがの手当の仕方を練習する。 ◯振り返り

子供への配慮の例

①学習に対して意欲的でない子供への配慮

「けがの防止」の学習について、自分事として学習課題がつかめるように、自分の生活を振り返り、経験の中から、自分の学習課題を見付けるようにする。課題解決に当たっては、意欲を高めるためにも自分だけで学習を進めるのではなく、友達やグループでの話し合いや考える時間を通して、より意欲的に学習を進めることができるよう配慮する。また教師と子供の対話を大切にし、子供の気付きを広げ、価値付け、課題解決の手掛かりとしていく。

②実践的理解を図る工夫

・課題解決に当たっては、学校や地域の実際の様子やデータを資料にすることにより、より身近なこととして実践的に理解できるようにする。

・養護教諭とティーム・ティーチングを行ったり、犯罪から身を守るために、警察署の方から実際に話をしていただいたりすることで、より実践的に理解が図れるようにする。

・けがの手当や緊急時の通報を実践練習することで、より実践的に理解ができるようにする。

本時案

けがを防ぐためにできることを考えよう

1/4

本時の目標

どのような事故やけがが起こっているのかを理解し、事故やけがは、人の行動と周りの環境が原因で起こること、人の行動と環境の行動は心の状態や体の調子と関係していることを理解することができるようにする。

評価のポイント

事故やけがの原因について多面的に考えているか。事故やけがが起こる原因を、人の行動と環境の2観点から考えているか。

本時の板書のポイント

point 1 子供たちの発表をもとに、けがの経験をけがの種類、原因、様子について整理して板書してポイントをつかみやすくする。

point 2 学校や地域でのけがや事故についてグラフを示すことで可視化し、けがの発生について身近な問題として捉えられるようにする。

point 3 けがの原因について、子供たちからの発表を人の行動と周りの環境とに分けて板書する。

point 4 本時の学習のまとめとして学習カードに自分の生活を振り返り、自分の経験やこれからの自分自身のけがの防止について考えたことをピックアップして板書する。

本時の展開 ▷▷▷

1 今まで、どのようなけがや事故を体験したか発表し合う

今まで、どのようなけがや事故を体験したのか教えてください。

自分の生活を振り返り、今までどのようなけがや事故にあった経験があるのか発表し合う。そのときの辛かった気持ちやけがや事故にあいたくない気持ちを大切にして、これから学習するけがの防止についての意欲を高めたい。

2 小学生ではどのようなけがや事故が起こっているのか調べる

資料をもとに自分で調べる。
グループで発表し合う。

養護教諭に協力を求め、学校でのけがのデータ資料や教科書のグラフをもとに、どのようなけがや事故が起こっているのか自分で調べた後に、隣の友達やグループで発表し合うことで、様々なけがや事故が起こっていることを実感させる。

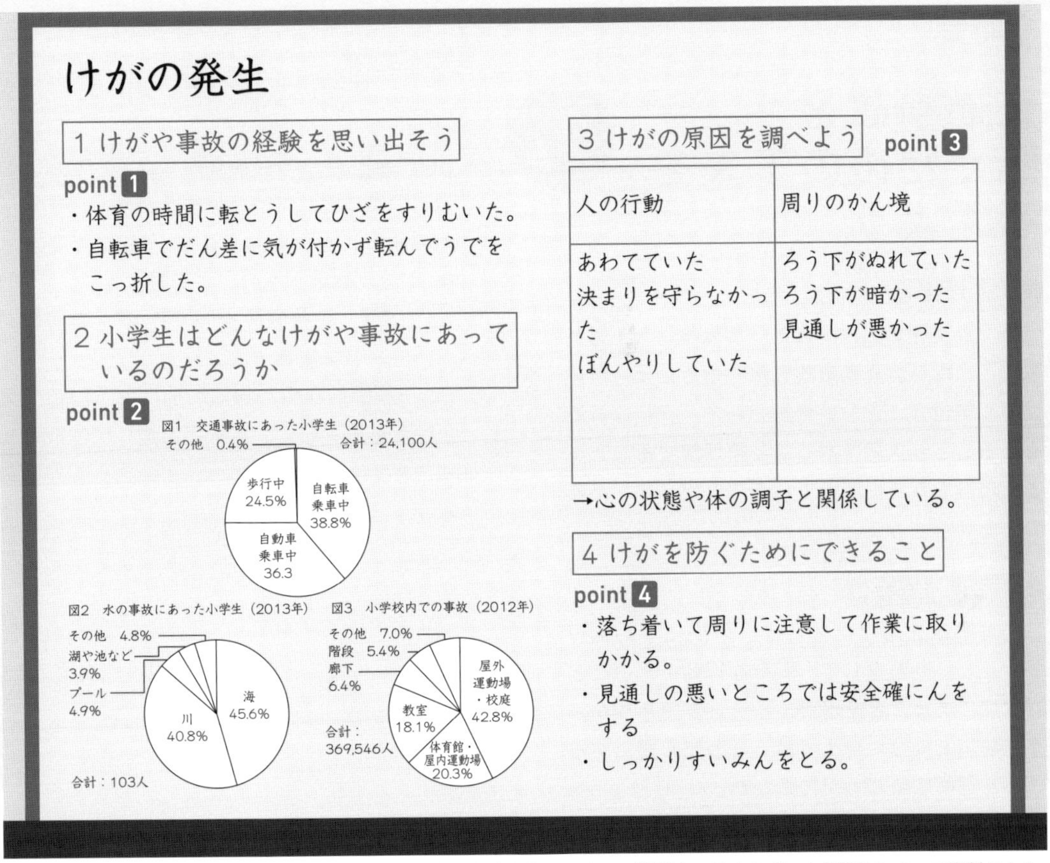

けがの発生
1 けがや事故の経験を思い出そう
point 1
・体育の時間に転とうしてひざをすりむいた。
・自転車でだん差に気が付かず転んでうでをこっ折した。
2 小学生はどんなけがや事故にあっているのだろうか
point 2
図1 交通事故にあった小学生（2013年）
その他 0.4%
合計：24,100人
歩行中 24.5%
自転車乗車中 38.8%
自動車乗車中 36.3
図2 水の事故にあった小学生（2013年）
その他 4.8%
湖や池など 3.9%
プール 4.9%
川 40.8%
海 45.6%
合計：103人
図3 小学校内での事故（2012年）
その他 7.0%
階段 5.4%
廊下 6.4%
屋外運動場・校庭 42.8%
教室 18.1%
体育館・屋内運動場 20.3%
合計：369,546人
3 けがの原因を調べよう
point 3
人の行動
周りのかん境
あわてていた
決まりを守らなかった
ぼんやりしていた
ろう下がぬれていた
ろう下が暗かった
見通しが悪かった
→心の状態や体の調子と関係している。
4 けがを防ぐためにできること
point 4
・落ち着いて周りに注意して作業に取りかかる。
・見通しの悪いところでは安全確にんをする
・しっかりすいみんをとる。

図は交通事故総合分析センター、警察庁、日本スポーツ振興センターの資料による。

3 けがや事故がなぜ起こるのか、その原因について考える

原因について自分で考える。　グループで話し合う。

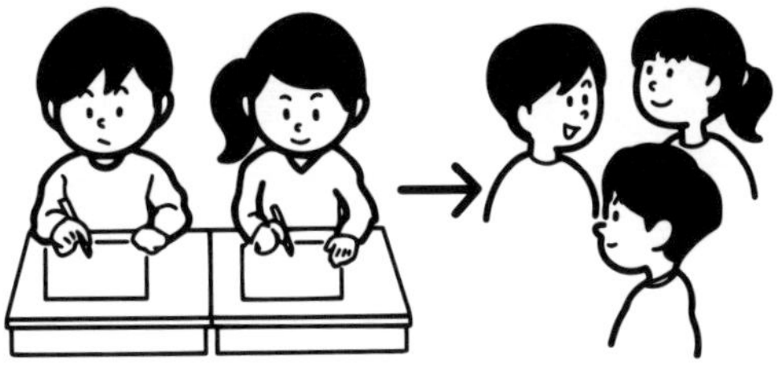

自分の経験したけがや事故について、なぜ起こったのかを自分（人）の行動と周りの環境に分けて考えた後にグループで話し合わせ、他の原因がなかったか、原因について多面的に考えさせる。人の行動は心の状態や体の調子と関係していることを押さえる。

4 学習を振り返り、けがを防ぐためにできることを考える

今までの自分の生活を振り返りながら、けがや事故が「人の行動」「心の状態や体の調子」「環境」が原因で起こることを押さえ、今後の生活で気を付けていきたいことを学習カードに記入し、学級全体で発表し合う。

週案記入例

[目標] けがや事故の起こる原因を知る。環境や心の状態や体の調子と関係していることを理解する。
[活動] どのような事故やけがが起こるのか調べ、原因を考える。
[評価] 事故やけがが起こる原因を考えられたか。
[指導上の留意点] 自分の生活を振り返り、事故やけがが起こる原因を考えさせる。

本時案

交通事故を防ぐための工夫を考えよう

2/4

本時の目標

様々な交通場面に隠れている危険を考えられるようになる。交通事故を防ぐためには、危険に早く気付き、正しい判断をして、安全な行動をとることが大切であることを理解すること。また環境を安全に整えておくことが必要であることを理解することができるようにする。

評価のポイント

交通事故を防ぐためには、危険に早く気付き、正しい判断をして、安全な行動をとることが大切であることを理解することができたか。また環境を安全に整えておくことが必要であることを理解することができたか。

本時の板書のポイント

point 1 自分の経験を振り返りながら、資料の図に隠れている危険を予測し、またその原因について考えさせ、〈起こりそうなこと〉〈原因〉を分けて板書する。

point 2 交通事故を防ぐために大切なキーワードを板書する。

point 3 教科書の資料の他に掲示用資料や写真を工夫して、さらに追加して掲示することで、より工夫について考えやすくする。

本時の展開 ▷▷▷

1 前時の学習を振り返り、交通事故を防ぐ学習を進める

今日は交通事故を防ぐ学習をしていきましょう。

前時の学習を思い出し事故やけがの起こる原因を確認する。本時では、交通場面に隠れている危険を考えられるようになる。交通事故を防ぐためには、どのようなことをすればよいのかを考えていくことを知る。

2 資料から隠れた危険を探し出し、交通事故の原因を考える

自分で隠れた危険について探し出す。
グループで発表し合う。

資料の図を見て、隠れた危険を探し出し、この後、どのような危険なことが起こるか考える。また、それは、どこに原因があるのか考える。交通事故のいろいろな事例を示し、隠れた危険についてできるだけ多く探し出し、グループで話し合う。「内輪差」「死角」を押さえる。

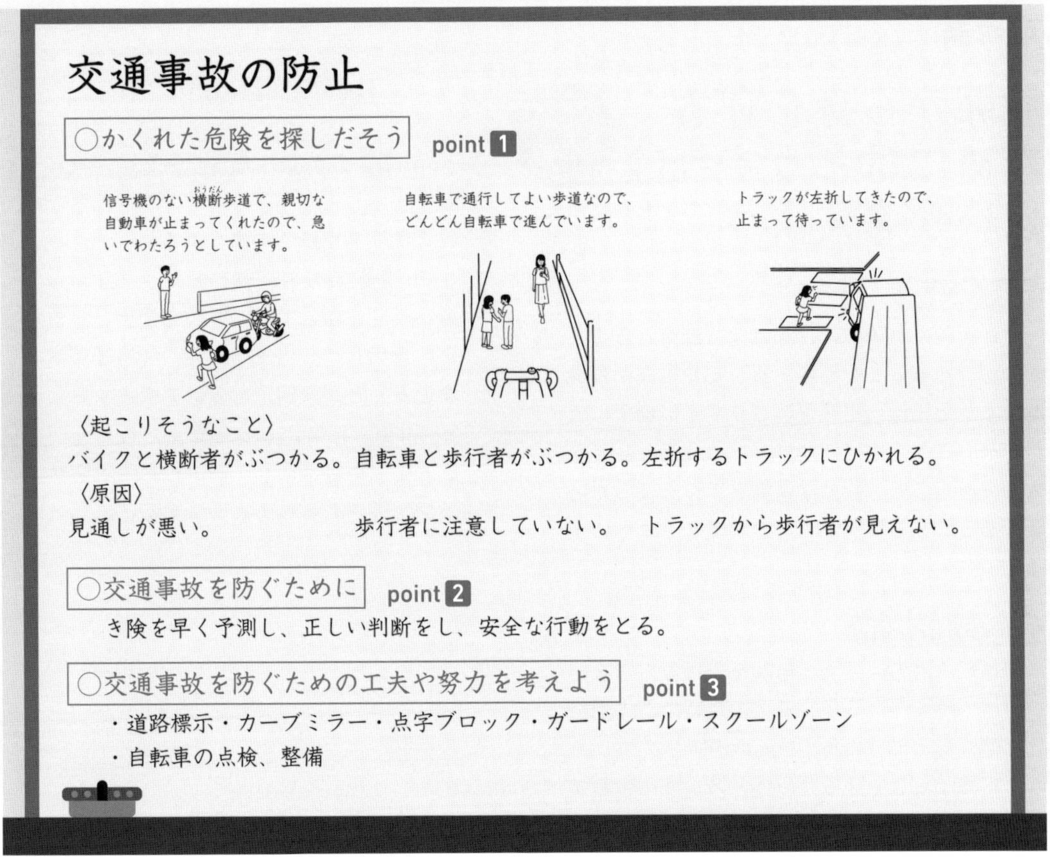

交通事故の防止
○かくれた危険を探しだそう
point 1
信号機のない横断歩道で、親切な自動車が止まってくれたので、急いでわたろうとしています。
自転車で通行してよい歩道なので、どんどん自転車で進んでいます。
トラックが左折してきたので、止まって待っています。
〈起こりそうなこと〉
バイクと横断者がぶつかる。自転車と歩行者がぶつかる。左折するトラックにひかれる。
〈原因〉
見通しが悪い。 歩行者に注意していない。 トラックから歩行者が見えない。
○交通事故を防ぐために
point 2
き険を早く予測し、正しい判断をし、安全な行動をとる。
○交通事故を防ぐための工夫や努力を考えよう
point 3
・道路標示・カーブミラー・点字ブロック・ガードレール・スクールゾーン
・自転車の点検、整備

3 交通事故を防ぐための工夫や努力について話し合う

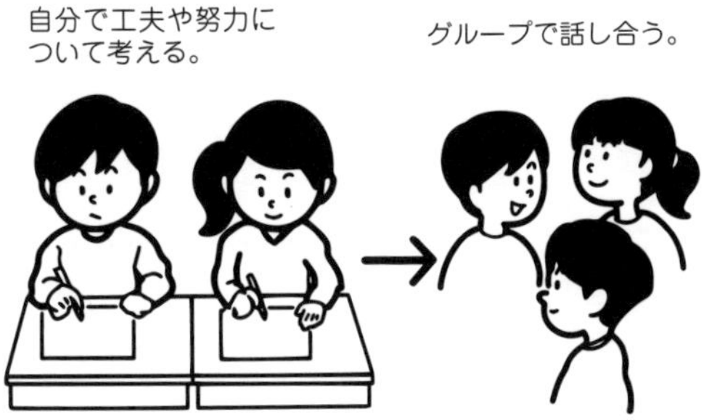

自分で工夫や努力について考える。
グループで話し合う。

交通事故を防ぐために危険を予測し、安全な行動をとることを押さえた後に、交通事故を防ぐための工夫や努力にはどんなものがあるか考える。道路標示や標識、カーブミラーやスクールゾーンなどの写真を示し工夫について考え、グループで話し合う。

4 身近な交通事故を防ぐための工夫について考える

自転車の反射材を提示したり、自転車専用レーンの写真を提示したりして、身近な交通事故を防ぐ工夫について自分で考え、その後学級全体で話し合い、理解を深める。

週案記入例

[目標] 交通場面に隠れている危険を考えることができる。
[活動] 隠れた危険を探し出し、交通事故を防ぐための工夫や努力を探す。
[評価] 交通事故が起こる原因を考え、交通事故を防ぐ工夫や努力が分かったか。
[指導上の留意点] 交通事故を防ぐためには、危険に早く気付き、正しい判断をして、安全な行動をとることが大切であることを確認する。

本時案

犯罪から身を守るためにはどうすればよいか考えよう 3/4

本時の目標

けがを防ぐためには、安全な行動をとることが大切であることを理解することや犯罪から身を守るためには、犯罪が起こりやすい場所に近付かないこと、すぐに助けを求めることなどが大切であること、安全な環境をつくることが必要であることを理解することができるようにする。

評価のポイント

隠れた危険の問題点と危険を避ける方法を結び付けて考えているか。安全のための工夫や努力が何のために行われているかを押さえているか。犯罪から身を守るためにどのように行動すればよいか考えているか。

本時の板書のポイント

point **1** 教科書の資料の図を拡大コピーして掲示して、発表のときに子供たちが隠れた危険を指摘しやすくする。

point **2** 自分の経験を振り返りながら、資料の図に隠れている危険を予測し、またその原因について考えさせ、〈起こりそうなこと〉と〈原因〉を分けて板書する。

point **3** 犯罪から身を守るために大切なことを箇条書きにし、子供たちに大切なポインが押さえられるようにする。

本時の展開 ▷▷▷

1 前時を振り返り、学校や地域でのけがを防ぐ学習を進める

今日は学校や地域でのけがの防止について学習していきましょう。

本時では、前時の交通事故の防止を生かし、学校や地域の様々な場面に隠れている危険を考え、けがを防ぐためにどのようなことをすればよいのかを考えていくことを知る。

2 資料から隠れた危険を探し出し、けがの原因を考える

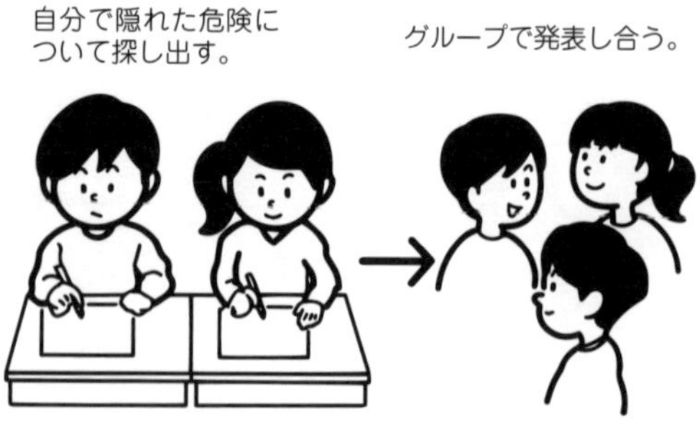

自分で隠れた危険について探し出す。
グループで発表し合う。

図を見て、隠れた危険を探し出し、どのような危険なことが起こるか考える。また、それはどこに原因があるのか考える。学校や地域のいろいろな事例から、隠れた危険についてできるだけ多く探し出し、グループで話し合う。

学校や地いきでのけがの防止

○かくれたき険を探そう point **1**

学校の廊下です。

買い物に来た人の自転車が置いてあります。

川で遊んでいます。

〈起こりそうなこと〉 point **2**

ろう下で転ぶ
ろう下で友達とぶつかる

歩行者が自転車に当たり
けがをする

川に流されおぼれる

〈原因〉
ろう下がぬれている
見通しの悪いろう下

自転車が点字ブロックの上に
ちゅう輪されている

川が増水し流れが速い

☆犯罪から身を守ろう point **3**

犯罪の起こりそうな場所に近づかない。
き険を感じたらすぐに大声で助けを求める。

7 ハードル走

8 鉄棒運動

9 走り幅跳び

10 マット運動

11 ゴール型（サッカー）

12 けがの防止

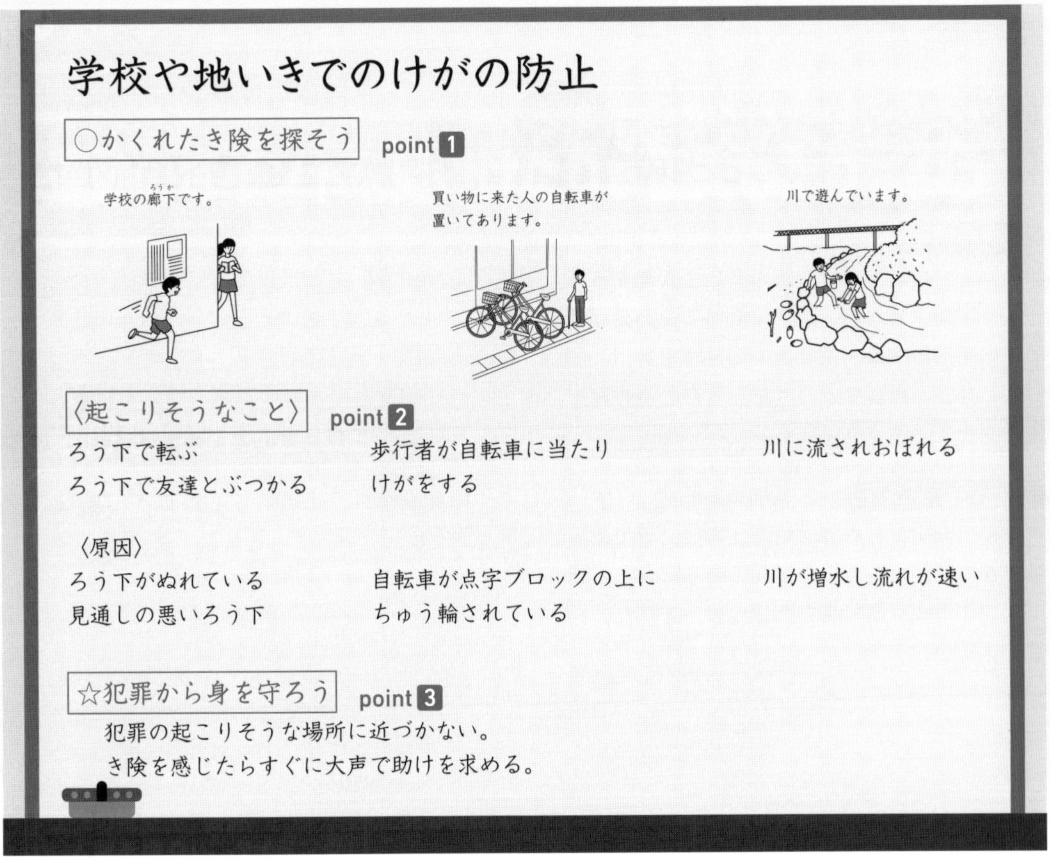

3 学校や地域でのけがを防ぐ
工夫や努力について話し合う

自分で工夫や努力に
ついて考える。

グループで話し合う。

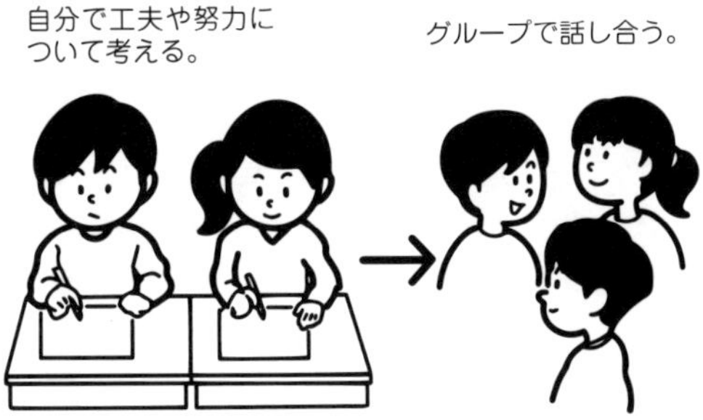

学校や地域でのけがを防ぐための工夫や努力にはどんなものがあるか考える。教科書の写真や地域を想起させ考えたことをグループで話し合う。

4 犯罪から身を守るために
どうすればよいか考える

警察署の方から犯罪から身を守るための話を聞く。自分の生活を振り返り、どのように行動すればよいか考える。

週案記入例

[目標] けがを防ぐためには、安全な行動をとることが大切であることを理解する。

[活動] 隠れた危険を探し出し、安全のための工夫や努力について考える。

[評価] けがを防ぐためには、安全な行動をとることが大切であることを理解したか。

[指導上の留意点] 犯罪から身を守るためには、犯罪が起こりやすい場所に近づかないこと、すぐに助けを求めることなどが大切であることを押さえる。

本時案

けがの対処の仕方について考えよう 4/4

本時の目標

けが人が出たときは、落ち着いて観察する、正しく通報するなど、適切に対処する必要があることを理解する。擦り傷や切り傷、鼻血、やけど、捻挫、打撲など、けがをしたときの簡単な手当ができるようになる。

評価のポイント

けが人が出たときの対処の仕方や自分でできるけがの手当の要点を押さえているか。

大きなけがや緊急時の通報の仕方を知り、実践できるか。

本時の板書のポイント

point 1 子供たちの発表や教科書のポイントを箇条書きにし、大切なポイントを押さえる。

point 2 主なけがの対処法の拡大図を掲示し、友達と協力しながら、手当の仕方を練習できるようにする。

point 3 緊急時の通報の仕方を板書し、学校や自宅の住所を例に通報の練習を友達と協力して行えるようにする。

本時の展開 ▷▷▷

1 けがの対処の仕方について学習を進める

今日はけがの手当について学習していきましょう。

友達がけがをしたときや自分がけがをしたときに、どのような対処をしたことがあるか話し合う。本時では、けが人が出たときに、どのように対処したらよいのかを学習し、さらに自分でできる手当について練習することを知る。

2 けが人が出たときには、どうすればよいか話し合う

自分でけがの対処法について考える。
グループで話し合う。

けが人が出たときには、どうすればよいか話し合う。教科書の図や絵を参考に対処法について自分で考え、その後グループで話し合う。

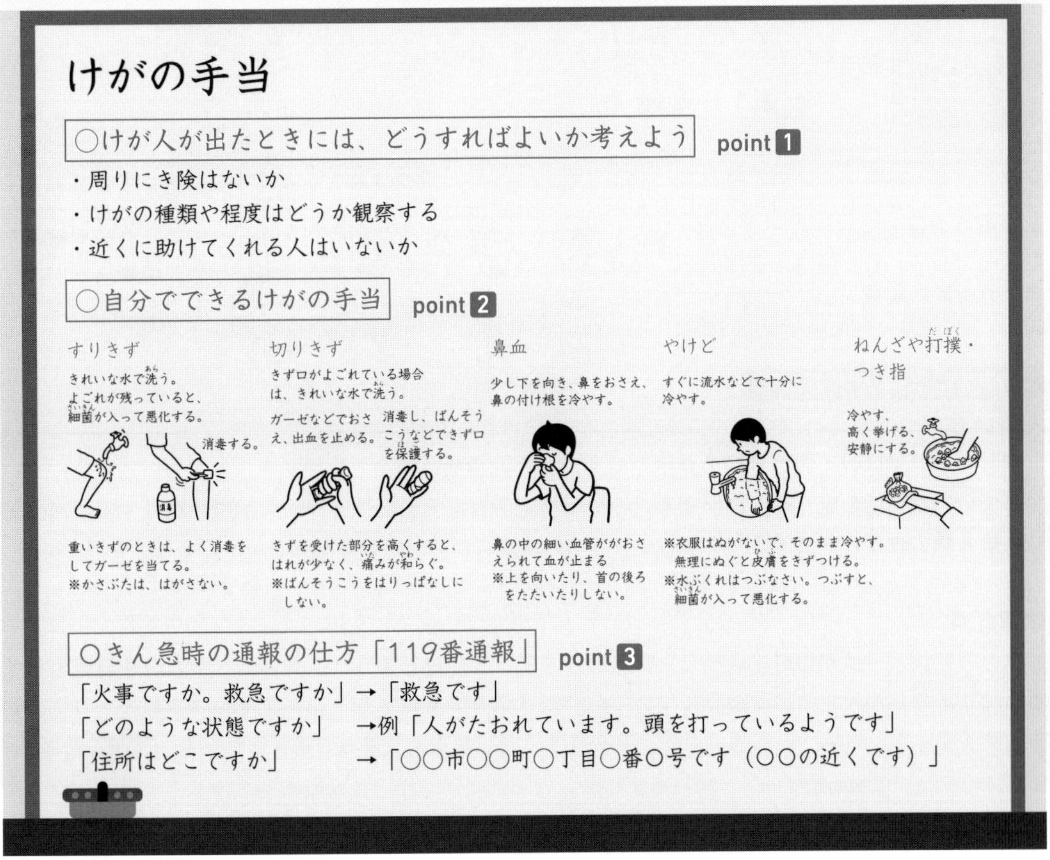

けがの手当
○けが人が出たときには、どうすればよいか考えよう
point 1
・周りにき険はないか
・けがの種類や程度はどうか観察する
・近くに助けてくれる人はいないか
○自分でできるけがの手当
point 2
すりきず
きれいな水で洗う。
よごれが残っていると、細菌が入って悪化する。
消毒する。
重いきずのときは、よく消毒をしてガーゼを当てる。
※かさぶたは、はがさない。
切りきず
きずロがよごれている場合は、きれいな水で洗う。
ガーゼなどでおさえ、出血を止める。
消毒し、ばんそうこうなどできずロを保護する。
きずを受けた部分を高くすると、はれが少なく、痛みが和らぐ。
※ばんそうこうをはりっぱなしにしない。
鼻血
少し下を向き、鼻をおさえ、鼻の付け根を冷やす。
鼻の中の細い血管ががおさえられて血が止まる
※上を向いたり、首の後ろをたたいたりしない。
やけど
すぐに流水などで十分に冷やす。
※衣服はぬがないで、そのまま冷やす。無理にぬぐと皮膚をきずつける。
※水ぶくれはつぶさない。つぶすと、細菌が入って悪化する。
ねんざや打撲・つき指
冷やす、
高く挙げる、
安静にする。
○きん急時の通報の仕方「119番通報」
point 3
「火事ですか。救急ですか」→「救急です」
「どのような状態ですか」 →例「人がたおれています。頭を打っているようです」
「住所はどこですか」 →「○○市○○町○丁目○番○号です（○○の近くです）」

3 正しい手当や緊急時の通報の仕方を練習する

友達とけがの手当の練習をする。

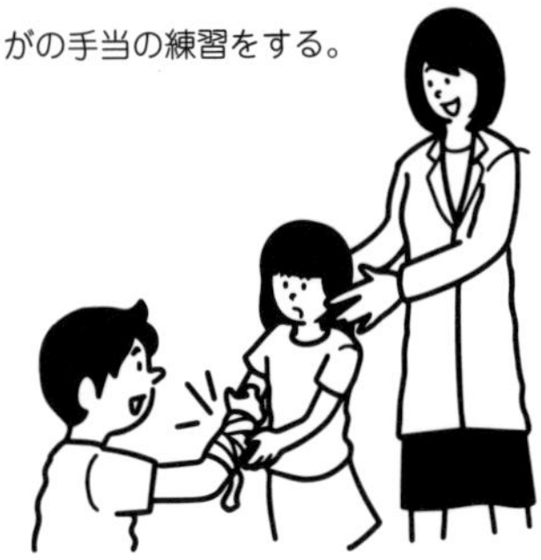

養護教諭と共に簡単なけがの手当を練習する。自分がけがをした場面を想定させ、それに対する正しい手当の仕方を知る。大きなけがや緊急時の通報の仕方を練習する。２人１組になり、助言し合いながらけがの手当や通報の仕方を練習する。

4 学習したことを振り返り、これからの生活に生かそうとする

けがの防止について学習したことを振り返り、けがや事故、交通事故、犯罪から身を守ることについてこれから心がけることを学習カードにまとめる。さらに、けがの手当や緊急時の通報の仕方を学習カードにまとめる。

週案記入例

[目標] けが人が出たときは、適切に対処する必要があることを理解する。
[活動] けが人が出たときの対処について考える。簡単なけがの手当を練習する。
[評価] けが人が出たときは、適切に対処する必要があることを理解したか。
[指導上の留意点] 正しい手当のしかたや緊急時の通報の仕方の要点を押さえる。

DVD 収録資料　「けがの防止」学習カード＆資料

使用時 **第1 ～4 時**

学習カード①は第１～２時、学習カード②は第３～４時、資料は第１～４時まで、単元全体を通して使用する。けがの防止について、思考したり、話し合ったりしたことを記入し、けがの防止について実践的な理解を促すためのカードである。資料は、けがの発生要因や防止、けがの手当の仕方を示したものである。自己の生活を振り返ったり、友達と話し合ったりすることで、けがの防止について考えられるよう配慮したい。

収録資料活用のポイント

①使い方

学習カード①は第１時のけがの発生、第２時の交通事故の防止で使用する。けがや交通事故について子供の日常生活を振り返りながら考えさせたい。学習カード②は第３時の学校や地域でのけがの防止、第４時のけがの手当で使用する。それぞれの課題に対して友達と話し合いながら考えさせたい。

②留意点

本カードは、子供が知識を活用し、課題解決を図っていけるように、具体的な学習活動の見通しをもたせて、けがの発生原因や防止についての課題意識を明確にさせたい。また、課題解決への意欲をもたせることが、日常への実践しようとする意欲につながるよう指導や助言を行うよう配慮したい。

学習カード 5-12-1（1～2時）

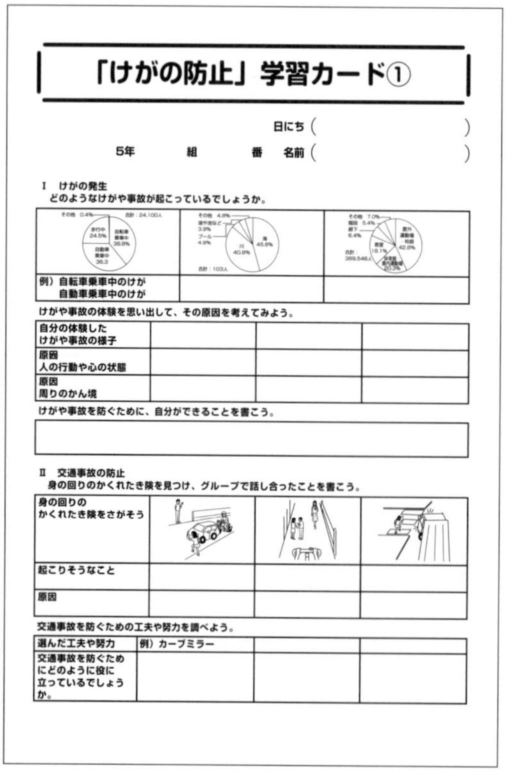

「けがの防止」学習カード①

日にち（　　　　　　）

5年　　組　　番　名前（　　　　　　）

Ⅰ　けがの発生
どのようなけがや事故が起こっているでしょうか。

例）自転車乗車中のけが 自動車乗車中のけが		

けがや事故の体験を思い出して、その原因を考えてみよう。

自分の体験したけがや事故の様子			
原因 人の行動や心の状態			
原因 周りのかん境			

けがや事故を防ぐために、自分ができることを書こう。

Ⅱ　交通事故の防止
身の回りのかくれたき険を見つけ、グループで話し合ったことを書こう。

身の回りのかくれたき険をさがそう			
起こりそうなこと			
原因			

交通事故を防ぐための工夫や努力を調べよう。

選んだ工夫や努力	例）カーブミラー		
交通事故を防ぐためにどのように役に立っているでしょうか。			

学習カード 5-12-2（3～4時）

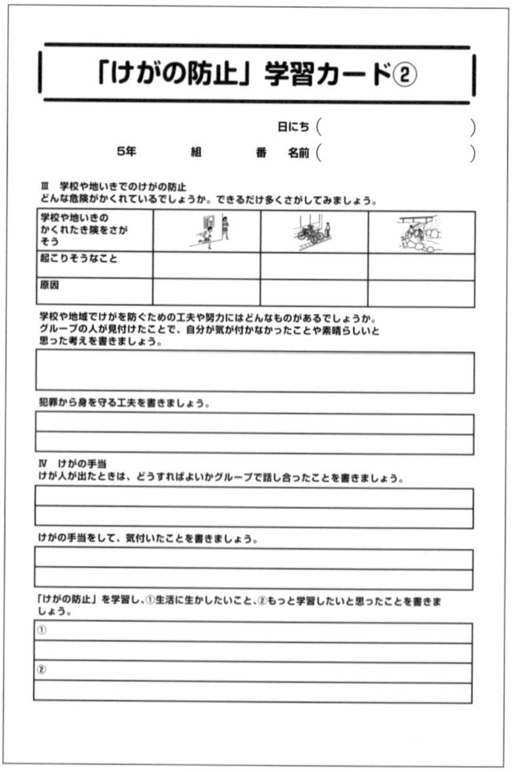

「けがの防止」学習カード②

日にち（　　　　　　）

5年　　組　　番　名前（　　　　　　）

Ⅲ　学校や地いきでのけがの防止
どんな危険がかくれているでしょうか。できるだけ多くさがしてみましょう。

学校や地いきのかくれたき険をさがそう			
起こりそうなこと			
原因			

学校や地域でけがを防ぐための工夫や努力にはどんなものがあるでしょうか。
グループの人が見付けたことで、自分が気が付かなかったことや素晴らしいと思った考えを書きましょう。

犯罪から身を守る工夫を書きましょう。

Ⅳ　けがの手当
けが人が出たときは、どうすればよいかグループで話し合ったことを書きましょう。

けがの手当をして、気付いたことを書きましょう。

「けがの防止」を学習し、①生活に生かしたいこと、②もっと学習したいと思ったことを書きましょう。

①

②

事故やけがの防止について考えよう

日にち（　　　　　　　　　）

5年　　　組　　　番　名前（　　　　　　　　　）

資料1　事故やけがの原因

心の状態や体の様子
・急いでいる
・いらいらしている
・すいみん不足

⇨

人の行動
・飛び出す
・周囲を確にんしない
・交通規則を守らない

⇨ **事故 けが** ⇦

環境
・曲がり角
・見通しが悪い

資料2　交通事故を防ごう

●かくれた危険をさがそう

〈起こりそうなこと〉
・バイクが男の子にぶつかる。
・ドアと自転車がぶつかる。
〈原因〉
・見通しが悪い交差点だから。
・後方を確にんしていない。
・あわてているから。

〈起こりそうなこと〉
・飛び出して自動車とぶつかる。
〈原因〉
・トラックの違法駐車（いほうちゅうしゃ）により来る車が見にくかった。

●交通事故を防ぐために
①安全な行動をとる。
（交通規則を守る）
②環境を安全に整える。

●自動車の特性
・停止距離
「飛び出すな。車は急に止まれない」
・死角

◆自動車には「内輪差」がある

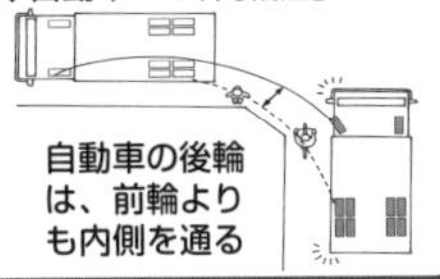

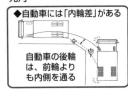

自動車の後輪は、前輪よりも内側を通る

資料3　けがの手当

けがの手当の仕方シリーズ	すりきず… 傷口を清潔にする。消毒する。 	ねんざや打撲… 冷やす。高く上げる。安静にする。 
鼻出血… 少し下を向き鼻をおさえ、鼻の付け根を冷やす。上を向いたり、首の後ろをたたいたりしない。 	切りきず… 圧迫して出血を止める。消毒し、ばんそうこうなどできず口を保護する。 	やけど… すぐに流水などで十分に冷やす（患部は直接流水に当てない）。水ぶくれは、つぶさない。 

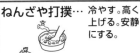

体つくり運動

13 体の動きを高める運動

4時間

【単元計画】

1時	2時
[第1段階：体の動きを高める運動] 運動の行い方を知り、もとになる動きを工夫し、高める。	
体の動きを高めるための運動の行い方を知る。	体の動きを高めるための運動の行い方を工夫し、体の動きの高まりを確かめる。
1　体の動きを高めるための運動の行い方を知ろう POINT：それぞれのもとになる運動に取り組み、自分の今の体力を把握し、動きのポイントや工夫する視点について知る。 **[主な学習活動]** ○集合・あいさつ ○今日の運動につながる準備運動をする ○動きを持続する能力を高めるための運動 ○巧みな動きを高めるための運動 ・もとになる動きを知り、今できる力で取り組む。 ○運動で使った部位をゆったりとほぐす ○まとめ (1) クラス全体で今日の学習について振り返る (2) 次時の学習内容を知る	**2　体の動きを高めよう** POINT：前時で把握した自分の体力をもとに、課題をもって運動に取り組み、運動の行い方を工夫したり、記録の向上を目指したりする。 **[主な学習活動]** ○集合・あいさつ ○今日の運動につながる準備運動をする ○動きを持続する能力を高めるための運動 ○巧みな動きを高めるための運動 ・運動の行い方を工夫し、体の動きの高まりを確かめる。 ○運動で使った部位をゆったりとほぐす ○まとめ (1) クラス全体で今日の学習について振り返る (2) 次時の学習内容を知る

授業改善のポイント

主体的・対話的で深い学びの実践に向けて

体つくり運動の学習において、子供が「体の動きを高めることができた」と、実感できることが大切である。そのために、体の動きの高まりを、学習に沿って以下の3つのように捉え、子供たちが必要感をもって運動に取り組むことができるようにする。

①「できた」以前できなかったことができるようになった。より動きがなめらかになった。
②「楽になった」以前よりも、楽にできるようになった。
③「伸びた」記録（回数や距離、速さ）が伸びた。

これらをもとに、友達同士やグループの中で、「する・見る・支える・知る」活動を行い、学び合いを通じて、主体的・対話的な学習となるように仕向けていく。

毎回の学習の最後には、タブレットなどを活用し、友達同士やグループで、互いの体の動きの高まりを客観的・視覚的に確かめ合う。また単元の後半では、自己の能力に適した体の動きや学習課題に応じて、自ら運動を選択して取り組むことが、深い学びへ繋がる。

単元の目標

○知識及び運動

・体の動きを高める運動の行い方を知り、ねらいに応じて、体の柔らかさ、巧みな動き、力強い動き、動きを持続する能力を高めるための運動をすることができる。

○思考力、判断力、表現力等

・自己の体力に応じて、運動の行い方を工夫し、自己や仲間の考えも他者に伝えることができる。

○学びに向かう力、人間性等

・運動に積極的に取り組み、約束を守り助け合って運動をしたり、仲間の考えや取組を認めたり、場や用具の安全に気を配ったりすることができる。

3時	4時
[第２段階：体の動きを高める（柔らかさ・巧み・力強さ・持続の４つから選択)] 自分で選択して運動に取り組み、動きを工夫し、高める。	
自分で選択した体の動きを高めるための運動の行い方を工夫し、体の動きの高まりを確かめる。	自分で選択した体の動きを高めるための運動の行い方を工夫し、体の動きの高まりを確かめる。
3　体の動きを高めるための運動の行い方を知ろう POINT：これまでの学習（１学期も含む）から、自分の体の動きや課題をもとに、選択して運動に取り組もうとする。 **[主な学習活動]** ○集合・あいさつ ○今日の運動につながる準備運動をする ○動きを持続する能力を高めるための運動 ○巧みな動きを高めるための運動 ・もとになる動きを知り、今できる力で取り組む。 ○自分で選択した運動 ○運動で使った部位をゆったりとほぐす ○まとめ (1) クラス全体で本時の学習について振り返る (2) 次時の学習内容を知る	**4　体の動きを高めよう** POINT：自分の体の動きの高まりを実感し、６年生に向けて、日常的に運動に、取り組むことができるようにする。 **[主な学習活動]** ○集合・あいさつ ○今日の運動につながる準備運動をする ○動きを持続する能力を高めるための運動 ○巧みな動きを高めるための運動 ・運動の行い方を工夫し、体の動きの高まりを確かめる。 ○自分で選択した運動 ○運動で使った部位をゆったりとほぐす ○まとめ (1) クラス全体で本時の学習について振り返る (2) ６学年の学習内容を知り、日常的に取り組むことができる運動について考える。

子供への配慮の例

①運動が苦手な子供

用具を操作する運動が苦手な子供には、自分ができる動きや易しい動きから取り組み始めることができるようにする。

用具を操作するタイミングが合わない子供には教師や友達に合わせたり、「１、２、３、４」と声かけしたりすることで、タイミングを合わせ、一定のリズムで用具を操作することができるようにする。

必要に応じて、動きを助けたり、ポイントを意識したりすることができるような場を設ける。

②意欲的でない子供

グループ編成を工夫し、運動が得意、苦手な子供が一緒に取り組んだり、同じ学習課題をもった子供が互いに助言したり、真似したりすることができるようにする。

学習後半にタブレットを活用してグループで振り返りを行ったり、学習カードに自分の運動の記録を取るようにしたりし、子供同士で、自分の体の動きのわずかな高まりにも気付き、達成感をもつことができるようにする。

本時案

体の動きを高めるための運動の行い方を知ろう 1/4

本時の目標

体の動きを高めるための運動（持続する能力・巧みな動き・力強い動き）の学習内容を知り、自己の体の動きを高める見通しをもつことができるようにする（柔らかさの運動は、前の学習から継続して取り組む）。

評価のポイント

体の動きを高めるための運動（持続する能力・巧みな動き・力強い動き）のねらいに即して、運動することができたか。

週案記入例

[目標]
運動の学習内容を知り、自分の体の動きを確かめる。

[活動]
運動に取り組み、体の動きの高め方を学ぶ。

[評価]
学習を通じて、体の動きの高め方を知ることができたか。

[指導上の留意点]
運動する場や用具の安全な使い方の指導を徹底する。自己の課題を踏まえ、ねらいを意識させ、運動に取り組ませるようにする。

本時の展開

	時	子供の活動
はじめ	5分	**集合・あいさつ** ○グループ（４～５人）ごとに整列する。 ○これまでの学習を振り返り、本時の学習内容を知る。
準備運動	5分	**軽い運動をする** ○足や足首、手、肩のストレッチ運動をする。 ○ペアストレッチを行う。 1 ・２人組になり、既習の体の柔らかさを高める運動から選択する。 ・伸びているところを意識して運動できるように声かけをする。
体の動きを高める運動	30分	**(1) 動きを持続する能力を高めるための運動をする** ○ペットボトルダンベルを用いてエアロビクスをする。 2 **(2) 巧な動きを高める運動をする** 3 ○短なわを使った運動をする。 **(3) 力強い動きを高めるための運動をする** ○２人組や３人組で互いに持ち上げる、運ぶなどの運動をする。 ・もとになる動きを確認し、取り組む。 ・動きのポイントを知り、運動する。
整理運動	2分	**運動後の体ほぐしをする** ○のびのびと体を動かしクールダウンするとともに、各部位をほぐす。
まとめ	3分	**(1) 本時の学習について振り返る** ○グループの友達と話したり、タブレット型PCの映像を見たりして、学習について振り返り、学習カードに記入する。 ①学習を通じて、どのような体の動きの高まりを確かめられるか。 ②今後、どのように体の動きを高めていきたいか。 **(2) 次時の学習内容を確認する** ○自己の課題や体の動きの高まりに応じて、運動にどのように取り組むか考える。

1 体の柔らかさを高める運動『ペアストレッチ』

○ペアで様々な方法でストレッチを行う。
・体の組み方や方向を変えることで、体のどの部位が伸びているか意識するようにする。
・ペアの友達と声かけしながら、徐々に体にかかる負荷の程度を変える。

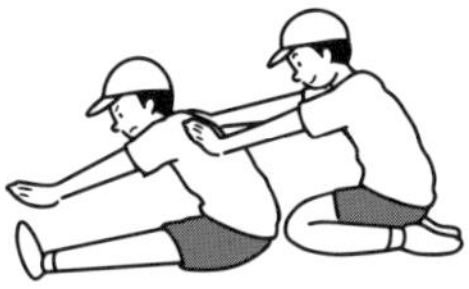
足を閉じて

足を広げて

右へ

左へ

背中を伸ばす

腕を伸ばす

体側を伸ばす

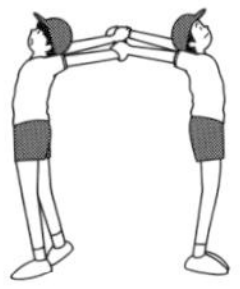
肩・背中を伸ばす

2 動きを持続する能力を高めるための運動『ペットボトルダンベルエアロビ』

○ペットボトルダンベル（ペットボトルに水を入れたもの）を持って、曲に合わせて、歩く・走る・跳ぶ・腕や足を動かすなどの全身運動を行う。
○もとになる動きができるようになったら、動きを変える、ペットボトルダンベルの重さを変える、テンポの早い曲で行うなど工夫する。

ジャンプ

腕を上げて

腕を浮き出して

足上げて

色々な姿勢で

3 巧みな動きを高めるための運動の例

○巧みな動きを高めるための運動、力強い動きを高めるための運動のもとになる動きには、以下のようなものもある。子供の実態や、教師の意図によって、どの運動を扱うか決定する。
○もとになる動きを工夫するため、リズム・姿勢・人数・用具・方向などを変えて運動するように伝える。
ただし、工夫によって、その動きのねらいから外れないように留意する。

【巧みな動きを高めるための運動】

ボールキャッチ

コーンタッチ

【力強い動きを高めるための運動】

相撲

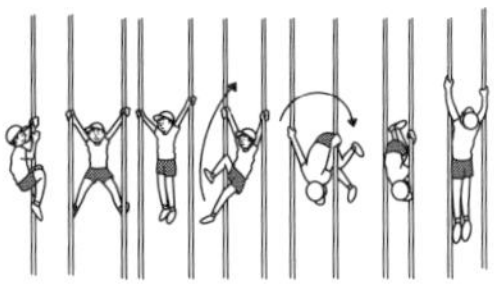
のぼり棒

本時案

体の動きを高めよう 2/4

本時の目標

体の動きを高めるための運動（持続する能力・巧みな動き・力強い動き）の行い方を工夫し、体の動きの高まりを実感することができるようにする。

評価のポイント

体の動きを高めるための運動（持続する能力・巧みな動き・力強い動き）のねらいに即して、運動を工夫することができたか。

週案記入例

[目標]
自分の課題に応じて運動を工夫し、体の動きの高まりを確かめる。

[活動]
運動を工夫して取り組み、体の動きを高める。

[評価]
学習を通じて、体の動きの高まりを実感することができたか。

[指導上の留意点]
運動する場や用具の安全な使い方の指導を徹底する。自己の課題や体の動きの高まりを踏まえ、ねらいを意識させ、運動に取り組ませるようにする。

本時の展開

	時	子供の活動
はじめ	5分	**集合・あいさつ** ○グループ（４～５人）ごとに整列する。 ○前時の学習を振り返り、本時の学習内容を知る。
準備運動	5分	**軽い運動をする** ○足や足首、手、肩のストレッチ運動をする。 ○ペアストレッチを行う。 ・２人組になり、既習の体の柔らかさを高める運動から選択する。 ・伸びているところを意識して運動できるように声かけをする。
体の動きを高める運動	30分	**(1) 動きを持続する能力を高めるための運動をする** ○ペットボトルダンベルを用いてエアロビクスをする。 **(2) 巧みな動きを高める運動をする** 1 ○短なわを使って運動をする。 **(3) 力強い動きを高めるための運動をする** 2 ○２人組や３人組で互いに持ち上げる、運ぶなどの運動をする。 ・もとになる動きを確認し、工夫した動きに取り組んだり、記録を測ったりする。 ・グループ内で動きを見合い、体の動きの高まりを確認する。
整理運動	2分	**運動後の体ほぐしをする** ○のびのびと体を動かしクールダウンするとともに、各部位をほぐす。
まとめ	3分	**(1) 本時の学習について振り返る** ○グループの友達と話したり、タブレット型 PC の映像を見たりして、学習について振り返り、学習カードに記入する。 ①学習を通じて、どのような体の動きの高まりを確かめられるか。 ②今後、どのような体の動きを高めていきたいか。 **(2) 次時の学習内容を確認する** ○自己の課題や体の動きの高まりに応じて、取り組む運動を選ぶ。

1 巧な動きを高める運動『短なわ』の工夫例

○もとになる動きから、リズム、姿勢、人数、用具、方向などを変えて運動に取り組む。

【もとになる動き】

前回しで跳ぶ。

【リズムの工夫】

ゆっくり回したり、速く回したりして跳ぶ。

【姿勢の工夫】

片足や、回転しながら跳ぶ。

【方向の工夫】

走りながら跳ぶ。

【人数の工夫】

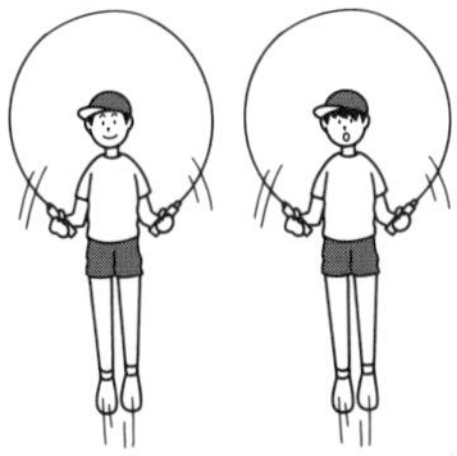

２人、３人・・・と人数を増やしてタイミングを合わせて跳ぶ。

【人数の工夫】

１つのなわで、２人で跳ぶ。

2 力強い動きを高めるための運動『人運び』の工夫例

【もとになる動き】

３人組で、２人で友達の肩を担ぎ、足を持って運ぶ。

【姿勢の工夫】

脇を抱え、運ぶ。

【姿勢の工夫】

肩を組んで、足を持たずに運ぶ。

【姿勢の工夫】

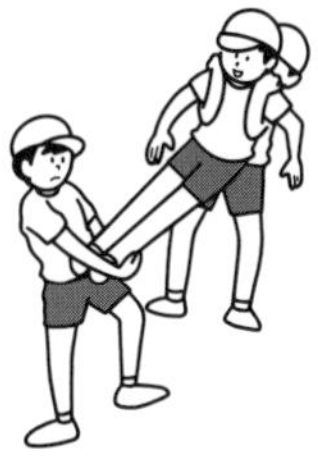

２人で抱える場所を変え、運ぶ。

【用具の工夫】

棒に友達をぶら下げ運ぶ。

【人数の工夫】

１人で運ぶ。

本時案

体の動きを高めるための運動の行い方を知ろう

3/4

本時の目標

自己の課題や体の動きの高まりに応じて運動を選び、取り組み、更に自分の体の動きを高めたり、その方法について知ったりすることができるようにする（持続の運動は、前時から継続して取り組む。巧みの運動は、前時とは異なる運動に取り組む）。

評価のポイント

体の動きを高めるための運動（自分で選択した）のねらいに即して、運動することができたか。

週案記入例

[目標]
自分に合った運動を選択、工夫し、体の動きの高まりを確かめる。

[活動]
自分で運動を選択、工夫して取り組み、体の動きを高める。

[評価]
自分に合った運動を選択し、体の動きの高まりを実感することができたか。

[指導上の留意点]
運動する場や用具の安全な使い方の指導を徹底する。自己の課題を踏まえ、ねらいを意識させ、運動に取り組ませるようにする。

本時の展開

	時	子供の活動
はじめ	5分	**集合・あいさつ** ○グループ（4～5人）ごとに整列する。 ○前時の学習を振り返り、本時の学習内容を知る。
準備運動	5分	**軽い運動をする** ○足や足首、手、肩のストレッチ運動をする。 ○ペアストレッチを行う。 ・2人組になり、既習の体の柔らかさを高める運動から選択する。 ・伸びているところを意識して運動できるように声かけをする。
体の動きを高める運動	30分	**(1) 動きを持続する能力を高めるための運動をする** ○ペットボトルダンベルを用いてエアロビクスをする。 **(2) 巧みな動きを高める運動をする** ○平均台などの器具を用いて設定したコースで移動する。 ・もとになる動きを確認し、工夫した動きを知る。 ・動きのポイントを知り、運動する。 **(3) これまでに学習した運動内容から選んで運動をする** 1 ○柔らかさ、巧み、力強さ、持続から運動を選択する。 ○もとになる動きを確認し、工夫した動きに取り組んだり、記録を測ったりする。 ○友達同士で動きを見合い、体の動きの高まりを確認する。
整理運動	2分	**運動後の体ほぐしをする** ○のびのびと体を動かしクールダウンするとともに、各部位をほぐす。
まとめ	3分	**(1) 本時の学習について振り返る** ○グループの友達と話したり、タブレット型PCの映像を見たりして、学習について振り返り、学習カードに記入する。 2 ①学習を通じて、どのような体の動きの高まりを確かめられるか。 ②今後、どのような体の動きを高めていきたいか。 **(2) 次時の学習内容を確認する** ○自己の課題や体の動きの高まりに応じて、取り組む運動を選ぶ。

1 選択して運動に取り組む場面では・・・・・

○自分の体の動きや課題に応じて、選択して運動に取り組む。
→自らの意思で運動を選び、必要感をもって、主体的な学習に繋げる。

【体の動きから運動を選択】
「○○の動きは、更に高めることができそうだ」
【課題から運動を選択】
「○○の動きが十分ではないから、取り組む必要があるかも」

○選択した運動ごとにグループをつくり、運動に取り組む。
→同じ課題に取り組む友達と学び合うことで、対話的な学習に繋げる。
→「する」「見る」「支える」「知る」ことを大切に、学び合うことができるようにする。初めは教師が、学習中における子供の具体的な姿を見つけ出し、紹介する。学習が進むにつれ、子供同士で学び合いが生かされた場面を紹介し、より充実するようにする。

視点	内容	具体的な姿
する	動きのポイントや、工夫を意識して運動に取り組む。	「○○するとできるようになった」 「次は、○○に気を付けて取り組んでみよう」
見る	友達の良い動きを見付ける。	「○○さんが上手にできているのはなぜかな？」 「○○の動きのポイントは何かな？」
支える	友達にアドバイスしたり、認めたりする。	「もっと、○○に気を付けて、取り組んでみよう」 「さっきよりも、上手になったよ」
知る	動きのポイントを知ったり、自分の体の動きの高まりを実感したりする。	「○○に気を付けて、取り組んでみたらできた」 「前よりも、○○できるようになったから体の動きが　高まっている」

2 まとめの場面では・・・・・

○タブレット型 PC などを活用して、グループで互いの体の高まりを客観的、視覚的に確かめ合う。
・「できた」「楽になった」「伸びた」動きについて、自分で感じたことや、友達の動きを見て気が付いたことを具体的に紹介し合う。わずかな変化にも注目させるようにする。

【できた】
「３人でタイミングを合わせて跳ぶことができるようになった。」
【伸びた】
「平均台を、この前よりも早く渡ることができたよ。」
【伸びた】
「○○さん、この前よりも、リズミカルに跳べていたよ。」
【楽になった】
「今日は、２人でも楽に、友達を運べてたよ。」
【伸びた】
「○○さん、この前よりも、リズミカルに跳べていたよ。」

本時案

体の動きを高めよう 4/4

本時の目標

自己の課題や体の動きの高まりに応じて運動を選び、取り組み、更に自分の体の動きを高めたり、その方法について知ったりすることができるようにする（持続の運動、巧みな運動は、前時から継続して取り組む）。

評価のポイント

体の動きを高めるための運動（自分で選択した）のねらいに即して、運動することができたか。

週案記入例

[目標]
自分に合った運動を選択、工夫し、体の動きの高まりを確かめる。

[活動]
自分で運動を選択、工夫して取り組み、体の動きを高める。

[評価]
自分に合った運動を選択し、体の動きの高まりを実感することができたか。

[指導上の留意点]
運動する場や用具の安全な使い方の指導を徹底する。自己の課題を踏まえ、ねらいを意識させ、運動に取り組ませるようにする。

本時の展開

	時	子供の活動
はじめ	5分	**集合・あいさつ** ○グループ（４～５人）ごとに整列する。 ○前時の学習を振り返り、本時の学習内容を知る。
準備運動	5分	**軽い運動をする** ○足や足首、手、肩のストレッチ運動をする。 ○ペアストレッチを行う。 →２人組になり、既習の体の柔らかさを高める運動から選択する。 →伸びているところを意識して運動できるように声かけをする。
体の動きを高める運動	30分	**(1) 動きを持続する能力を高めるための運動をする** ○ペットボトルダンベルを用いてエアロビクスをする。 **(2) 巧みな動きを高める運動をする** ○平均台などの器具を用いて設定したコースで移動する。 1 **(3) これまでに学習した運動内容から選んで運動をする** ○柔らかさ、巧み、力強さ、持続から運動を選択する。 ○もとになる動きを確認し、工夫した動きに取り組んだり、記録を測ったりする。 ○友達同士で動きを見合い、体の動きの高まりを確認する。
整理運動	2分	**運動後の体ほぐしをする** ○のびのびと体を動かしクールダウンするとともに、各部位をほぐす。
まとめ	3分	**(1) 本時の学習について振り返る** ○グループの友達と話したり、タブレット型 PC の映像を見たりして、学習について振り返り、学習カードに記入する。 ①学習を通じて、どのような体の動きの高まりを確かめられるか。 ②今後、どのような体の動きを高めていきたいか。 **(2) 6学年の学習内容を確認する** ○自己の課題や体の動きの高まりに応じて、６学年で取り組む運動に見通しをもつとともに、日常的に取り組むことができる運動について考える。

1 巧みな動きを高める運動『平均台移動』の工夫例

○もとになる動きから、リズム、姿勢、人数、用具、方向などを変えて運動に取り組む。
平均台移動

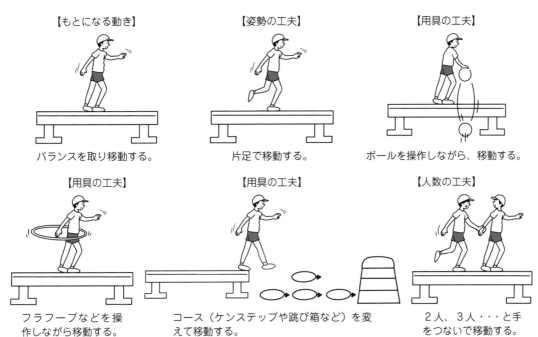

【もとになる動き】

バランスを取り移動する。

【姿勢の工夫】

片足で移動する。

【用具の工夫】

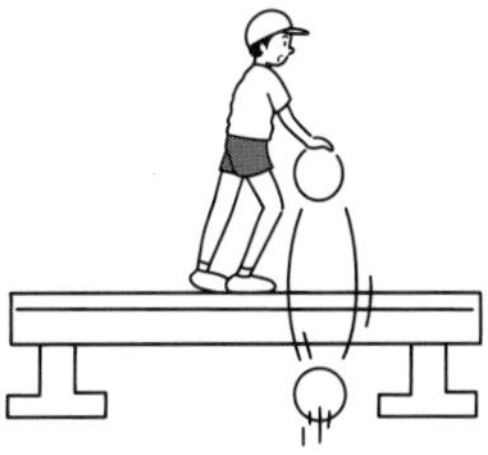

ボールを操作しながら、移動する。

【用具の工夫】

フラフープなどを操作しながら移動する。

【用具の工夫】

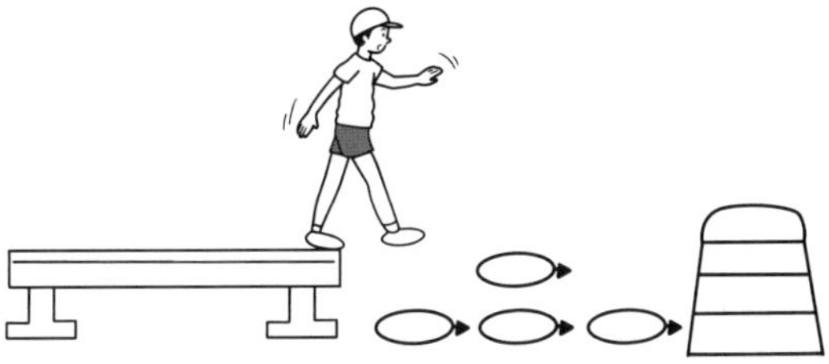

コース（ケンステップや跳び箱など）を変えて移動する。

【人数の工夫】

２人、３人・・・と手をつないで移動する。

どのような運動に取り組む？

体の動きを高める運動には、様々な例示があります。また、高学年では直接的に体力の向上をねらいとしますが、子供が楽しく、意欲的に取り組むことができるように、以下のことに留意しながら、取り組む運動を考えましょう。

1　日常化

○登り棒、雲梯など
・校庭に常設されている遊具などを活用することで、休み時間や放課後に日常的に取り組みやすいものとなります。

2　簡単な勝敗を取り入れる

○相撲、人運びなど
・グループや友達で、簡単な勝敗を取り入れることで、楽しみながら運動することができます。ただ、運動本来のねらいから外れることがないように注意が必要です。

3　体の動きの高まりが実感しやすい

○コーンタッチなど
・コーンの間隔を変える。
・コーンの高さを変える。
・コーンの数を変える。
・時間を決めて、記録を計る。

DVD収録資料

「体の動きを高める運動」学習カード＆資料

使用時 **第１～４時**

本カードは第１時から第４時まで、単元全体を通して使用する。学習カードに、運動の行い方の工夫の方向性を示すことで、課題を明確にして、必要感をもって運動に取り組むことができるようにする。また、自分の「できるようになった動き」「楽になった動き」「記録が伸びた動き」を書き留めることで、体の動きの高まりが実感できるようにする。

収録資料活用のポイント

①使い方

授業の前に、自分が取り組む運動で、気を付けたいこと、工夫したいことを明確にしておく。それぞれの動きの工夫例や、前時までに出てきた友達の動きの工夫などを掲示しておき、参考にしてもよいこととする。授業の最後に、学習を振り返り、自分や友達の体の動きの高まりについて考えるように指示する。

②留意点

本カードは、自分の体の動きをどのように高めていくか明確にし、その高まりを書き留めていくものである。グループでの活動を通じて、友達と自分の記録の伸びを比べることに、意識が傾いてしまうことが考えられる。自分の体の動きや友達の体の動きの高まりに、わずかでも気付くことができることを大切にするように配慮したい。

学習カード 5-13-1（1～4時）

体つくり運動学習カード

日にち（　　　　　　）

5年　　組　　番　名前（　　　　　　）

【今日のめあて】

今日、取り組む運動でどのようなポイントに気を付けたり、工夫をしたりしますか？

運動	短なわ（巧）	人運び（力）
ポイント／工夫		

【今日のふり返り】

今日、体の動きの高まりを感じましたか？　その理由も書きましょう。
また、これからどのような体の動きを高めていきたいですか？

できるようになった　／　楽になった　／　のびた

学習カード 5-13-2（1～4時）

体つくり運動学習カード

日にち（　　　　　　）

5年　　組　　番　名前（　　　　　　）

【今日のめあて】

今日、取り組む運動でどのようなポイントに気を付けたり、工夫をしたりしますか？

運動	平均台移動（巧）
ポイント／工夫	

今日、何の運動に取り組みますか？　その理由も書きましょう。

選んだ理由	選たく【　　　　】柔・巧・力・持 ポイント／工夫

【今日のふり返り】

今日、体の動きの高まりを感じましたか？　その理由も書きましょう。
また、これからどのような体の動きを高めていきたいですか？

できるようになった　／　楽になった　／　のびた

運動のポイントを見付けたり、工夫したりしよう

日にち（　　　　　　　　　　）

5年　　　組　　　番　名前（　　　　　　　　　　）

◇見付けたポイントや工夫した動きを広めていこう。

巧みな動きを高める運動 短なわ

工夫をしやすい視点

姿勢・方向・用具・人数・リズム

運動のポイント
◇脇をしめて、手首で回す。
◇
◇

◇工夫した動きや見付けたポイント

工夫の視点（　姿勢　）
◇人数を増やし、タイミングを合わせて跳ぶ。

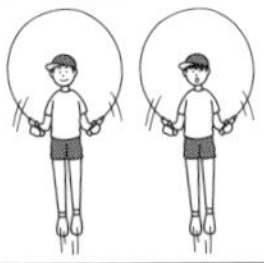

工夫の視点（　　　　）
◇

工夫の視点（　　　　）
◇

巧みな動きを高める運動 平均台移動

工夫をしやすい視点

姿勢・方向・用具・人数・リズム

運動のポイント
◇手を使って、左右のバランスをとる。
◇
◇

◇工夫した動きや見付けたポイント

工夫の視点（　用具　）
◇ドリブルしながら移動する。

工夫の視点（　　　　）
◇

工夫の視点（　　　　）
◇

器械運動

14 跳び箱運動

6時間

【単元計画】

1時	2・3時
[第1段階] 跳び箱運動の行い方を理解し、自己の能力に適した課題を見付け、楽しく取り組む。	
跳び箱運動の学習内容を知り、自分がどの程度、技ができるかを知る。	切り返し系や回転系の技のポイントを知ったり、こつを見付けたりする。
1　今の力で跳び箱を跳んでみよう POINT：自分が今できる、跳び箱運動の技に取り組み、自己の能力に適した課題（技）を知り、次時からの学習に見通しをもたせる。 **[主な学習活動]** 〇集合・あいさつ 〇今日の学習につながる準備運動をする 〇跳び箱運動 ①今できる技に取り組む ②今の力で選んだ技に取り組む 〇運動で使った部位をゆったりとほぐす 〇まとめ ①学習を振り返り、学習カードに記録する ②次時の課題をもつ ③次時からの学習内容を知る	**2・3　技のポイントを確認しよう** POINT：切り返し系、回転系の技のポイントを知るとともに、自己の能力に適した課題（技）を自分に合った場を選んで取り組む。 **[主な学習活動]** 〇集合・あいさつ 〇今日の学習につながる準備運動をする 〇跳び箱運動　ICT 第2時　①切り返し系の技のポイントを確認する ②自己の能力に適した切り返し系の技に取り組む。 第3時　①回転系の技のポイントを確認する。 ②自己の能力に適した回転系の技に取り組む 〇運動で使った部位をゆったりとほぐす 〇まとめ ①学習を振り返り、学習カードに記録する ②次時の課題をもつ

授業改善のポイント

主体的・対話的で深い学びの実践に向けて

子供一人一人の技能の習熟状況や、学習に対しての意欲に差が見られることが多い。

そのため、跳び箱運動が得意な子供にも、苦手な子供にも、楽しさや喜びを味わわせることができるような授業づくりが必要になる。

子供の主体的な学びを具体化するためには、「自己の能力に適した課題」を見付けることが大切となる。中学年までに学習した基本的な技を安定して行えるようになることや、発展技や更なる発展技に取り組むなど、自分の力に合った学習課題を見付けて、学習過程（単元）を通して課題を解決し、技ができるようにしていく。

課題解決の際には、対話的な学びが充実するようにする。グループでの学習を設定し、技のポイントを基に動きを見合い、気付いたことやこつを伝えさせるようにする。

このとき、タブレットなどの機器を活用すると、自分や友達の動きを客観的に観察できたり、動きを繰り返し見たりできるので、対話が活発になり、自己の新たな学習課題も見付けやすくなるなど効果的である。

単元の目標

○知識及び技能

・跳び箱運動の行い方を理解するとともに、自己の能力に適した切り返し系や回転系の基本的な技を安定して行ったり、その発展技に取り組んだりすることができる。

○思考力、判断力、表現力等

・自己の能力に適した課題の解決の仕方を工夫し、自己や仲間の考えたことを伝えることができる。

○学びに向かう力、人間性等

・運動に積極的に取り組み、約束を守り助け合って運動をしたり、仲間の考えや取り組みを認めたり、場や器械・器具の安全に気を配ったりすることができる。

4・5・6時	
[第2段階] **自己の能力に適した課題の解決の仕方を工夫して取り組む。**	
友達と技の出来栄えを見合ったり、こつを伝え合ったりして、自分の取り組みたい技ができるようにする。	
4・5　自己の力に合った技ができるようになろう①② POINT：自己の課題を解決するために、友達と技の出来栄えを見合ったり、こつを伝え合ったりしながら、自己の能力に適した技に取り組む。 **[主な学習活動]** ○集合・あいさつ ○今日の学習につながる準備運動をする ○跳び箱運動　ICT 　①グループで本時の課題と今の出来栄えを確認する 　②同じ技を課題としている友達と取り組む 　③グループで学習の成果を見合う ○運動で使った部位をゆったりとほぐす ○まとめ 　①学習を振り返り、学習カードに記録する 　②次時の課題をもつ	**6　できるようになった技で友達と調子を合わせて跳ぼう** POINT：単元の最後の時間なので、今まで取り組んできた成果を友達と認め合ったり、友達とリズムを合わせて跳んだりして跳び箱運動を楽しむ。 **[主な学習活動]** ○集合・あいさつ ○今日の学習につながる準備運動をする ○跳び箱運動 　①自分の力に合った技に取り組む 　②グループで友達に技を披露し、成果を友達と認め合う ③ペアやグループで動きをそろえて跳び箱運動に取り組む ○運動で使った部位をゆったりとほぐす ○まとめ 　単元を振り返り、学習カードに記録する

子供への配慮の例

①運動が苦手な子供

子供一人一人が自己の能力に適した「できそうな技」学習課題に取り組めるようにする。

必要な体の動かし方や運動感覚が身に付くように、取り組む技と類似した動き方をする運動遊びに取り組む時間や、段階を踏んだ易しい場を設定するなどの配慮をする。例えば、「かかえ込み跳び」では、マットを数枚重ねた場や体育館のステージに跳び乗らせる場などを設置するとよい。

技の系統性や技能ポイント、練習方法など、個に応じた適切な助言や補助も大切である。

②意欲的でない子供

痛みへの不安感や技への恐怖心をもつ子供には、跳び箱の横にマットを敷いたり、低い跳び箱を設置したりするなどの配慮をする。

既に基本的な技を安定して行えるようになった子供には、発展技に挑戦するなど、新たな課題に取り組むことができるよう配慮する。

仲間との学習をうまく進めるために、友達の技を観察するポイントや位置を示したり、ICT機器を使って動きを確認したりして、気付いたことなどを仲間に伝える時間や場を設定するなどの配慮をする。

本時案

今の力で跳び箱を跳んでみよう 1/6

本時の目標

今できる技に取り組む中で、自分の跳び箱運動の力を把握し、次時からの課題をもつことができるようにする。

評価のポイント

今できる技に意欲的に取り組み、自己の能力に適した、次時からの課題をもつことができたか。

週案記入例

[目標]
自分の跳び箱運動の力を把握し、次時からの課題をもつ。

[活動]
自分が今できる技に取り組む。

[評価]
自己の能力に適した課題をもつことができたか。

[指導上の留意点]
自己の能力に適した課題になっているか留意する。また、安全に運動できるよう器具や用具の準備の仕方、扱い方を指導する。

本時の展開

	時	子供の活動
はじめ	3分	**集合・あいさつ** ○単元や本時の学習内容を知る。 →学習カードの使い方や、グループ学習の仕方を知る。
準備運動	5分	**今日の学習につながる準備運動をする** ○主に使用する部位（手首、腰、首など）をしっかりとほぐす。 ○跳び箱運動につながるやさしい運動を行う。◀1 例　うさぎ跳び、馬跳び　かえるの足打ち　前転　など
場の準備	3分	○場の準備をする。◀2◀3 →器具や用具の準備の仕方や扱い方を事前に指導する。
跳び箱運動	25分	**今できる技に取り組む** ○これまで学習した技を確認したり、発展技を紹介したりする。 →跳び箱運動の技を全体で確認する。（映像資料や模範等） ○場を選択し、今の力でできる技に取り組む。 →切り返し系、回転系の技ごとに場を設定し、子供に選択させる。 ○できそうな技に取り組む。◀4 →安定して跳んだり、挑戦したりしたい技を見付けられるようにする。
整理運動	1分	**運動で使った部位をゆっくりとほぐす** →主に使用した部位を重点的にほぐすようにする。
場の片づけ	3分	○場の片づけをする。 →安全に配慮し、友達と協力して片づけるよう指導する。
まとめ	5分	**(1) 本時の学習を振り返り、学習カードに記録する** ○次時の課題をもつ。 →自己の能力に応じて、安定してできるようになりたい技や挑戦したい技を課題にするよう声を掛ける。 **(2) 次時の学習内容を確認する**

1 跳び箱運動につながる運動

2 場の準備の例

下図のように、跳び箱の位置を体育館中央に向かって助走をとるように設定することで、子供の運動方向が同じになり、教師が多くの子供の動きを把握しやすいようにする。個別に声かけする際も、危険を伴う技を行っている場所が視野に入る位置で行う。

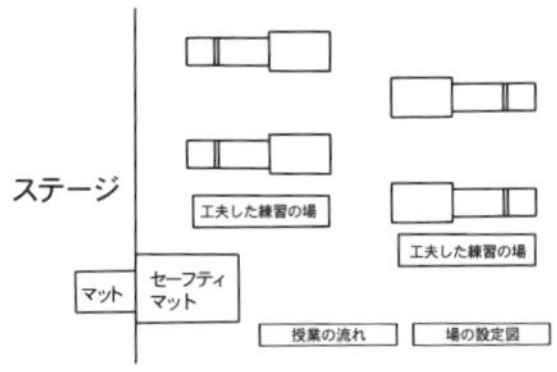

○第２時以降、教師は事前に子供の課題（技）を把握し、跳び箱の台数や、段階を踏んだ易しい場など、計画を立てる。

○場の準備を図で示したり、グループごとに準備する場所を分担したりする。

3 跳び箱の設置の仕方

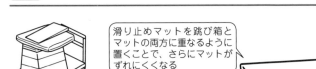

滑り止めマットを跳び箱とマットの両方に重なるように置くことで、さらにマットがずれにくくなる

○台車の上に跳び箱、踏み切り板、すべり止めマット、調節器を乗せて運搬すると、簡単に安全に移動することができる。

○マットを運ぶ際は、２人～４人で取手を持ち、持ちあげる際やおろす際はかけ声をかける。

○跳び箱は１段目が１番重いため、１段目は２人で運ぶ。それ以外の段は、２人でまとめて運ぶようにするとよい。

4 自己の能力に適した課題（技の系統性について）

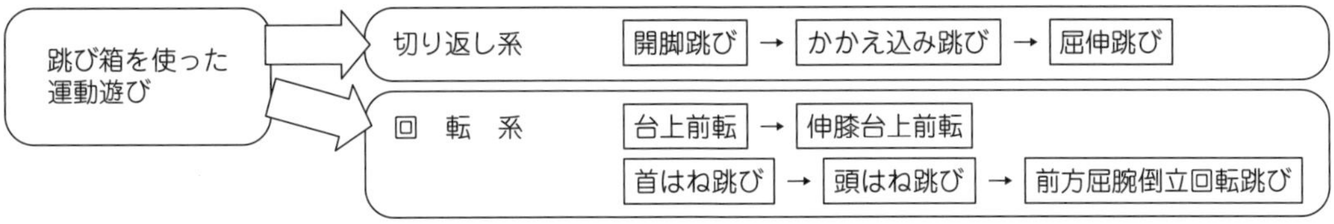

○跳び箱運動では、技を安全に確実に習得していくために、子供が自分の力に合った技に段階的に取り組む必要がある。そのため、教師が技の系統性を十分に理解することが重要。

本時案

切り返し系の技に取り組もう 2/6

本時の目標

切り返し系の技のポイントを知り、自己の能力に適した技を選んで取り組むことができるようにする。

評価のポイント

切り返し系の技のポイントを理解し、自己の能力に適した技を選んで意欲的に取り組んでいるか。

週案記入例

[目標]
切り返し系の技のポイントを知り、自己の能力に適した切り返し系の技に取り組む。

[活動]
切り返し系の技に取り組む。

[評価]
切り返し系の技のポイントや行い方を理解し、自己の能力に適した技ができている。

[指導上の留意点]
切り返し系の技のポイントを理解させ、自己の能力に適しためあて（課題）をもって取り組めるようにする。

本時の展開

	時	子供の活動
はじめ	2分	**集合・あいさつ** ○本時の学習内容を知る。
準備運動	5分	**今日の学習につながる準備運動をする** ○主に使用する部位（手首、腰、首など）をしっかりとほぐす。 ○跳び箱運動につながるやさしい運動を行う。
場の準備	3分	○場の準備をする。 →友達と協力し、分担された役割を果たす。
跳び箱運動	25分	**(1) 切り返し系の技のポイントを見付ける** 1 ○切り返し系の技のポイントを確認する。 →技のポイントが載った資料や、映像資料、模範等から、切り返し系の技のポイントを全体で確認して共有する。 **(2) 自己の能力に適した切り返し系の技を選んで取り組む** ○場を選択し、切り返し系の技に取り組む。 →自己の能力に適した切り返し系の技を選んで取り組ませる。人数によって場の数を調整する。 →苦手な子供が取り組みやすいような段階を踏んだ易しい場を準備する。 →ICT 機器を使って、自分や友達の動きを確認する。
場の片づけ	3分	○場の片づけをする。 →安全に配慮し、友達と協力して片づけるよう指導する。
整理運動	2分	**運動で使った部位をゆっくりとほぐす** →主に使用した部位を重点的にほぐすようにする。
まとめ	5分	**(1) 本時の学習を振り返り、学習カードに記録する** ○次時の課題をもつ。 →安定してできたり、挑戦したりしたい技を課題にするよう声を掛ける。 **(2) 次時の学習内容を確認する**

1 切り返し系の技のポイントと段階的な練習方法の例

開脚跳びの技のポイント

手を上げ、跳び箱の遠くに手を着く

開脚跳びの練習方法①

跳び箱にまたがって、腕支持で移動して、付き放して下りる。

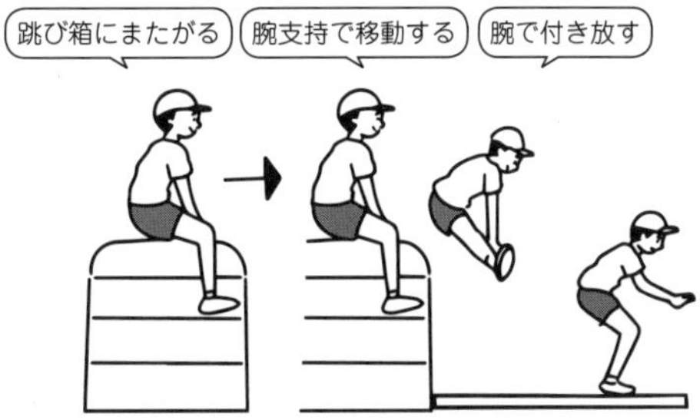

腕で付き放す

かかえ込み跳びの技のポイント

両足をそろえて強く踏み切る
手を遠くに着く
かたを前に出して、両手で強く付き放す
ひざを曲げてピタリと止まる

開脚跳びの練習方法②

かかえ込み跳びの練習方法①

〈うさぎ跳び〉

●手を付ける位置に線を引いて、うさぎ跳びをする。

●慣れてきたら、着地する足が、線を越えるようにする。

かかえ込み跳びの練習方法②

〈跳び乗り・下り〉

●縦向きの跳び箱に支持で乗る。

●最初は正座で乗ってもよいが、次第に足の裏で乗るようにし、徐々に足が着手よりも前にくるようにする。

かかえ込み跳びの練習方法③

〈横向きの跳び箱〉

●顔を上げて、膝を胸に引き付ける。

屈伸跳びの技のポイント

強く突き放し、体を浮かす
足を閉じて、膝を伸ばしたままタイミングよく引きつけ跳び越す

本時案

回転系の技に取り組もう

3/6

本時の目標

回転系の技のポイントを知り、自己の能力に適した技を選んで取り組むことができるようにする。

評価のポイント

回転系の技のポイントを理解し、自己の能力に適した技を選んで意欲的に取り組んでいるか。

週案記入例

[目標]
回転系の技のポイントを知り、自分が選んだ技に取り組む。

[活動]
回転系の技に取り組む。

[評価]
回転系の技のポイントや行い方を理解し、自分が選んだ技ができている。

[指導上の留意点]
回転系の技のポイントを理解させ、自分の能力に適した課題をもって取り組めるようにする。

本時の展開

	時	子供の活動
はじめ	2分	**集合・あいさつ** ○本時の学習内容を知る。
準備運動	5分	**今日の学習につながる準備運動をする** ○主に使用する部位（手首、腰、首など）をしっかりとほぐす。 ○跳び箱運動につながる運動を行う。
場の準備	3分	○**場の準備をする** →友達と協力し分担された役割を果たす。
跳び箱運動	25分	**(1) 回転系の技のポイントを知る** ◀1 ○回転系の技のポイントを確認する。 →技のポイントが載った資料や、映像資料、模範等から、回転系の技のポイントを全体で確認して共有する。 **(2) 自己の能力に適した回転系の技を選んで取り組む** ○場を選択し、回転系の技に取り組む。 →自己の能力に適した回転系の技を選んで取り組ませる。人数によって場の数を調整する。 →苦手な子供が取り組みやすいような段階を踏んだ易しい場を準備する。 → ICT 機器を使って、自分や友達の動きを確認する。
場の片づけ	3分	○場の片づけをする。 →安全に配慮し、友達と協力して片づけるよう指導する。
整理運動	2分	**運動で使った部位をゆっくりとほぐす** →主に使用した部位を重点的にほぐすようにする。
まとめ	5分	**(1) 本時の学習を振り返り、学習カードに記録する** ○次時の課題をもつ。 →安定してできたり、挑戦したりしたい技を課題にするよう声を掛ける。 **(2) 次時の学習内容を確認する**

1 回転系の技のポイントとその練習方法

台上前転の技のポイント

両足をそろえて踏み切り、腰を高く上げる
跳び箱の手前に手を着く
頭の後ろを着き、背中を丸めて、おへそを見る
ひざを曲げて、ピタリと着地

伸膝台上前転の技のポイント

踏み切る瞬間に膝を伸ばす
膝をのばして台上前転をする

台上前転の練習方法

重ねたマットの上で、まっすぐに前転をする

1段の跳び箱のはしに手を着いて、はずみを付けてふみきり、前転をする

伸膝台上前転の練習方法

段差のある連続跳び箱で伸膝台上前転をする

首はね跳びの技のポイント

ひざを伸ばして腰を高く上げる
手を跳び箱の中央に着く
腕と、おでこで支えながら、膝を伸ばす
体を伸ばしながら、足を振り出し腕で突き放す
この瞬間に両手で跳び箱を押し、足を高く遠くへ振り出す
ひざを曲げて、ピタリと着地

頭はね跳びの技のポイント

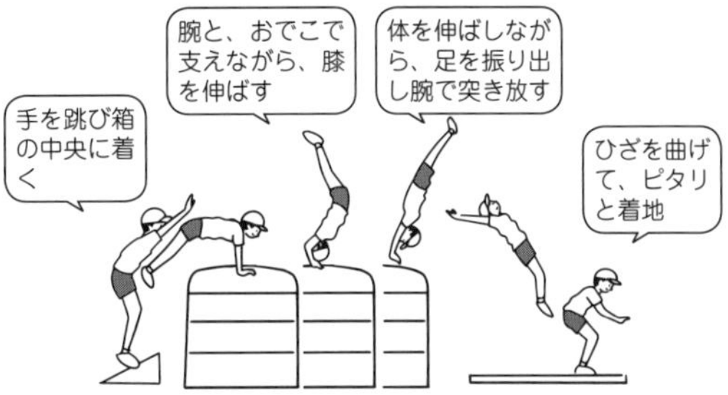

首はね跳びの練習方法

ステージの上からセーフティマットに足をふり出す

首の付け根が着いたら、勢いよく足をふり出す
手で強く付き放す

頭はね跳びの練習方法

- 舞台や連結した跳び箱など、高い所から頭はね下りをする。おでこを着け、膝を伸ばした状態から、腰を上げる
- 補助者が、背中に手を添えて、跳ねるタイミングを教えるのもよい
- 低い跳び箱から踏み切って練習する
- 補助者が、背中に手を添えて、跳ねるタイミングを教えるのもよい

前方屈腕倒立回転跳び(更なる発展技)

頭はね跳びが、安定してできるようになってから取り組む

踏み切りを強める
頭を少し浮かせる
空中で腰を伸ばす
腕でしっかりと支えて付き放す

本時案

自分の力に合った技ができるようになろう① 4/6

本時の目標

自己の能力に適した技を選び、課題を解決するために、工夫して運動することができるようにする。

評価のポイント

課題の解決のために、友達と見合ったり伝え合ったりしながら、工夫して運動しているか。

週案記入例

[目標]
自己の能力に適した技を選び、課題を解決するために、工夫して運動する。

[活動]
友達と見合ったり伝え合ったりしながら、自己の能力に適した技に取り組む。

[評価]
自己の能力に適した技を選び、友達と見合ったり伝え合ったりしながら工夫して運動に取り組めている。

[指導上の留意点]
自己の能力に適した課題になっているか留意する。また、友達との伝え合いが活発になるよう、運動の見方やICT機器の活用方法を助言する。

本時の展開

	時	子供の活動
はじめ	2分	**集合・あいさつ** ○本時の学習内容を知る。
準備運動	5分	**今日の学習につながる準備運動をする** ○主に使用する部位（手首、腰、首など）をしっかりとほぐす。 ○跳び箱運動につながるやさしい運動を行う。
場の準備	3分	○場の準備をする。
跳び箱運動	25分	**(1) 自己の学習課題と今の出来栄えを確認する** ○3～5人のグループをつくる。グループの友達に自己の課題を伝え、今の出来栄えを確認する。 →技のポイントをもとに動きを観察し、気付いたことを伝え合う。 →ICT機器を用いて、自己と仲間の課題が明確になるようにする。 **(2) 課題を解決するために友達と工夫して取り組む** 1 ○同じ技を課題とする友達と、工夫して運動に取り組む。 →事前に子供の課題を把握し、場を設ける。 →観察の位置や見るポイントを助言したり、ICT機器を用いて自他の動きを確認させたりして、友達との伝え合いが活発になるようにする。 →苦手な子供が取り組みやすいような段階を踏んだ易しい場を設ける。 **(3) 学習の成果を確認し、称賛し合う** ○3～5人のグループの友達に、今日の成果を発表し、称賛し合う。
場の片づけ	3分	○場の片づけをする。
整理運動	2分	**運動で使った部位をゆっくりとほぐす** →主に使用した部位を重点的にほぐすようにする。
まとめ	5分	**(1) 本時の学習を振り返り、学習カードに記録する** ○次時の課題をもつ。 **(2) 次時の学習内容を確認する**

1 対話的な学びに向けた、学習の進め方

展開に応じた学習グループの例

自分の運動がどのように行われているか、自分では確認しづらいため、友達に見てもらったり、ICT機器を活用して知ったりする必要がある。そこで、３～５人程度の展開に応じた学習グループを編成し、運動を見合うようにする。

グループ編成の例　子供に技能差があるグループ→ 自分の課題や、今の出来栄えを確認したり、技能の高まりを評価し合ったりしやすい。

子供の課題が同じグループ→ 課題解決の時間に、同じ技に取り組むため、ポイントを見合ったり、アドバイスし合ったり、しやすい。

教え合いの進め方の例

①自分の課題を友達に伝える。
（例：取り組む技や、
見てほしいポイントなど）

伸膝台上前転を跳ぶね。膝が伸びているか、見ててね
わかった。見てるね

②２～３回連続で跳び、友達に課題ができていたかを聞く。
タブレット端末など、ICT機器を活用して撮影すると客観的に確認しやすい。

③気付いたことを伝える。

どうだった
腰が高く上がっていたり、着地がよかったりしたよ。膝が少し曲がっていたから、もっと伸ばすときれいに見えるね。映像でも見てみるとよいね

映像で見てみると、膝がまだ曲がっているのがわかるね
踏み切る瞬間、もっと膝を伸ばすといいよ

教師との対話

課題設定や、課題解説の手助けとなるような声かけや、学習カード等でも、適切な助言や称賛をたくさんしていくことが大切

学び合いがうまくできているグループの紹介

なるほど。こんな感じにグループで学びあっていけるとよいな

本時案

自分の力に合った技ができるようになろう② 5/6

本時の目標

自己の能力に適した技を選び、課題を解決するために、工夫して運動することができるようにする。

評価のポイント

課題の解決のために、友達と見合ったり伝え合ったりしながら、工夫して運動しているか。

週案記入例

[目標]
自己の能力に適した技を選び、課題を解決するために、工夫して運動する。

[活動]
友達と見合ったり伝え合ったりしながら、自己の能力に適した技に取り組む。

[評価]
自己の能力に適した技を選び、友達と見合ったり伝え合ったりしながら工夫して運動に取り組めている。

[指導上の留意点]
自己の能力に適した課題になっているか留意する。また、友達との伝え合いが活発になるよう、運動の見方やICT機器の活用方法を助言する。

本時の展開

	時	子供の活動
はじめ	2分	**集合・あいさつ** ○前時の学習を振り返り、本時の学習の見通しをもつ。
準備運動	5分	**今日の学習につながる準備運動をする** ○主に使用する部位（手首、腰、首など）をしっかりとほぐす。 ○跳び箱運動につながる運動を行う。
場の準備	3分	○場の準備をする。
跳び箱運動	25分	**(1) 自己の学習課題と今の出来栄えを確認する** ○３～５人のグループをつくる。グループの友達に自己の課題を伝え、今の出来栄えを確認する。 →技のポイントをもとに動きを観察し、気付いたことを伝え合う。 →ICT機器を用いて、自己と仲間の課題が明確になるようにする。 **(2) 課題を解決するために友達と工夫して取り組む** ○同じ技を課題とする友達と、工夫して運動に取り組む。 →事前に子供の課題を把握し、場を設ける。1 →観察の位置や見るポイントを助言したり、ICT機器を用いて自他の動きを確認させたりして、友達との伝え合いが活発になるようにする。2 →苦手な子供が取り組みやすいような段階を踏んだ易しい場を設ける。 **(3) 学習の成果を確認し、称賛し合う** ○３～５人のグループの友達に、今日の成果を発表し、称賛し合う。
場の片づけ	3分	○場の片づけをする。
整理運動	2分	**運動で使った部位をゆっくりとほぐす** →主に使用した部位を重点的にほぐすようにする。
まとめ	5分	**(1) 本時の学習を振り返り、学習カードに記録する** ○次時の課題をもつ。 **(2) 次時の学習内容を確認する**

1 課題解決に合った場の設定の例

痛みへの不安感や技への恐怖心をもつ子供には、ぶつかったり、落ちたりしても痛くないように、器械・器具の横や下などにマットを敷いたり、補助者を付けたりする場を設定するなどの配慮が必要である。また、単元も後半に入り、子供の技能の伸びとともに、課題に応じた様々な手立ても必要になってくる。

〈課題に応じた練習の場の例〉

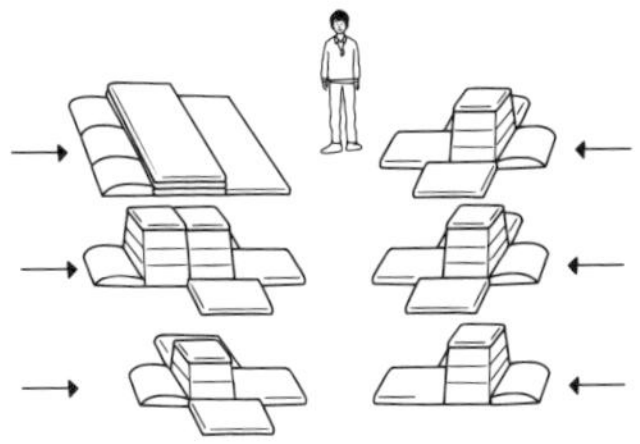

子供が、課題に応じた練習の場や段階を選べるようにする。

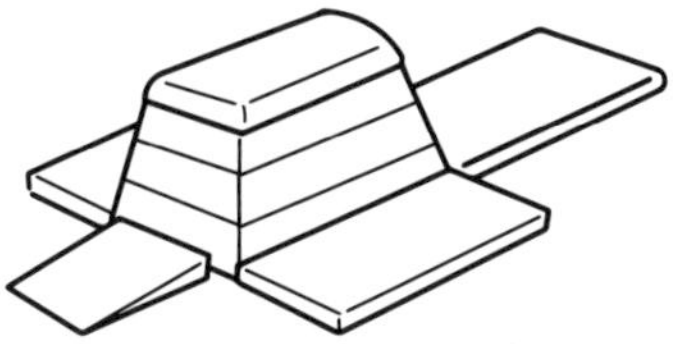

回転系の技の場合、横に落ちる場合があるので、横にもマットを敷くとよい。

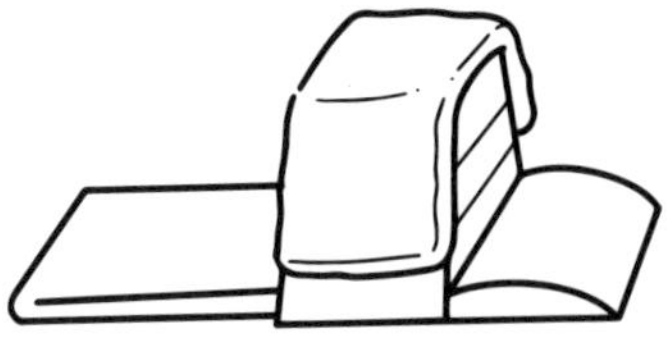

首はね跳び、頭はね跳びは、はねた後に、腰や背中を跳び箱にぶつけやすいので、マットをかぶせてもよい。

〈補助の仕方の例〉

かかえ込み跳びでは、腕や太ももの後ろを支えて補助する。

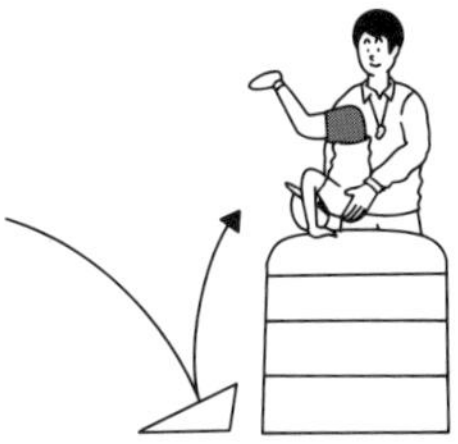

台上前転や伸膝台上前転では、肩とお腹に手を添えて回転を補助する。

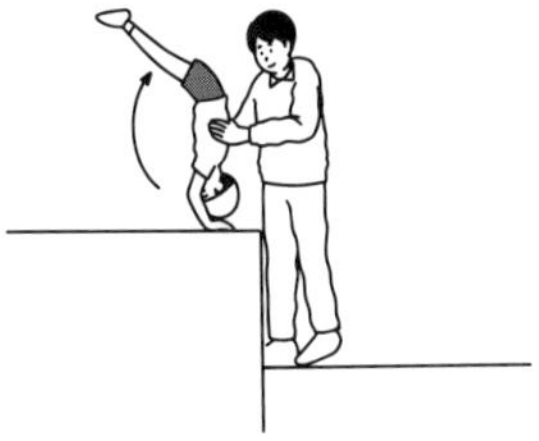

首はね跳び、頭はね跳びでは、腰や背中を打たないように、手を添え、支える。

2 対話的活動の工夫の例

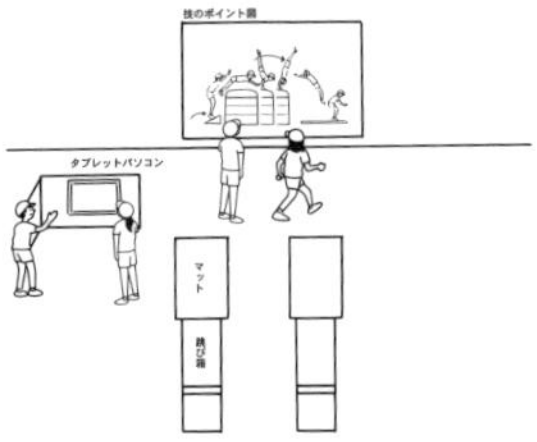

○技を観察するポイントを示した資料を掲示して、気付いたことを伝え合いやすくする。
○タブレット端末には、模範となる動きの動画をいつでも見れるようにし、自分や友達の課題を見付けやすくする。

運動を見るときに立つ位置
→観察するポイントによって、見る位置を変える。
例・・・手を遠くに着く。→跳び箱の横に立つ。
　　　ピタリと着地する。→マットの横に立つ。
　　　力強く両足で踏み切る。→踏み切り板の横に立つ。

本時案

できるようになった技で友達と調子を合わせて跳ぼう 6/6

本時の目標

自己の能力に適した技を選び、工夫して楽しく運動することができるようにする。

評価のポイント

これまでの成果を発表したり、単元を通して技の完成度を高めたりすることができたか。

週案記入例

[目標]
自己の能力に適した技を選び、課題を解決するために、工夫して運動する。

[活動]
自己の能力に適した技に取り組んだり、友達と動きをそろえて楽しんで跳び箱を跳んだりする。

[評価]
自己の能力に適した技を選び、友達とこれまでの成果を見合ったり、友達と動きをそろえて楽しんで運動に取り組めたりしている。

[指導上の留意点]
単元を通して、自分が取り組んできた技の完成度の高まりを実感できるように、称賛の声かけをする。できる技で友達と動きをそろえて楽しむことで、跳び箱運動に対する意欲が向上するようにする。

本時の展開

	時	子供の活動
はじめ	2分	**集合・あいさつ** ○前時の学習を振り返り、本時の学習の見通しをもつ。
準備運動	5分	**今日の学習につながる準備運動をする** ○主に使用する部位（手首、腰、首など）をしっかりとほぐす。 ○跳び箱運動につながる運動を行う。
場の準備	3分	○場の準備をする。
跳び箱運動	25分	**(1) 自分の力に合った技に取り組む** ○自己の能力に適した切り返し系や回転系の技に取り組む。 →安定してできるようになれば、発展技や更なる発展技に取り組めるようにする。 **(2) グループで友達に技を披露し、成果を友達と認め合う** 1 ○単元を通して取り組んできた技を友達に発表し、称賛し合う。 **(3) ペアやグループで動きをそろえて跳び箱運動に取り組む** ○できるようになった技を友達と動きをそろえたり、リズムを合わせたりして、楽しめるようにする。 2
場の片づけ	3分	○場の片づけをする。
整理運動	2分	**運動で使った部位をゆっくりとほぐす** →主に使用した部位を重点的にほぐすようにする。
まとめ	5分	**本時の学習を振り返り、学習カードに記録する** ○本時や本単元を通して、意欲的に運動していた子供を取り上げ称賛する。

1 今まで取り組んできた成果を友達と認め合う

○自分が取り組んできた技の完成度を発表する。
○安定してできるようになった技については、その発展技や更なる発展技に挑戦する。

2 ペアやグループで動きをそろえて楽しむ

イチ、ニッ

同時にスタートしないでね

○「シンクロ」という視点を取り入れることで、自分たちのできる技をもちよることで、友達と一体感を味わうことができ、意欲的に取り組めるようになる。単元の最後に、BGM のような感覚で、音楽を活用して楽しんでもよい。

3 振り返り

○跳び箱運動の学習を振り返って、技ができたり、よりきれいに跳んだりするためには、どうすればよいかを学習カードに記述していく。
　教師は助言や称賛をし、子供の新たな課題の設定や修正につなげていけるようにする。

DVD
収録資料

「跳び箱運動」学習カード＆資料

使用時 **第1～6時**

本カードは、第１時から第６時まで、単元全体を通して使用する。主体的・対話的で深い学びを実現することにより、跳び箱運動における３つの資質・能力を育み、またその変容を見取るカードである。子供一人一人が自己の能力に適した課題を設定し、自分や友達、教師や資料との対話を通して、どのように課題を解決していったか、学びの道すじで、振り返りや課題の修正を行えるよう、配慮したい。

収録資料活用のポイント

①使い方

まず、授業のはじめに、学習カードを表面に裏面には跳び箱運動のポイントの資料を色画用紙等に印刷して、子供一人一人に配布する。跳び箱運動の「技のポイントや段階を踏んだ練習方法」の資料は、子供が資料との対話で、自分に必要な技能ポイントや場を選んだり、工夫したりする際に役立てるようにする。授業の終わりに、学習の振り返りを行うように指示する。

②留意点

本カードは、達成感のもてる学習課題が、自らもてるようになっている。自己の能力に適した課題（技）や、技ができるようになるためにどうすればよいか、自分が意識する技能ポイントも書き込めるようになっている。単元を通して、記述の質的な高まり（思考・判断・表現の見取り）が期待できるように、振り返りで学習感想を書く範囲を多めにとっている。タブレット端末など ICT 機器の活用や、学習カードへの記入の時間を効率的に行い、できるだけ運動の時間を保障したい。

学習カード 5-14-1（1～3時）

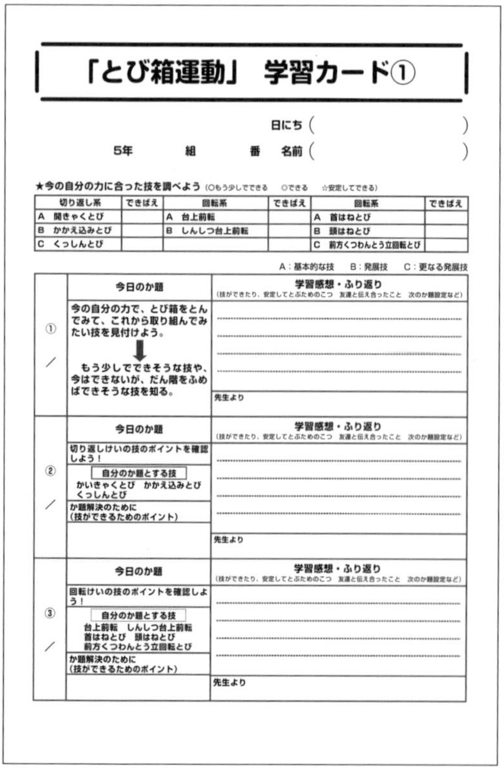

「とび箱運動」 学習カード①

日にち（　　　　）

5年　　組　　番　名前（　　　　）

★今の自分の力に合った技を調べよう（○もう少しでできる　◎できる　☆安定してできる）

切り返し系	できばえ	回転系	できばえ	回転系	できばえ
A 開きゃくとび		A 台上前転		A 首はねとび	
B かかえ込みとび		B しんしつ台上前転		B 頭はねとび	
C くっしんとび				C 前方くつわんとう立回転とび	

A：基本的な技　B：発展技　C：更なる発展技

	今日のか題	学習感想・ふり返り（技ができたり、安定してとぶためのこつ　友達と伝え合ったこと　次のか題設定など）
① ／	今の自分の力で、とび箱をとんでみて、これから取り組んでみたい技を見付けよう。 ↓ もう少しでできそうな技や、今はできないが、だん階をふめばできそうな技を知る。	 先生より
② ／	切り返しけいの技のポイントを確認しよう！ 自分のか題とする技 かいきゃくとび　かかえ込みとび　くっしんとび か題解決のために（技ができるためのポイント）	 先生より
③ ／	回転けいの技のポイントを確認しよう！ 自分のか題とする技 台上前転　しんしつ台上前転　首はねとび　頭はねとび　前方くつわんとう立回転とび か題解決のために（技ができるためのポイント）	 先生より

学習カード 5-14-2（4～6時）

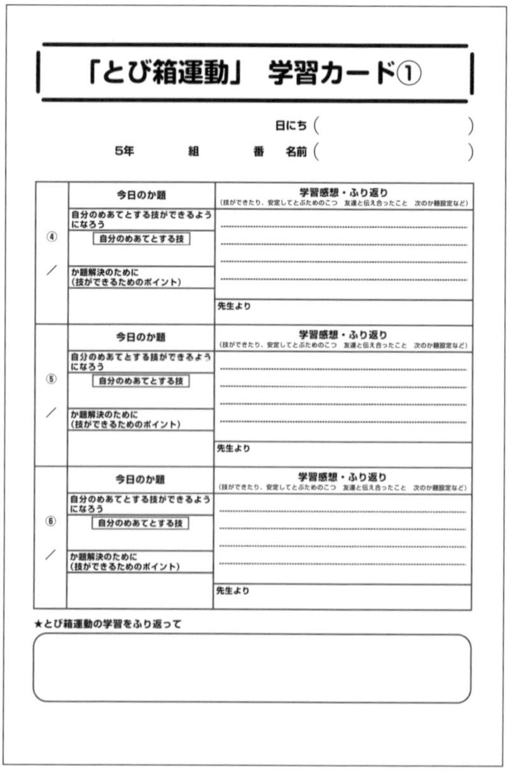

「とび箱運動」 学習カード①

日にち（　　　　）

5年　　組　　番　名前（　　　　）

	今日のか題	学習感想・ふり返り（技ができたり、安定してとぶためのこつ　友達と伝え合ったこと　次のか題設定など）
④ ／	自分のめあてとする技ができるようになろう 自分のめあてとする技 か題解決のために（技ができるためのポイント）	 先生より
⑤ ／	自分のめあてとする技ができるようになろう 自分のめあてとする技 か題解決のために（技ができるためのポイント）	 先生より
⑥ ／	自分のめあてとする技ができるようになろう 自分のめあてとする技 か題解決のために（技ができるためのポイント）	 先生より

★とび箱運動の学習をふり返って

とび箱運動　技のポイントやだん階をふんだ練習方法

日にち（　　　　　　　　　　　　　）

5年　　　組　　　番　名前（　　　　　　　　　　　　　）

かかえ込みとびのポイント

※腕の突き放しと素早い膝のかかえ込みのタイミングがポイント

最後の一歩を大きく
前に乗り出すように手を着いて
跳び箱をしっかり突き放す

かかえ込みとびの練習方法

○ウサギ跳び　○低い台への跳び上がり　○ステージへの跳び上がり

着手地点よりも前方に着地

○ステージ上からのウサギ跳び　○跳び箱で跳び上がってから下りる

しんしつ台上前転のポイント

※台上前転のポイントに合わせ、腰の角度を大きく開き膝を伸ばす

跳び箱の手前に手を着く
手を着いたときに腰の角度を大きく開き膝を伸ばす
前を見てふわっと着地

しんしつ台上前転の練習方法

腰を高く上げて、膝を伸ばす

首はねとびのポイント

※両足踏み切りから「くの字」の姿勢でためて、腕の突き放しとはねの動作で空間に浮くのがポイント

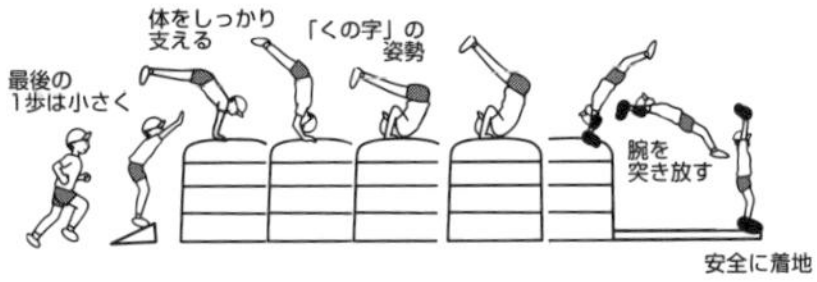

最後の1歩は小さく

腕を突き放す
安全に着地

首はねとびの練習方法

○背支持倒立からのはね起き

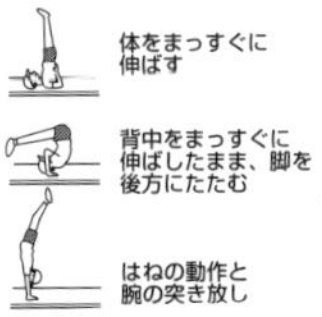

体をまっすぐに伸ばす
背中をまっすぐに伸ばしたまま、脚を後方にたたむ
はねの動作と腕の突き放し

○ステージからの首はね下り

○2連結の跳び箱からの首はね下り

頭はねとびのポイント

腕と、おでこで支えながら、膝を伸ばす
体を伸ばしながら、足を振り出し腕で突き放す

頭はねとび　練習方法

●舞台や連結したとび箱など、高い所から頭はね下りをする。おでこを着け、ひざを伸ばした状態から、腰を上げる。

●補助者が、背中に手を添えて、はねるタイミングを教えるのもよい。

くっしんとびのポイント

強く突き放し、体を浮かす
足を閉じて、膝を伸ばしたままタイミングよく引きつけ跳び越す

前方くつわんとう立回転とびのポイント

●頭はねとびが、安定してできるようになってから取り組む。

頭を少し浮かせる
空中で腰を伸ばす
腕でしっかりと支えて付き放す
踏み切りを強める

ボール運動

15 ベースボール型（ティーボール）

（10時間）

【単元計画】

1・2時	3・4時
[第１段階] ルールを知り、ベースボール型の動き方を考える。	
ベースボール型の仕組みを知る。	ティーボールの仕方を知り、攻め方・守り方を確認する。
1　単元の見通しをもち、スローベースボールのやり方を知ろう POINT：バッティングなしのスローベースで、ボールと走者のどちらがベースに到達するのが早いかを競うベースボール型の仕組みについて理解する。 **[主な学習活動]** ○集合・あいさつ ○スローベースにつながる準備運動 ○スローベース ○整理運動をする ○まとめ ①ルールについて話し合う ②気付いたこと、よさや課題について話し合う	**2　試しのゲームでティーボールのやり方を知ろう** **3・4　ペアチームで攻め方や守り方の確認をしよう①②** POINT：バッティング有りのティーボールのやり方を知り、攻め方・守り方について理解する。 **[主な学習活動]** ○集合・あいさつ ○ティーボールにつながる準備運動 ○ペアチームでのティーボール（試しのゲーム） ○整理運動をする ○まとめ ①ルールについて話し合う ②気付いたこと、よさや課題について話し合う

授業改善のポイント

主体的・対話的で深い学びの実践に向けて

ベースボール型の特性として、

①攻守交代制

②攻撃の機会が個人に保障されている

①については、攻撃と守備が明確に分かれていることから、それぞれの場面において、達成感をもてるように自己の能力に適した学習課題を設定することができる。

攻守で作戦の確認や振り返りがしやすいので、仲間や教師と「関わる」ことを通して、「わかる」から「できる」というサイクルに導きたい。

②については、有効な攻撃をするためのバッティングの仕方について、資料やタブレットなどを活用しながら、学習課題を解決していくことができる。

また他の型同様、守備において相手の攻撃を個人で防ぐだけでなく、仲間との対話を通して、守備位置を決めたり、役割を考えさせていきたい。

教師は攻守それぞれの場面で学習課題を意識させながら、子供の課題解決を支援していきたい。

単元の目標

○知識及び技能

・ボールを打つ攻撃と隊形をとった守備によって、簡易化されたゲームをすることができる。

○思考力、判断力、表現力等

・ルールを工夫したり、自己やチームの特徴に応じた作戦を選んだりするとともに、自己や仲間の考えたことを他者に伝えることができる。

○学びに向かう力、人間性等

・運動に積極的に取り組み、ルールを守り助け合って運動をしたり、勝敗を受け入れたり、仲間の考えや取組を認めたり、場や用具の安全に気を配ったりすることができる。

5・6・7時	8・9・10時
[第2段階] 作戦を工夫し、ゲームを楽しむ。	
チームに合った練習に取り組み、リーグ戦をする。	チームの作戦を生かして、ティーボール大会をする。
5～7　チーム力を高めてリーグ戦をしよう①②③ POINT：チームの課題を理解し、それに合った練習に取り組みながら、リーグ戦を行う。 **[主な学習活動]** ○集合・あいさつ ○ティーボールにつながる準備運動 ○ティーボール（リーグ戦） ○整理運動をする ○まとめ ①ルールについて話し合う ②気付いたこと、よさや課題について話し合う	**8～10　チームの作戦を生かしてティーボール大会をしよう①②③** POINT：相手に合わせた作戦を考えながら、対抗戦を行う。 **[主な学習活動]** ○集合・あいさつ ○ティーボールにつながる準備運動 ○ティーボール（対抗戦） ○整理運動をする ○まとめ ①相手チームのよさを発表する。 ②課題について話し合う。

子供への配慮の例

①運動が苦手な子供

○打球方向に移動し、捕球することが苦手な子供には、ゆっくりと投げられたボールを移動して手に当てる練習を工夫したり、柔らかいボールを素手で捕る練習を工夫したりするなどの配慮をする。

○守備の隊形をとって得点を与えないようにすることが苦手な子供には、チーム練習の中で守備位置やその役割を確認したり、互いに言葉がけをしたりするなどに配慮する。

②意欲的でない子供

○チーム内で分担する役割を確認する。

○場の設定やルールをチームで1つずつ確認するなどの配慮をする。

○代表の子供やチームが行う見本を観察したり、ゲーム中でのポジションを確認したり、その動きを動画で確認したりする場を設定する。

○チームに合った作戦を選んだり、新たな作戦を試したりすることを促すなどの配慮をする。

本時案

単元の見通しをもち、スローベースのやり方を知ろう 1/10

本時の目標

ティーボールの学習内容や進め方を知り、安全に留意してスローベースのゲームをすることができるようにする。

評価のポイント

スローベースのルールを理解して、場や用具の安全に気を付けながらゲームをすることができたか。

週案記入例

[目標]
ティーボールの学習の進め方を知り、安全に留意して、スローベースに取り組む。

[活動]
場や用具の安全に留意して、スローベースに取り組む。

[評価]
学習の進め方を理解し、安全に留意してゲームに取り組めたか。進んで校庭の固定施設で自分のできる動きをすることができたか。

[指導上の留意点]
安全に運動するための運動の行い方、用具の扱い方を確認する。

本時の展開

	時	子供の活動
はじめ	10分	**整列・あいさつし、ティーボールの学習を知る** ○チーム（4～5人）ごとに整列し、あいさつをする。 ○ティーボールの学習内容・進め方・ルールを知る。 ○ティーボールの仕組みを知るためにバッティングなしのスローベースのやり方を知る。1 ○ボールの扱い等、安全のための約束ごとを知る。
準備運動	5分	**スローベースの動きを取り入れた準備運動を行う** ○ストレッチ ○キャッチボール
試しのゲーム（スローベース）	26分	**ルールや攻め方・守り方を確認し、試しのゲームをする** ○対戦相手、場所を確認し、試しのゲームをする。 ・ホームベースからボールを投げて攻撃する。 ・全員に打席が回ってくるように打者一巡で攻守交代する。 ※2イニングで試合終了
整理運動	1分	**整理運動をする** ○手・足・肩など主に使った部分を中心にほぐす。
まとめ	3分	**本時の学習を振り返り、話し合う** ○ルールについて話し合う。 ○気付いたこと、よさや課題について話し合う。

1 スローベース　はじめのルール例

○イニング表裏でゲーム終了。打者一巡で攻守交代。
○１チームは４～５人程度。守る人数は、対戦相手との人数の少ない方に合わせる（人数の多いチームは１イニングごとに交代するなどして全員が平等に出られるようにする）。
○相互審判とし、判断に迷った場合は、ジャンケンで決める。

＜攻撃＞
○ホームベースからボールを投げてゲームを始める。
○１塁と３塁の間（フェアゾーン）に入らなければファールとして投げ直す。
○各ベースコーンに守備側より先に紅白帽を入れることができれば得点とする。
○打者走者は残さない。

【ベースコーン】
（コーン３つを重しで組み合わせる）

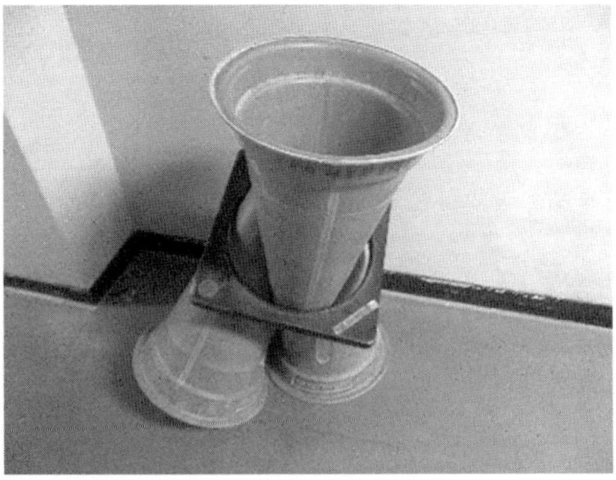

【コート図】
（塁間の目安は12～15m・子供の実態に合わせる）

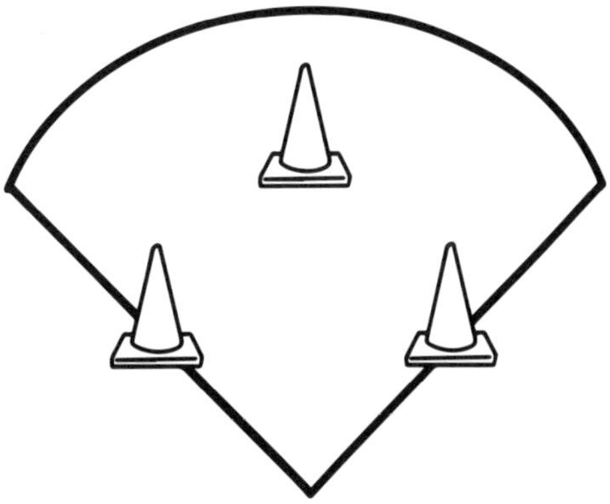

＜守備＞
○各ベースコーンに攻撃側より先にボールを入れることができれば走者をアウトにできる。
○ボールをノーバウンドで捕球してもアウトにはしない。

＜安全面での確認事項＞
○各ベースコーンに攻撃側より先にボールを入れることができれば走者をアウトとする。
○ボールをノーバウンドで捕球してもアウトにはしない。

本時案

試しのゲームで、ティーボールのやり方を知ろう

2/10

本時の目標

投げ方、捕り方、打ち方などを確認し、安全に留意して試しのゲームをすることができるようにする。

評価のポイント

ボールの投げ方や捕球の仕方、バットの振り方などの基礎技能を確認し、試しのゲームをすることができたか。

週案記入例

[目標]
投げ方、捕り方、打ち方などを確認し、安全に気を付けてゲームをする。

[活動]
用具の扱い方など安全に留意して試しのゲームに取り組む。

[評価]
投げ方、捕り方、打ち方などを確認し、安全に気を付けてゲームができたか。

[指導上の留意点]
用具の扱い方、運動の行い方など安全の確認をする。ボールをよく見て捕球したり、打ったりするよう声かけをする。

本時の展開

	時	子供の活動
はじめ	3分	**整列・あいさつし、本時の学習を知る** ○チームごとに整列し、あいさつをする。 ○本時の学習課題や学習内容・進め方・ルールを知る。 ○安全のための約束ごとを再確認する。
準備運動	18分	**ティーボールの動きを取り入れた準備運動を行う** ○ストレッチ ○キャッチボール 1 ○ティーバッティング 2
試しのゲーム（ティーボール）	20分	**ルールや打ち方、守り方を確認し、試しのゲームをする** ○対戦相手、場所を確認し、試しのゲームをする。 ・ティーのボールを打って攻撃する。 ・全員に打席が回ってくるように打者一巡で攻守交代する。 ※2イニングで試合終了
整理運動	1分	**整理運動をする** ○手・足・肩など主に使った部分を中心にほぐす。
まとめ	3分	**本時の学習を振り返り、話し合う** ○ルールについて話し合う。 ○気付いたこと、よさや課題について話し合う。

1 キャッチボール

＜ボールの投げ方＞

〇相手をよく見て、全身を使って大きな動作で投げる。
〇投げる手と反対の足を１歩前に踏み出して投げる。

＜ボールの捕り方＞

〇ボールをよく見て捕る。
・胸より高いボールは両手の親指をつける。
・胸より低いボールは両手の小指をつける。

2 ティーバッティング

＜ボールの打ち方＞

〇ティーの上のボールをよく見てスイングし、ボールを確実にとらえるポイントをつかむ。

＜用具の工夫＞

〇カラーコーンと牛乳パックを使って簡単ティーをつくることができる。
〇牛乳パックの高さを変えたり、カラーコーンを重ねたりして、自分の好きな高さに合わせることができる。

＜バットの処理＞

〇打ち終わったバットは必ず寝かせたコーンに収めるようにする。

＜安全面での確認事項＞

〇ボールを投げる練習をするときは、周りをよく見て投げる（同じ方向でキャッチボールをする）。

本時案

ペアチームで攻め方や守り方の確認をしよう①

3/10

本時の目標

安全に気を付けてティーボールに取り組み、チームで攻め方や守り方の確認をすることができるようにする。

評価のポイント

練習やゲームを通して、チームで攻め方や守り方の確認をすることができたか。

週案記入例

[目標]
チームで攻め方や守り方の確認をする。

[活動]
用具の扱い方など安全に留意して試しのゲームに取り組む。

[評価]
安全に留意して、チームで攻め方や守り方について確認できたか。

[指導上の留意点]
用具の扱い方、運動の行い方など安全の確認をする。チームで攻め方や守り方などを考えながら動くよう声掛けをする。

本時の展開

	時	子供の活動
はじめ	3分	**整列・あいさつし、本時の学習を知る** ○チームごとに整列し、あいさつをする。 ○本時の学習課題や学習内容・進め方を確認する。 ○安全のための約束ごとを再確認する。
準備運動	15分	**ティーボールの動きを取り入れた準備運動を行う** ○ストレッチ ○キャッチボール ○ティーバッティング
試しのゲーム(ティーボール) チームタイム(話合い)	23分	**攻め方や守り方の確認をしながら、ペアチーム同士で試しのゲームをする** ○ペアチーム同士で試しのゲームをする。 1 ・全員に打席が回ってくるように打者一巡で攻守交代する。 ※時間内 ○ペアチーム同士でいい動きについて話し合う。
整理運動	1分	**整理運動をする** ○手・足・肩など主に使った部分を中心にほぐす。
まとめ	3分	**本時の学習を振り返り、話し合う** ○ルールについて話し合う。 ○気付いたこと、よさや課題について話し合う。

1 ペアチーム

<チームの決め方のポイント>

⑴編成する主体

①教師

技能、体格、性別、人間関係などを考慮しながら、教師が子供たちを振り分ける。

②一部の子供たち（と教師）

立候補や推薦、または教師の指名などでキャプテンを決め、そのメンバーの話し合いでチームを決める。教師は必ず同席して、公平性を欠くことがないように支援し、最終的な決定をする。

⑵編成のステップ

①50m走のタイムを基本に決めることを告げる

足の速さをもとにチーム編成を行う。ちなみにゴール型も同様で、ネット型であれば身長を参考にする。

②キャプテンは自薦・他薦で決める

意欲、主体性を尊重するために、立候補を推奨する。また他の友達から推薦された子供は、有能感を高めることが期待できる。

⑶ペアチームのメリット

①対戦の組み合わせが容易

小２チームを大１チームにして、それぞれ前後半に出場するようにする。対戦の組み合わせがシンプルになる。

②メンバーの補充、ペア学習、組み替えがしやすい

見学者・欠席者が出た場合、ペアチームから補充する。その場合、上手な子ばかりが助っ人になることを避けるために、「足の速さが同じぐらいの子が助っ人になる」としておく。 またそのペアで互いのプレーを見合い、助言し合うことでそれぞれの力を伸ばすことができる。 前後半で力の差が出てしまった場合、メンバーを組み替えることも可能。

③試合形式の練習ができる

ペアチーム同士は基本的に同じチームなので、勝敗にこだわらず、互いに助言し合いながらチーム力を高めることが期待できる。試しのゲームでは、得点板を用意して、得点をカウントする必要はない。

本時案

ペアチームで攻め方や守り方の確認をしよう②

4/10

本時の目標

安全に気を付けてティーボールに取り組み、チームで攻め方や守り方の確認をすることができるようにする。

評価のポイント

練習やゲームを通して、チームで攻め方や守り方の確認をすることができたか。

週案記入例

[目標]
チームで攻め方や守り方の確認をする。

[活動]
用具の扱い方など安全に留意して試しのゲームに取り組む。

[評価]
安全に留意して、チームで攻め方や守り方について確認できたか。

[指導上の留意点]
用具の扱い方、運動の行い方など安全の確認をする。チームで攻め方や守り方などを考えながら動くよう声かけをする。

本時の展開

	時	子供の活動
はじめ	3分	**整列・あいさつし、本時の学習を知る** ○チームごとに整列し、あいさつをする。 ○本時の学習課題や学習内容・進め方を確認する。 ○安全のための約束ごとを再確認する。
準備運動	15分	**ティーボールの動きを取り入れた準備運動を行う** ○ストレッチ ○キャッチボール ○ティーバッティング
試しのゲーム(ティーボール) チームタイム(話し合い)	23分	**攻め方や守り方の確認をしながら、ペアチームで試しのゲームをする** ○ペアチームで試しのゲームをする。 1 2 ・全員に打席が回ってくるように打者一巡で攻守交代する。 ※時間内でできるところまで ○ペアチームでいい動きについて話し合う。
整理運動	1分	**整理運動をする** ○手・足・肩など主に使った部分を中心にほぐす。
まとめ	3分	**本時の学習を振り返り、話し合う** ○ルールについて話し合う。 ○気付いたこと、よさや課題について話し合う。

1 攻め方

＜構え方＞

○膝を軽く曲げる。
○バットは強く握り過ぎず、リラックスして構える。

＜打ち方＞

○腰をひねって全身でスイングする。
○ボールがバットに当たるまで目を離さない。

2 守り方

＜中継＞

○ベースコーンと捕球者の間に入る。
○捕球者は中継者の捕りやすい胸をねらって投げる。
○中継者は素早く体の向きを変え、ベースコーンにいる仲間の胸をねらって投げる。

＜バックアップ＞

○中継者やベースコーン担当者の少し後ろに位置して、ボールがそれたときに素早く捕りに行く。

本時案

チーム力を高めてリーグ戦をしよう①　5/10

本時の目標

　チームに合った練習に取り組み、ゲームに生かすことができるようにする。

評価のポイント

　チームに合った練習に取り組み、ゲームに生かすことができたか。

週案記入例

[目標]
チームに合った練習に取り組み、ゲームに生かす。

[活動]
チームに合った練習に取り組み、ゲームに取り組む。

[評価]
チームに合った作戦に取り組み、ゲームに生かすことができたか。

[指導上の留意点]
ゲームを意識しながら、練習に取り組むよう声かけをする。

本時の展開

	時	子供の活動
はじめ	2分	**整列・あいさつし、本時の学習を知る** ○チームごとに整列し、あいさつをする。 ○本時の学習課題や学習内容・進め方・ルールを知る。◀1 ○安全のための約束ごとを再確認する。
準備運動	5分	**ティーボールの動きを取り入れた準備運動を行う** ○ストレッチ ○キャッチボール
チームタイム（練習）	10分	**チームごとに学習課題に合った練習をする** ○ティーバッティング ○フォースプレーゲーム（P247参照）
リーグ戦①②（ティーボール） チームタイム（話し合い）	24分	**リーグ戦①②を行う** ○対戦相手、場所を確認しゲームをする。 ・全員に打席が回ってくるように打者一巡で攻守交代する。 ※２イニングで試合終了とする。 ○チームでいい動きについて話し合う。
整理運動	1分	**整理運動をする** ○手・足・肩など主に使った部分を中心にほぐす。
まとめ	3分	**本時の学習を振り返り、話し合う** ○ルールについて話し合う。 ○気付いたこと、よさや課題について話し合う。

1 ティーボール：はじめのルール例

＜全体＞

○イニング表裏でゲーム終了。打者一巡で攻守交代。
○１チームは４～５人程度。守る人数は、対戦相手との人数の少ない方に合わせる（人数の多いチームは１イニングごとに交代するなどして全員が平等に出られるようにする）。
○相互審判とし、判断に迷った場合は、ジャンケンで決める。

＜攻撃＞

○ティーからボールを打ってゲームを始める。
○１塁と３塁の間（フェアゾーン）に入らなければファールとして打ち直す。
○打ったバットは寝かせたコーンに入れなければいけない。

○各ベースコーンに守備側より先に紅白帽を入れることができればセーフ。
○打者走者は残す。
○ホームベースコーンに紅白帽を入れることができれば得点。

＜守備＞

○各ベースコーンに攻撃側より先にボールを入れることができれば走者はアウトとする。
○ボールをノーバウンドで捕球してもアウトにはしない。

＜安全面での確認事項＞

○バット、ボールは常に決まった場所に保管し、転がしておかない。

【コート図】
（塁間の目安は12～15m・子供の実態に合わせる）

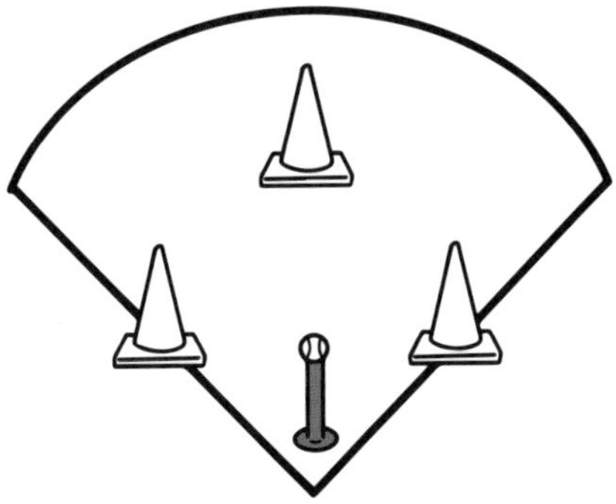

本時案

チーム力を高めてリーグ戦をしよう②

6/10

本時の目標

チームに合った練習に取り組み、ゲームに生かすことができるようにする。

評価のポイント

チームに合った練習に取り組み、ゲームに生かすことができたか。

週案記入例

[目標]
チームに合った練習に取り組み、ゲームに生かす。

[活動]
チームに合った練習に取り組み、ゲームに取り組む。

[評価]
チームに合った作戦に取り組み、ゲームに生かすことができたか。

[指導上の留意点]
ゲームを意識しながら、練習に取り組むよう声かけをする。

本時の展開

	時	子供の活動
はじめ	2分	**整列・あいさつし、本時の学習を知る** ○チームごとに整列し、あいさつをする。 ○本時の学習課題や学習内容・進め方を確認する。 ○安全のための約束ごとを再確認する。
準備運動	5分	**ティーボールの動きを取り入れた準備運動を行う** ○ストレッチ ○キャッチボール 1
チーム タイム (練習)	10分	**チームごとに学習課題に合った練習をする** ○ティーバッティング ○フォースプレーゲーム 2
リーグ戦①② (ティーボール) チーム タイム (話し合い)	24分	**リーグ戦①②を行う** ○対戦相手、場所を確認しゲームをする。 ・全員に打席が回ってくるように打者一巡で攻守交代する。 ※2イニングで試合終了とする。 ○チームでいい動きについて話し合う。
整理運動	1分	**整理運動をする** ○手・足・肩など主に使った部分を中心にほぐす。
まとめ	3分	**本時の学習を振り返り、話し合う** ○ルールについて話し合う。 ○気付いたこと、よさや課題について話し合う。

1 キャッチのポイント

＜ゴロ＞

○体をボールの正面に素早く移動する。

○膝を曲げ、腰を落とし、両手の小指をつけて壁をつくる。

＜フライ＞

○ボールの落下点を予測し、素早く動く。

○ボールを後ろにそらさないようにしながら、顔の前でボールを捕球する。

2 フォースプレーゲーム

＜ルール＞

○攻撃は打ったら、守備よりも早く１塁のベースコーンに紅白帽を入れる。

○守備は捕ったら、攻撃よりも早く１塁のベースコーンへボールを入れる。

○目標を１塁→２塁→３塁と変えていく。

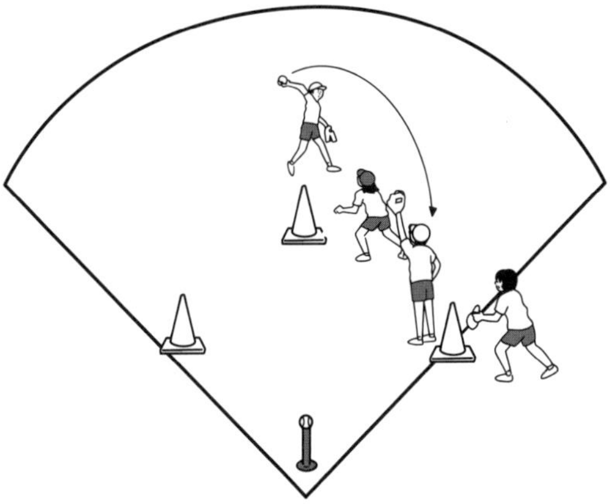

本時案

チーム力を高めて リーグ戦をしよう③ 7/10

本時の目標

チームに合った練習に取り組み、ゲームに生かすことができるようにする。

評価のポイント

チームに合った練習に取り組み、ゲームに生かすことができたか。

週案記入例

[目標]
チームに合った練習に取り組み、ゲームに生かす。

[活動]
チームに合った練習に取り組み、ゲームに取り組む。

[評価]
チームに合った作戦に取り組み、ゲームに生かすことができたか。

[指導上の留意点]
ゲームを意識しながら、練習に取り組むよう声かけをする。

本時の展開

	時	子供の活動
はじめ	2分	**整列・あいさつし、本時の学習を知る** ○チームごとに整列し、あいさつをする。 ○本時の学習課題や学習内容・進め方を確認する。 ○安全のための約束ごとを再確認する。
準備運動	5分	**ティーボールの動きを取り入れた準備運動を行う** ○ストレッチ ○キャッチボール ◀1
チーム タイム (練習)	10分	**チームごとに学習課題に合った練習をする** ○ティーバッティング ○フォースプレーゲーム ◀2
リーグ戦①②（ティーボール） チーム タイム (話し合い)	24分	**リーグ戦①②を行う** ○対戦相手、場所を確認しゲームをする。 ・全員に打席が回ってくるように打者一巡で攻守交代する。 ※２イニングで試合終了とする。 ○チームでいい動きについて話し合う。
整理運動	1分	**整理運動をする** ○手・足・肩など主に使った部分を中心にほぐす。
まとめ	3分	**本時の学習を振り返り、話し合う** ○ルールについて話し合う。 ○気付いたこと、よさや課題について話し合う。

1 学習カードの例（個人用）

第１～２時は全体の振り返りと次のめあてを記入する。
第３時以降は前時もしくは授業前に、「攻撃」と「守備」のめあてを分けて記入し、授業後に自己評価する。そのため、カードは次時を見通せる、連続した形式とする。最後に、仲間との関わりを含めた全体の振り返りを行う。

＜１～２時用＞

第　　時　　　月　　日（　　）	
とても楽しかった　楽しかった　楽しくなかった　全然楽しくなかった ４　・　３　・　２　・　１	その理由
ふり返り・次のめあて	

＜３～10時用＞

第　　時　　　月　　日（　　）	
こうげきのめあて	守備のめあて
よくできた　できた　できなかった　全然できなかった ４　・　３　・　２　・　１	よくできた　できた　できなかった　全然できなかった ４　・　３　・　２　・　１
ふり返り	
第　　時　　　月　　日（　　）	
こうげきのめあて	守備のめあて
よくできた　できた　できなかった　全然できなかった ４　・　３　・　２　・　１	よくできた　できた　できなかった　全然できなかった ４　・　３　・　２　・　１
ふり返り	

本時案

チームの作戦を生かしてティーボール大会をしよう①

8/10

本時の目標

チームの作戦を生かして、ティーボール大会ができるようにする。

評価のポイント

チームの作戦を生かして、ティーボール大会に取り組むことができたか。

週案記入例

[目標]
チームの作戦を生かして、ゲームに取り組む。

[活動]
チームの作戦を生かして、ティーボール大会を行う。

[評価]
チームの作戦を生かして、ゲームに取り組むことができたか。

[指導上の留意点]
一人一人の役割を把握して、それに応じた声かけをする。

本時の展開

	時	子供の活動
はじめ	2分	**整列・あいさつし、本時の学習を知る** ○チームごとに整列し、あいさつをする。 ○本時の学習課題や学習内容・進め方・ルールを確認する。 1 ○安全のための約束ごとを再確認する。
準備運動	5分	**ティーボールの動きを取り入れた準備運動を行う** ○ストレッチ ○キャッチボール
対抗戦①（ティーボール）	12分	**対抗戦①を行う** ○対戦相手、場所を確認しゲームをする。 ○チームの作戦を意識し、ゲームに取り組む。 ※２イニングまたは後半もあるので、時間で区切る。
チームタイム（話し合い・練習）	10分	○①終了後、簡単に振り返りを行い、②の作戦の確認をする。 ○チームでいい動きについて話し合う。
対抗戦②（ティーボール）	12分	**対抗戦②を行う** ○チームタイムで取り組んだことを意識し、ゲームに取り組む。 ※２イニングまたは時間で区切る。
整理運動	1分	**整理運動をする** ○手・足・肩など主に使った部分を中心にほぐす。
まとめ	3分	**本時の学習を振り返り、話し合う** ○相手チームのよさを発表する。 ○課題について話し合う。

1 ティーボール：ルールの発展例

＜全体＞

○打者一巡→時間制で攻守交代。

・攻撃時間を５分とし、次回の攻撃は次の打者から始める。
時間制にすることで授業のマネジメントがしやすくなる。ただし、チーム内での打数に差が出ないよう配慮する必要がある。

＜攻撃＞

○ティーからボールを打つ
→味方が投げたボールを打ってゲームを始める。

・あくまでも子供たちがティーバッティングに習熟した場合に行う。
このルールを採用した場合、トスバッティングなどの時間を十分確保する必要がある。

○１塁と３塁の間（フェアゾーン）90°→60°

・攻撃側が有利になり過ぎている場合にフェアゾーンを狭める。

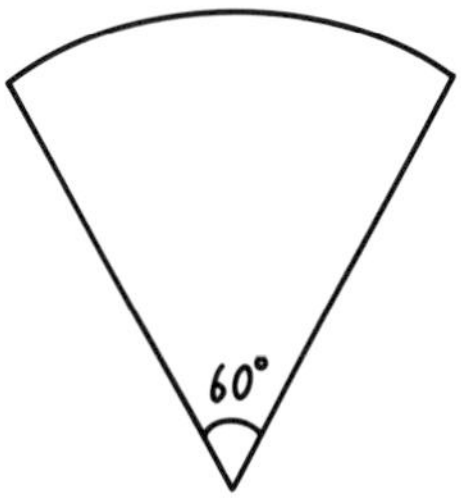

○各ベースコーンに守備側より先に紅白帽を入れる
→ベースに守備側より先に走る。

＜守備＞

○各ベースコーンに攻撃側より先にボールを入れる
→守備用サークルにボールを運ぶ。

○ボールをノーバウンドで捕球したらアウトにする。

・打者がすぐアウトになってしまい、走らずに終わってしまうことがあるので、このルールの採用は慎重に行う必要がある。

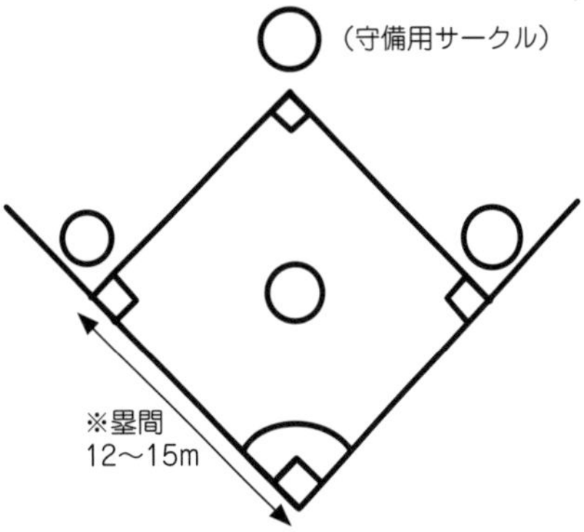

本時案

チームの作戦を生かしてティーボール大会をしよう②

9/10

本時の目標

チームの作戦を生かして、ティーボール大会ができるようにする。

評価のポイント

チームの作戦を生かして、ティーボール大会に取り組むことができたか。

週案記入例

[目標]
チームの作戦を生かして、ゲームに取り組む。

[活動]
チームの作戦を生かして、ティーボール大会を行う。

[評価]
チームの作戦を生かして、ゲームに取り組むことができたか。

[指導上の留意点]
一人一人の役割を把握して、それに応じた声かけをする。

本時の展開

	時	子供の活動
はじめ	2分	**整列・あいさつし、本時の学習を知る** ○チームごとに整列し、あいさつをする。 ○本時の学習課題や学習内容・進め方・ルールを確認する。 ○安全のための約束ごとを再確認する。
準備運動	5分	**ティーボールの動きを取り入れた準備運動を行う** ○ストレッチ ○キャッチボール
対抗戦①（ティーボール）	12分	**対抗戦①を行う** ○対戦相手、場所を確認しゲームをする。1 ○チームの作戦を意識し、ゲームに取り組む。 ※2イニングまたは後半もあるので、時間で区切る。
チームタイム（話し合い・練習）	10分	○対抗戦①について簡単に振り返る ○対抗戦②の作戦の確認・練習をする。
対抗戦②（ティーボール）	12分	**対抗戦②を行う** ○チームタイムで取り組んだことを意識し、ゲームに取り組む。 ※2イニングまたは時間で区切る。
整理運動	1分	**整理運動をする** ○手・足・肩など主に使った部分を中心にほぐす。
まとめ	3分	**本時の学習を振り返り、話し合う** ○相手チームのよさを発表する。 ○課題について話し合う。

1

<あいさつ>

ただ形式的に試合前の挨拶をさせるのではなく、「相手がいるから試合を楽しめる。その感謝の気持ちを互いに伝え合う」という意味を子供に伝える。

対抗戦の場合は、①のはじめと②の終わりで行う。

<対戦>

Aチームを基準に考える。コートが2つの場合、Aチームとその対戦相手が常に①コートで行い、それ以外のチームが②コートで行うことになる。

○4チームの場合

	①コート	②コート
第1試合	A対B	C対D
第2試合	A対C	B対D
第3試合	A対D	B対C

○5チームの場合

	①コート	②コート	審判
第1試合	A対B	C対D	E
第2試合	A対C	D対E	B
第3試合	A対D	B対E	C
第4試合	A対E	B対C	D
第5試合	B対D	C対E	A

<星取表>

勝敗を記録することはもちろん必要だが負け続けているチームがいる場合、星取表を教室に掲示することでモチベーションを著しく損なうことがある。注意したい。

本時案

チームの作戦を生かしてティーボール大会をしよう③

10/10

週案記入例

[目標]
チームの作戦を生かして、ゲームに取り組む。

[活動]
チームの作戦を生かして、ティーボール大会を行う。

[評価]
チームの作戦を生かして、ゲームに取り組むことができたか。

[指導上の留意点]
一人一人の役割を把握して、それに応じた声かけをする。

本時の目標

チームの作戦を生かして、ティーボール大会ができるようにする。

評価のポイント

チームの作戦を生かして、ティーボール大会に取り組むことができたか。

本時の展開

	時	子供の活動
はじめ	2分	**整列・あいさつし、本時の学習を知る** ○チームごとに整列し、あいさつをする。 ○本時の学習課題や学習内容・進め方・ルールを確認する。 ○安全のための約束ごとを再確認する。
準備運動	3分	**ティーボールの動きを取り入れた準備運動を行う** ○ストレッチ
対抗戦①(ティーボール)	12分	**対抗戦①を行う** 1 ○対戦相手、場所を確認しゲームをする。 ○チームの作戦を意識し、ゲームに取り組む。 ※2イニングまたは後半もあるので、時間で区切る。
チームタイム(話し合い・練習)	8分	○①終了後、簡単に振り返りを行い、②の作戦の確認をする。 ○チームでいい動きについて話し合う。 2
対抗戦②(ティーボール)	12分	**対抗戦②を行う** ○チームタイムで取り組んだことを意識し、ゲームに取り組む。 ※2イニングまたは時間で区切る。
整理運動	1分	**整理運動をする** ○手・足・肩など主に使った部分を中心にほぐす。
まとめ	7分	**本単元の学習を振り返り、話し合う** ○単元を通して、気付いたこと、成長したことなどを話し合う。

1 子供の学習課題例

学びに向かう力、人間性等	チームの作戦		個人のめあて	
	攻め	守り	攻め	守り
○友達のよいプレーを探す ○みんなで声をかけ合う ○エラーをしても、励まし合う ○ナイスプレーを言葉にして伝える	○打ったら思い切り１塁まで走る ○ボールをよく見て思い切りバットを振る ○空いているところをねらって打つ	○最後までボールを捕りに行く ○カバーをし合って守る ○打者によって守る位置を変える ○ボールを捕ったら、投げるところを意識する	○ボールをしっかりと見て打つ ○思い切りバットを振る ○積極的に次の塁をねらう	○ボールをこわがらずに捕りに行く ○膝をしっかりと曲げて、腰を低くして捕る ○カバーに行く ○友達が捕りやすいボールを投げる

2 観点ごとの教師の声かけ

知識及び技能	「打つ瞬間までボールを見ているね」 「体をひねってバットを振れるようになったね」 「大きくボールを投げられるようになったね」 「膝をしっかりと曲げてボールの正面に入れているね」
思考力 判断力 表現力等	「チームの作戦や課題を考えてプレーしていたね」 「バッティングの練習をしたから、みんなのスイングがよくなったね」 「打つ人によって守備位置を変えているね」 「作戦を生かして、みんなが思い切りバットを振れたね」 「作戦を生かして、守りでカバーができていたね」 「チームタイムでチームのよさや課題が分かったね」
学びに向かう力 人間性等	「最後まであきらめずにボールを追えたね」 「いつも協力して、準備や片付けができたね」 「ミスを責めないで励まし合っていてとても素晴らしいです」

DVD
収録資料

「ティーボール」学習カード＆資料

使用時 **第3 ～10時**

第１～２時は全体の振り返りと次の課題のみ記述し、試しのゲームを経て、ルールを理解した第３時から本カードを使用する。学習カードは個人の攻守ごとの課題と有能感の変容を、チームカードは守備の作戦、勝敗、次時の課題を記録する。単に「頑張る」と言った情緒的な記述にとどまらず、前時において次時を見通した具体的なポイントを記述にしていくようにしたい。

収録資料活用のポイント

①使い方

第２時の「試しのゲーム」において、各チームにチームカードを配布し、次時に活用できるよう、守備の作戦を記録しておく。また「振り返り」の場面で、個人に単元分の学習カードをまとめて配布し、それぞれ前時において、次時の攻守、それぞれの課題を記入するサイクルを伝える。

②留意点

個人の学習カードでは、攻守それぞれの自分の動き方について、教師が例を示しながら、具体的な課題を、チームカードでは、前時の振り返りを踏まえて「次のチームの課題」を決めさせる。勝敗の記録にこだわってしまう子供に対しては、雰囲気を悪くするとチームにいい影響がないこと、一番大切なのはチームで協力して、課題を目指すことであることを根気強く伝えていきたい。

学習カード 5-15-1（1～10時）

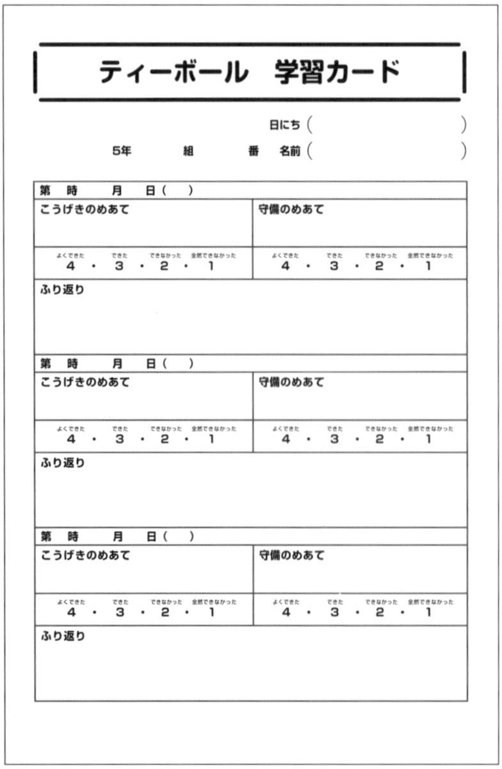

ティーボール　学習カード

日にち（　　　　　）
5年　　組　　番　名前（　　　　　）

第　時　月　日（　）	
こうげきのめあて	守備のめあて
よくできた 4・できた 3・できなかった 2・全然できなかった 1	よくできた 4・できた 3・できなかった 2・全然できなかった 1
ふり返り	
第　時　月　日（　）	
こうげきのめあて	守備のめあて
よくできた 4・できた 3・できなかった 2・全然できなかった 1	よくできた 4・できた 3・できなかった 2・全然できなかった 1
ふり返り	
第　時　月　日（　）	
こうげきのめあて	守備のめあて
よくできた 4・できた 3・できなかった 2・全然できなかった 1	よくできた 4・できた 3・できなかった 2・全然できなかった 1
ふり返り	

学習カード 5-15-2（3～10時）

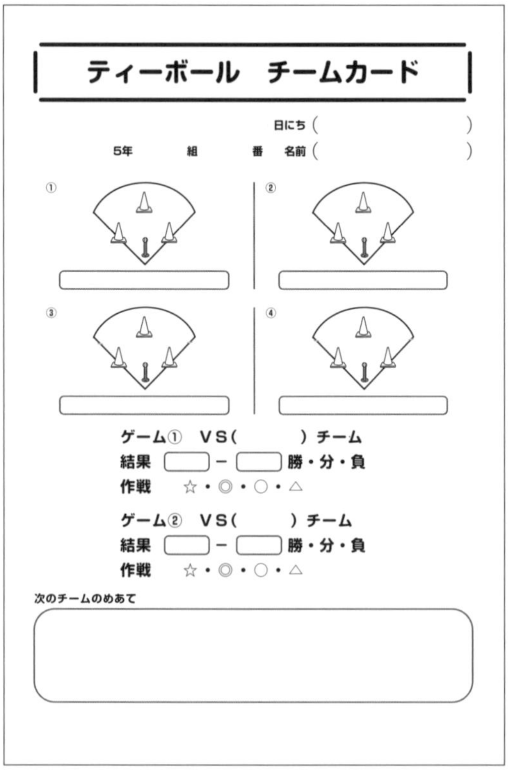

ティーボール　チームカード

日にち（　　　　　）
5年　　組　　番　名前（　　　　　）

①　②　③　④

ゲーム①　VS（　　　）チーム
結果　□－□　勝・分・負
作戦　☆・◎・○・△

ゲーム②　VS（　　　）チーム
結果　□－□　勝・分・負
作戦　☆・◎・○・△

次のチームのめあて

資料 5-15-1

「ティーボール」運動のポイント

日にち（　　　　　　　　　　　　）

5年　　　　組　　　　番　名前（　　　　　　　　　　　　）

キャッチボール

〈ボールの投げ方〉

○相手をよく見て、全身を使って大きな動作で投げる。
○投げる手と反対の足を一歩前に踏み出して投げる。

相手の胸めがけて投げよう！

〈ボールの捕り方〉

○ボールをよく見て捕る。
・胸より高いボールを両手の親指をつける。
・胸より低いボールは両手の小指をつける。

捕球の仕方

〈ゴロ〉

○体をボールの正面に素早く移動する。
○ひざを曲げ、腰を落とし、両手の小指をつけて壁をつくる。

〈フライ〉

○ボールの落下点を予測し、素早く動く。
○ボールを後ろにそらさないようにしながら、顔の前で
　ボールを捕球する。

攻め方

〈構え方〉

○ひざを軽く曲げる。
○バットは強く握り過ぎず、リラックスして構える。

肩の力を抜いて、
ゆったり構えよう！

〈打ち方〉

○腰をひねって全身でスイングする。
○ボールがバットに当たるまで目を離さない。

ボールを最後まで見て、バットを振ろう！

ティーバッティング

〈ボールの打ち方〉

○ティーの上のボールをよく見てスイングし、
　ボールを確実にとらえるポイントをつかむ。

自分の打ちやすい高さを
探してみよう！

編著者・執筆者一覧

[編著者]

藤﨑　敬（ふじさき・けい）　元・東京都小学校体育研究会会長
NPO 法人　健康・体育活性化センター理事長

奈尾　力（なお・つとむ）　元・東京都小学校体育研究会会長

[執筆者]　＊執筆順、所属は令和 2 年 3 月 1 日現在

		[執筆箇所]
藤﨑　敬	（前出）	はじめに、第 5 学年年間指導計画
奈尾　力	（前出）	第 5 学年における指導のポイント
横山　豊	江戸川区立上一色南小学校主幹教諭	単元 1
古川　皓介	府中市立府中第十小学校主任教諭	単元 2
千葉富美江	小平市立学園東小学校指導教諭	単元 3
久保賢太郎	東京学芸大学附属世田谷小学校教諭	単元 4
小島　大樹	調布市立第三小学校指導教諭	単元 5
山下　靖雄	江戸川区立平井小学校長	単元 6
本間　貴之	江戸川区立葛西小学校主幹教諭	単元 7
中込　圭	江東区立第一亀戸小学校主幹教諭	単元 8
角張　友哉	東京学芸大学附属大泉小学校教諭	単元 9
森　章	江戸川区立西葛西小学校主幹教諭	単元10
島田　雄気	江東区立有明小学校主任教諭	単元11
西澤　武	足立区立東渕江小学校長	単元12
手山　晃洋	墨田区立第三吾嬬小学校副校長	単元13
安喰雄太郎	板橋区立板橋第四小学校教諭	単元14
佐藤　洋平	東京学芸大学附属竹早小学校主幹教諭	単元15

『イラストで見る全単元・全時間の授業のすべて　体育　小学校５年』付録 DVD について

・各フォルダーには、以下のファイルが収録されています。
① 板書の書き方の基礎が分かる動画（出演：成家雅史先生）
② 授業で使える短冊類（PDF ファイル）
③ 児童用の学習カード・資料
④ 付録イラストデータ（Png ファイル）
・DVD に収録されているファイルは、本文中では DVD のアイコンで示しています。
・これらのファイルは、必ず授業で使わなければならないものではありません。あくまで見本として、授業づくりの一助としてご使用ください。また、付録イラストデータは本書と対応はしていませんので、あらかじめご了承ください。

【使用上の注意点】
・この DVD はパソコン専用です。破損のおそれがあるため、DVD プレイヤーでは使用しないでください。
・ディスクを持つときは、再生盤面に触れないようにし、傷や汚れ等を付けないようにしてください。
・使用後は、直射日光が当たる場所等、高温・多湿になる場所を避けて保管してください。
・PDF ファイルを開くためには、Adobe Acrobat もしくは Adobe Reader がパソコンにインストールされている必要があります。
・PDF ファイルを拡大して使用すると、文字やイラスト等が不鮮明になったり、線にゆがみやギザギザが出たりする場合があります。あらかじめご了承ください。

【動作環境　Windows】
・〔CPU〕Intel® Celeron® プロセッサ360J1. 40GHz 以上推奨
・〔空メモリ〕256MB 以上（512MB 以上推奨）
・〔ディスプレイ〕解像度640×480、256色以上の表示が可能なこと
・〔OS〕Microsoft Windows10以降
・〔ドライブ〕DVD ドライブ

【動作環境　Macintosh】
・〔CPU〕Power PC G4 1.33GHz 以上推奨
・〔空メモリ〕256MB 以上（512MB 以上推奨）
・〔ディスプレイ〕解像度640×480、256色以上の表示が可能なこと
・〔OS〕Mac OS 10.12（Sierra）以降
・〔ドライブ〕DVD コンボ

【著作権について】
・DVD に収録されているファイルは、著作権法によって守られています。
・著作権法での例外規定を除き、無断で複製することは法律で禁じられています。
・DVD に収録されているファイルは、営利目的であるか否かにかかわらず、第三者への譲渡、貸与、販売、頒布、インターネット上での公開等を禁じます。
・ただし、購入者が学校での授業において、必要枚数を子供に配付する場合は、この限りではありません。ご使用の際、クレジットの表示や個別の使用許諾申請、使用料のお支払い等の必要はありません。

【免責事項】
・この DVD の使用によって生じた損害、障害、被害、その他いかなる事態についても弊社は一切の責任を負いかねます。

【お問い合わせについて】
・この DVD に関するお問い合わせは、次のメールアドレスでのみ受け付けます。　tyk@toyokan.co.jp
・この DVD の破損や紛失に関わるサポートは行っておりません。
・パソコンやアプリケーションソフトの操作方法については、各製造元にお問い合わせください。

イラストで見る　全単元・全時間の授業のすべて
体育 小学校５年
～令和２年度全面実施学習指導要領対応～

2020(令和２)年３月１日　初版第１刷発行
2024(令和６)年４月１日　初版第４刷発行

編 著 者：藤﨑　敬・奈尾　力
発 行 者：錦織　圭之介
発 行 所：株式会社東洋館出版社
〒101-0054　東京都千代田区神田錦町２丁目９番１号
コンフォール安田ビル２階
代　　表　電話 03-6778-4343　FAX 03-5281-8091
営 業 部　電話 03-6778-7278　FAX 03-5281-8092
振　　替　00180-7-96823
U　R　L　https://www.toyokan.co.jp

印　　刷：藤原印刷株式会社

装丁デザイン：小口　翔平＋岩永　香穂（tobufune）
本文デザイン：藤原印刷株式会社
イラスト：スタジオパペル／平澤　南
DVD 制作：秋山　広光（ビジュアルツールコンサルティング）
株式会社オセロ

ISBN978-4-491-04007-3　　Printed in Japan